西南聯大哲学课

Southwest Associated University Philosophy Class

冯友兰 贺麟 汤用彤 著

北京联合出版公司
Beijing United Publishing Co.,Ltd.

新流出品

目录

第一部分　子学时代——冯友兰

第二部分　汉代哲学——冯友兰

第三部分　魏晋南北朝玄学——汤用彤、冯友兰

第四部分　隋唐佛学——汤用彤

第五部分　宋明理学——贺麟

第六部分　清代哲学——冯友兰

第一部分

子学时代

泛论子学时代 / 孔子以前及其同时之宗教的哲学的思想

孔子及儒家之初起 / 墨子及前期墨家 / 孟子及儒家中之孟学

《老子》及道家中之《老》学 / 庄子及道家中之庄学

荀子及儒家中之荀学 / 韩非及其他法家

第一章 泛论子学时代

子学时代之开始

中国之文化，至周而具规模。孔子曰：“周监于二代，郁郁乎文哉！吾从周。”在孔子心目中，周之典章制度，实可以“上继往圣，下开来学”。孔子一生，以能继文王周公之业为职志。此《论语》所明言者也。

周之文化（即所谓文）、周之典章制度（即所谓礼）虽有可观，然自孔子以前，尚无有私人著述之事。（今所传孔子以前之私人著述皆伪书，《老子》一书亦系晚出，详下。）章实斋云：

> 古未尝有著述之事也。官师守其典章，史臣录其职载。文字之道，百官以之治，万民以之察，而其用已备矣。是故圣王书同文以平天下，未有不用之于政教典章，而以文字为一人之著述者也。道不行而师儒立其教，我夫子之所以功贤尧舜也。（《文史通

义·诗教上》，《章氏遗书》卷一页二三）

此言虽有理想化古代之嫌，然若除去其理想化之部分，则亦似近于事实。盖古代本为贵族政治，有政权者即有财产者，即有知识者；政治上经济上之统治阶级即智识阶级，所谓官师不分者，即此而已。贵族既须执政任事，自少工夫以著书，且既执有政权，即有理想，亦可使之见诸行事，发为"政教典章"，亦无需要而必著书，著书乃不得已而后为之事，中国哲学家固多抱此见解（详上文）也。哲学为哲学家之有系统的思想，须于私人著述中表现之。孔子以前无私人著述之事，有无正式哲学，不得而知。孔子本人虽亦未"以文字为一人之著述"，然一生竟有未做官不做他事而专讲学之时；此在今虽为常见，而在古实为创例。就其门人所记录者观之，孔子实有有系统的思想。[1] 由斯而言，则在中国哲学史中，孔子实占开山之地位。后世尊为唯一师表，虽不对而亦非无由也。以此之故，此哲学史自孔子讲起，盖在孔子以前，无有系统的思想，可以称为哲学也。

子学时代哲学发达之原因

在中国哲学史各时期中，哲学家派别之众，其所讨论问题之多，范围之广，及其研究兴趣之浓厚，气象之蓬勃，皆以子学时代为第

1 战国以前所为私人著述，本非必本人亲手所写。

一。其所以能有此特殊之情形，必有其特殊之原因。[1]兹分述之。

自春秋迄汉初，在中国历史中，为一大解放之时代。于其时政治制度，社会组织，及经济制度，皆有根本的改变。盖上古为贵族政治，诸国有为周室所封者，有为本来固有者。国中之卿大夫亦皆公族，皆世其官；所谓庶人皆不能参与政权。《左传·昭七年》谓："天有十日，人有十等，下所以事上，上所以共神也。故王臣公，公臣大夫，大夫臣士，士臣皂，皂臣舆，舆臣隶，隶臣僚，僚臣仆，仆有台，马有圉，牛有牧，以待百事。"古代政治上为贵族世官世禄之制，故社会组织上亦应有此种种阶级也。贵族政治破坏，上古之政治及社会制度起根本的变化。赵翼曰：

> 盖秦汉间为天地一大变局。自古皆封建，诸侯各君其国，卿大夫亦世其官，成例相沿，视为固然。其后积弊日甚，暴君荒主，既虐用其民，无有底止。强臣大族，又篡弑相仍，祸乱不已。并而为七国，益务战争，肝脑涂地，其势不得不变，而数千年世侯世卿之局，一时亦难遽变。于是先从在下者起，游说则范雎、蔡泽、苏秦、张仪等，徒步而为相。征战则孙膑、白起、乐毅、廉颇、王翦等，白身而为将。此已开后世布衣将相之例，而兼并之力，尚在有国者。天方借其力以成混一，固不能一旦扫除之，使匹夫而有天下也。于是纵秦皇尽灭六国，以开一统之

1 胡适之先生论老、孔以前之时势，归结于："政治那样黑暗，社会那样纷乱，贫富那样不均，民生那样困苦。有了这种形势，自然会生出种种思想的反动。"(《中国哲学史大纲》，页四二）此种形势在中国史中几于无代无之，对于古代哲学之发生，虽不必无关系，要不能引以说明古代哲学之特殊情形。梁任公先生所论是矣。然梁先生所举"当注意"各事，亦多为后世所通有者，兹均不及之。（参看《梁任公学术讲演集》第一辑，页十一、十六。）

局。使秦皇当日发政施仁，与民休息，则祸乱不兴，下虽无世禄之臣，而上犹是继体之主也。唯其威虐毒痡，人人思乱。四海鼎沸，草泽竞奋。于是汉祖以匹夫起事，角群雄而定一尊。其君既起自布衣，其臣亦自多亡命无赖之徒，立功以取将相，此气运为之也。天之变局，至是始定。然楚汉之际，六国各立后，尚有楚怀王心、赵王歇、魏王咎、魏王豹、韩王成、齐王田儋田荣田广田安田市等。即汉所封功臣，亦先裂地以王彭、韩等，继分国以侯绛、灌等。盖人情习见前世封建故事，不得而遽易之也。乃不数年而六国诸王皆败灭。汉所封异姓王八人，其七人亦皆败灭。则知人情犹狃于故见，而天意已另换新局，故除之易易耳。而是时尚有分封子弟诸国，迨至七国反后，又严诸侯王禁制，除吏皆自天朝，诸侯王唯得食租衣税，又多以事失侯。于是三代世侯世卿之遗法，始荡然净尽，而成后世征辟选举科目杂流之天下矣，岂非天哉！(《廿二史札记》卷二，《广雅丛书》本，页九)

吾人对于赵翼所谓天意，虽不同意，然贵族政治之崩坏实当时大势之所趋。此在春秋之时已见其端，故宁戚以饭牛而得仕于齐，百里奚以奴隶而仕于秦；此庶人之升而为官者也。《诗》有黎侯之赋《式微》，《左传》谓："栾，却，胥，原，狐，续，庆，伯，降为皂隶。"(昭三年，《左传》卷二十，《四部丛刊》本，页十六)孔子本宋之贵族，而"为贫而仕"，"尝为委吏矣"，"尝为乘田矣"；此贵族之降而为民者也。如是阶级制度，遂渐消灭，至汉高遂以匹夫而为天子，此政治制度及社会组织之根本的变动也。

与贵族政治相连带之经济制度，即所谓井田制度。《诗》云："普天之下，莫非王土；率土之滨，莫非王臣。"《左传·昭七年》芈尹无宇曰："天子经略，诸侯正封，古之制也。封略之内，何非君土？食土之毛，谁非君臣？”（《左传》卷二十一，页十六）所谓王土王臣，在后世视之，只有政治的意义，然在上古封建制度下，实兼有经济的意义。上所述社会上之诸阶级，亦不只是政治的、社会的，而亦且是经济的也。盖在上古封建制度下，天子、诸侯及卿大夫，在政治上及经济上皆为人民之主。例如周以土地封其子弟为诸侯，即使其子弟为其地之君主兼地主也。诸侯再以其地分与其子弟，其子弟再分与庶人耕种之。庶人不能自有土地，故只能为其政治的经济的主人做农奴而已。《左传》《国语》中所载当时之政治，皆不过有数几家贵族之活动；所谓人民者，但平时为贵族工作，战时为贵族拼命而已。王船山曰：

> 三代之国，幅员之狭，直今一县耳。仕者不出于百里之中，而卿大夫之子恒为士，故有世禄者有世田，即其所世营之业也。名为卿大夫，实则今乡里之豪族而已。世居其土，世勤其畴，世修其陂池，世治其助耕之氓。……（《读通鉴论》卷十九，《船山遗书》本页十六）

“其助耕之氓”，即系农奴，夏曾佑曰：

> 井田之制，为古今所聚讼。据汉唐儒者所言，则似古人真有此事，且为古人致治之根本。以近人天演学之理解之，则似不能有此。社会之变化，千因万缘，互为牵制，安有天下财产，可以一时匀分者？井田不过儒家之理想。此二说者，迄今未定。兹据秦汉间非儒家之载籍证之，似古人实有井田之制，而为教化之大梗。其实情盖以土地为贵人所专有，而农夫皆附田之奴，此即民与百姓之分也。至秦商君，乃克去之。此亦为社会进化之一端。

（《中国历史》第一册，页二五八）

史谓商鞅“坏井田，开阡陌……王制遂灭，僭差无度，庶人之富者累巨万”（《食货志》，《前汉书》卷二十四上，同文影殿刊本，页七）。此农奴解放后“民”之能崛起占势力为大地主者也。所谓井田制度之崩坏，亦当时之普通趋势，不过商鞅特以国家之力，对之做有意识的、大规模的破坏而已。

其次则商人阶级亦乘时而占势力。《汉书》曰：

> 及周室衰，礼法堕。……其流至乎士庶人莫不离制而弃本，稼穑之民少，商旅之民多，谷不足而货有余。……于是商通难得之货，工作无用之器，士设反道之行，以追时好而取世资。……富者土木被文锦，犬马余肉粟。……其为编户齐民，同列而以财力相君。……（《货殖传》，《前汉书》卷九十一页三）

此谓因“王制灭”“礼法堕”，故庶人崛起而营私产，致富豪。然若就经济史观之观点言之，亦可谓因农奴及商人在经济上之势力，日益增长，故贵族政治破坏，而“王制灭”“礼法堕”。商人阶级崛起，弦高以商人而却秦存郑，吕不韦以大贾而为秦相，此资本家之与当时政治外交发生直接关系者。总之，世禄井田之制破，庶民解放，营私产，为富豪，此上古经济制度之一大变动也。

> 注：《左传·昭公十六年》：“宣子（韩起）有环，其一在郑商。宣子谒诸郑伯。子产弗与。……曰：‘昔我先君桓公，与商人皆出自周。庸次比耦，以艾杀此地。斩之蓬蒿藜藿，而共处之。世有盟誓，以相信也。曰：“尔无我叛，我无强贾。毋或匄

> 夺。尔有利市宝贿，我勿与知。”恃此质誓，故能相保。以至于今。今吾子以好来辱，而谓敝邑强夺商人，是教敝邑背盟誓也。毋乃不可乎？’”（《左传》卷二十三页十四至十五）按誓词所约，在以后皆为不成问题之事，而乃信誓旦旦。可知贵族之欺压商人，在当时为常事，而商人原来地位之低，亦可见矣。

此种种大改变发动于春秋，而完成于汉之中叶。此数百年为中国社会进化之一大过渡时期。此时期中人所遇环境之新，所受解放之大，除吾人现在所遇所受者外，在中国已往历史中，殆无可以比之者。即在世界已往历史中，除近代人所遇所受者外，亦少可以比之者。故此时期诚中国历史中一重要时期也。

在一社会之旧制度日即崩坏之过程中，自然有倾向于守旧之人，目睹“世风不古，人心日下”，遂起而为旧制度之拥护者，孔子即此等人也。不过在旧制度未摇动之时，只其为旧之一点，便足以起人尊敬之心；若其既已动摇，则拥护之者，欲得时君世主及一般人之信从，则必说出其所以拥护之之理由，予旧制度以理论上的根据。此种工作，孔子已发其端，后来儒家者流继之。儒家之贡献，即在于此。

然因大势之所趋，当时旧制度之日即崩坏，不因儒家之拥护而终止。继孔子而起之士，有批评或反对旧制度者，有欲修正旧制度者，有欲另立新制度以替代旧制度者，有反对一切制度者。此皆过渡时代，旧制度失其权威，新制度尚未确定，人皆徘徊歧路之时，应有之事也。儒家既以理论拥护旧制度，故其余方面，与儒家意见不合者，欲使时君世主及一般人信从其主张，亦须说出其所以有其主张之理由，予之以理论上的根据。荀子所谓十二子之言，皆“持之有故，言之成理”者也。人既有注重理论之习惯，于是所谓名家“坚白同异”等辩论之只有纯理论的兴趣者，亦继之而起。盖理论化之发端，亦即哲学化之开始也。

孟子曰：

> 圣王不作，诸侯放恣，处士横议。(《滕文公下》,《孟子》卷六,《四部丛刊》本，页十三）

《庄子·天下篇》曰：

> 天下大乱，贤圣不明，道德不一，天下多得一察焉以自好。……天下之人各为其所欲焉以自为方。(《庄子》卷十,《四部丛刊》本，页二十五至二十六）

《汉书·艺文志》曰：

> 诸子十家，其可观者，九家而已。皆起于王道既微，诸侯力政，时君世主，好恶殊方。是以九家之术，蜂出并作，各引一端，崇其所善。以此驰说，取合诸侯。"(《前汉书》卷三十页三十）

所谓“圣王不作”“贤圣不明”“王道既微”，即指原有制度组织之崩坏也。因此崩坏，故“道德不一”，故“时君世主，好恶殊方”；而“天下之人各为其所欲焉以自为方”。上古时代哲学之发达，由于当时思想言论之自由；而其思想言论之所以能自由，则因当时为一大解放时代，一大过渡时代也。

注：《艺文志》所谓“时君世主，好恶殊方”一点，本亦为

战国时代思想发达之一因。吾人试看后来皇帝显宦及富商巨贾对于学术之关系，便可知矣。但春秋战国时代时君世主，及当时社会，所提倡之学术，与后来皇帝等所提倡者，何以不同，则不能不以春秋战国时之政治社会经济的背景说明之。时君世主及社会之提倡学术，非春秋战国时代所特有之情形，故未多论及之。

子学时代之终结

世多以战国之末，为古代哲学终结之时期。盖一般人以为秦始皇焚书，禁天下藏"诗书百家语"，故觉秦时如一野蛮时代，以前学说，至此悉灭。其实秦始皇"第烧民间之书，不烧官府之书；第禁私相授受，可诣博士受业"。（崔适《史记探源》卷三。参看郑樵《通志·校雠略》，康有为《新学伪经考》。）秦皇李斯之意，盖欲统一思想，非欲尽灭当时之学说也。[1]故秦始皇所立博士中有各家学者。（王国维《汉魏博士考》，《观堂集林》卷四）虽在整齐划一制度之下，思想言论，失其自由，学术发展诚受相当阻碍，然秦亡极速，不致有大影响。故在汉初，诸家之学仍盛。文帝好黄老家言，为政以慈俭为宗旨。窦太后亦好黄帝老子言。盖公教曹参以清净治国家。汲黯修黄老术，治民主清净。淮南王延客著书，杂取各家之说。[2]司

---

1 关于秦皇李斯焚书之事，其所焚之范围及焚书之用意，现在史家尚无定论。然即秦皇李斯果真欲尽灭当时学说，"以愚黔首"，如传统的说法，然自秦下焚书令至汉兵入关，不过数年之间，尽灭当时学说，事实上亦不可能。

2《盐铁论·晁错篇》曰："日者淮南衡山，修文学，招四方游士。山东儒墨，皆聚于江淮之间。讲义集论，著书数十篇。"（《四部丛刊》本，卷二，页六）可见此时墨家亦尚存。

马谈叙六家以道家为最高。贾谊明申商。晁错尝学申商刑名。韩安国受韩子杂说。主父偃学长短纵横术。《史记》《汉书》，均明言之。刘歆《移让太常博士书》云：“至孝文皇帝，天下众书，往往颇出。皆诸子传说，犹广立于学官，为置博士。”（《汉书》本传）可见汉文帝时之博士，中亦有各家学者也。至于《礼记》及所谓《易十翼》，为儒家重要典籍，其中亦有为汉初儒家者流所著作者。《春秋·公羊》家言，亦至汉始为显学。故儒家哲学，亦在汉初始完备也。观董仲舒对策之词，亦可见当时之情形矣。

董仲舒对策曰：

> 《春秋》大一统者，天地之常经，古今之通谊也。今师异道，人异论，百家殊方，指意不同。是以上无以持一统，法制数变；下不知所守。臣愚以为诸不在六艺之科，孔子之术者，皆绝其道，勿使并进，邪辟之说灭息，然后统纪可一，而法度可明，民知所从矣。（《董仲舒传》，《前汉书》卷五十六页二十至二十一）

又曰：

> 养士之大者，莫大乎太学。太学者，贤士之所关也，教化之本原也。……臣愿陛下兴太学，置明师，以养天下之士。（《前汉书》卷五十六页十三）

“自武帝初，立魏其武安侯为相，而隆儒矣。及仲舒对册，推明孔氏，抑黜百家，立学校之官，州郡举茂材孝廉，皆自仲舒发之。”（同上）自此以后，以利禄之道，提倡儒学，而儒学又须为上所定之儒学。于是“天下英雄，尽入彀中”；春秋以后，言论思想极端自由之空气于是亡矣。

董仲舒之主张行，而子学时代终；董仲舒之学说立，而经学时代始。盖阴阳五行家言之与儒家合，至董仲舒而得一有系统的表现。自此以后，孔子变而为神，儒家变而为儒教。至所谓古文学出，孔子始渐回复为人，儒教始渐回复为儒家。

古代大过渡时期之终结

汉武董仲舒统一思想之政策，即秦皇李斯之政策也。秦皇何以行之而失败，汉武何以行之而成功？此中原因，固甚复杂，然有可得言者，则自春秋时代所开始之政治社会经济的大变动，至汉之中叶渐停止；此等特殊之情形既去，故其时代学术上之特点，即“处士横议”，“各为其所欲焉以自为方”之特点，自亦失其存在之根据。上文谓春秋战国时代所起各方面之诸大变动，皆由于旧文化旧制度之崩坏。旧文化旧制度愈崩坏，思想言论愈自由。秦灭六国，成一统，除皇室而外，其余原有之贵族，皆夷为平民。在表面上可谓将春秋以来之变局，作一结束。然实则贵族之余孽，尚有一部分之势力，故秦皇一死，贵族复起，“楚汉之际，六国各立后”。不过此次贵族之复兴，为一种“回光返照”，等于强弩之末，故平民出身之汉高，终灭群雄而定一尊。汉高虽犹封建子弟功臣，然此时及以后之封建，只有政治上的意义，而无经济上的意义。及汉之中叶，政治上社会上之新秩序，已渐定。在经济方面，人亦渐安于由经济自然趋势而发生之新制度。《汉书》曰：“其为编户齐民，同列而以财力相君，虽为仆虏，犹无愠色。”(《货殖传》,《前汉书》卷九十一页三）由贵族政治之眼光观之，编户齐民，何能同列以财力相君！然以经济自然之趋势，竟至如此。“虽为仆虏，犹无愠色”，可见人已安于此等新经济秩序矣。汉虽行重农抑商政策，然对于此等社会的经济的秩序，亦并未有根本的变动也。自春秋时代所开始之大过渡时期至是而终结；一时蓬勃之思想，亦至是而衰。自此而后，至现代以前，中国之政治经济制度及社会组织，除王莽以政治的力量，强改一时外，皆未有根本的变动，故子学时代思想之特殊状况，亦未再现也。

授课人：冯友兰

第二章 孔子以前及其同时之宗教的哲学的思想

孔子以前，无私人著作，今搜集《诗》《书》《左传》《国语》中所说，足以代表孔子以前及其同时之宗教的、哲学的思想者，以见孔子以前及其同时人智之大概。

鬼神

人在原始时代，当智识之初开，多以为宇宙间事物，皆有神统治之。《国语》云：

> 昭王问于观射父曰："《周书》所谓重黎实使天地不通者，何也？若无然，民将能登天乎？"对曰："非此之谓也。古者民神不杂，民之精爽不携贰者，而又能齐肃衷正，其知能上下比义，其圣能光远宣朗，其明能光照之，其聪能听彻之，如是则神明降

之，在男曰觋，在女曰巫。是使制神之处、位、次主，而为之牲、器、时服。……于是乎有天、地、神、民，类物之官，谓之五官，各司其序，不相乱也。民是以能有忠信，神是以能有明德，民神异业，敬而不渎。故神降之嘉生；民以物享，祸灾不至，求用不匮。及少皞之衰也，九黎乱德，民神杂糅，不可方物。夫人作享，家为巫史，无有要质。民匮于祭祀而不知其福。烝享无度，民神同位。民渎齐盟，无有严威。神狎民则，不蠲其为。嘉生不降，无物以享。祸灾荐臻，莫尽其气。颛顼受之，乃命南正重司天以属神，命火正黎司地以属民。使复旧常，无相侵渎。是谓绝地天通。"(《楚语下》,《国语》卷十八,《四部丛刊》本，页一至二)

此所说虽不尽系历史的事实，然古代人之迷信状况，大约类此。觋巫尚须为神"制处、位、次主"，则神之多可知。神能降福、受享，能凭降于人，则系有人格的可知，及乎"民神杂糅"之际，"民神"且"同位"，"神"且"狎民则"，则神之举动行为，且与人无异矣。此时人有迷信而无知识，有宗教而无哲学。此时人之所信，正如希腊人所信之宗教，其所信之神，正如希腊人之神。至于夏、商以后，则有"天""帝"之观念起，似一神论渐有势力，然多神论亦并未消灭。《左传》《国语》除"天"外，尚多言及神。周厉王时芮良夫曰：

夫王人者，将导利而布之上下者也。使神人百物，无不得其极。(《周语上》,《国语》卷一页六)

《左传·桓公六年》，季梁云：

所谓道，忠于民而信于神也。上思利民，忠也；祝史正辞，信也。（《左传》卷二，《四部丛刊》本，页七）

又庄公十年，曹刿曰：

小惠未遍，民弗从也。……小信未孚，神弗福也。（《左传》卷三页六）

《国语·惠王十五年》，有神降于莘。内史过曰：

国之将兴，其君齐明衷正，精洁惠和。其德足以昭其馨香，其惠足以同其民人。神飨而民听，民神无怨，故明神降之。观其政德，而均布福焉。国之将亡，其君贪冒辟邪，淫佚荒怠。……民神怨痛，无所依怀。故神亦往焉，观其苛慝，而降之祸。……若由是观之，其丹朱之神乎？（《周语上》，《国语》卷一页十二至十四）

《左传·僖公五年》，宫之奇云：

鬼神非人实亲，唯德是依。……如是则非德，民不和，神不享矣。若晋取虞，而明德以荐馨香，神其吐之乎？（《左传》卷五页七）

《国语·晋语·文公四年》，胥臣曰：

亿宁百神而柔和万民，故《诗》云："惠于宗公，神罔时

恫。”(《晋语》四,《国语》卷十页二十五)

《国语·周襄王十八年》,王曰:

> 昔我先王之有天下也,规方千里,以为甸服,以供上帝山川百神之祀。(《周语中》,《国语》卷二页五)

《左传·襄公十四年》,师旷曰:

> 夫君,神之主也,而民之望也。(《左传》卷十五页十六)

又昭公元年,刘定公曰:

> ……其赵孟之谓乎?……弃神人矣。神怒民叛,何以能久。(《左传》卷二十页六)

以上所引,屡言百神,可知神之众。神人并称,而执政者之最大责任,在于“亿宁百神而柔和万民”,否则“神怒民叛”,必不能久。周襄王又以上帝与百神并称,则上帝不在百神之内。内史过以有神降于莘之神为丹朱之神,则至少所谓神之一部分,即是人鬼。关于鬼之记载,《左传》中有数处。《墨子·明鬼篇》亦多述古代关于鬼之传说。此对于鬼神之信仰以后渐衰。孔子“敬鬼神而远之”(《雍也》,《论语》卷三,《四部丛刊》本,页十七);“祭如在,祭神如神在”(《八佾》,《论语》卷二,页四至五)。又曰:“未能事人,焉能事鬼?”(《先进》,《论语》卷六页四)盖孔子对于鬼神之存在,已持怀疑之态度,姑存而不论;墨子则太息痛恨于人之不信鬼神,以致天下大乱，故竭力于“明鬼”。

术数

宇宙间事物，古人多认为多与人事互相影响。故古人有所谓术数之法，以种种法术，观察宇宙间可令人注意之现象，以预测人之祸福。《汉书·艺文志》曰：

> 数术者，皆明堂羲和史卜之职也。史官之废久矣，其书既不能具，虽有其书而无其人。《易》曰：“苟非其人，道不虚行。”春秋时，鲁有梓慎，郑有裨灶，晋有卜偃，宋有子韦。六国时，楚有甘公，魏有石申夫。汉有唐都，庶得粗粗。……序数术为六种。(《前汉书》卷三十，同文影殿刊本，页五十）

六种者，一天文，《艺文志》曰：

> 天文者，序二十八宿，步五星日月，以纪吉凶之象，圣王所以参政也。《易》曰：“观乎天文，以察时变。”(《前汉书》卷三十页四十三）

二历谱，《艺文志》曰：

> 历谱者，序四时之位，正分至之节，会日月五星之辰，以考寒暑杀生之实。故圣王必正历数以定三统服色之制。又以探知五星日月之会，凶阨之患，吉隆之喜，其术皆出焉。此圣人知命之

术也。(《前汉书》卷三十页四十四)

三五行,《艺文志》曰:

五行者,五常之形气也。《书》云:"初一曰五行,次二曰羞用五事。"言进用五事以顺五行也。貌言视听思心失而五行之序乱,五星之变作。皆出于律历之数而分为一者也。其法亦起五德终始,推其极则无不至。(《前汉书》卷三十页四十六)

四蓍龟,《艺文志》曰:

蓍龟者,圣人之所用也。《书》曰:"女则有大疑,谋及卜筮。"《易》曰:"定天下之吉凶,成天下之亹亹者,莫善于蓍龟。是故君子将有为也,将有行也,问焉而以言,其受命也如向。无有远近幽深,遂知来物,非天下之至精,其孰能与于此?"(《前汉书》卷三十页四十七)

五杂占,《艺文志》曰:

杂占者,纪百事之象,候善恶之征。《易》曰:"占事知来。"众占非一,而梦为大。故周有其官,而《诗》载熊罴虺蛇众鱼旐旟之梦,著明大人之占,以考吉凶,盖参卜筮。(《前汉书》卷三十页四十八)

六形法,《艺文志》曰:

形法者，大举九州之势，以立城郭室舍。形人及六畜骨法之度数，器物之形容，以求其声气贵贱吉凶。犹律有长短，而各征其声，非有鬼神，数自然也。然形与气相首尾，亦有有其形而无其气，有其气而无其形；此精微之独异也。(《前汉书》卷三十页四十九至五十)

此六种术数中，蓍龟杂占之见称述于《左传》者甚多。《左传》中屡言“卜之”“筮之”，卜者，龟也；筮者，蓍也。“众占非一，而梦为大。”《左传》中所述占梦之事，皆用杂占之法也。《左传》谓周内史叔服“能相人”。荀子中有《非相篇》，谓：“古者有姑布子卿，今之世梁有唐举，相人之形状颜色，而知其吉凶妖祥，世俗称之。”(《荀子》卷三，《四部丛刊》本，页一)即“形法”之术也。其天文历谱五行三术，《左传》中可见者，如昭公八年：

楚灭陈。晋侯问于史赵曰：“陈其遂亡乎？”对曰：“未也。……陈，颛顼之族也。岁在鹑火，是以卒灭，陈将如之。今在析水之津，犹将复由。”(《左传》卷二十二页三)

又昭公九年：

夏四月，陈灾。郑裨灶曰：“五年陈将复封，封五十二年，而遂亡。……陈，水属也。火，水妃也，而楚所相也。今火出而火陈，逐楚而建陈也。妃以五成，故曰五年。岁五及鹑火而后陈卒亡，楚克有之，天之道也。故曰五十二年。”(《左传》卷二十二页四至五)

又昭公十年：

春，王正月，有星出于婺女。郑裨灶言于子产曰：“七月戊子，晋君将死。”(《左传》卷二十二页六)

又昭公十五年：

春，将禘于武公，戒百官。梓慎曰：“禘之日，其有咎乎！吾见赤黑之祲，非祭祥也，丧氛也，其在莅事乎？”(《左传》卷二十三页十一)

又昭公十七年：

冬，有星孛于大辰，西及汉。申须曰：“彗所以除旧布新也。天事恒象，今除于火，火出必布焉。诸侯其有火灾乎？”梓慎曰：“……若火作，其四国当之。……在宋卫陈郑乎？……其以丙子若壬午作乎？……”郑裨灶言于子产曰：“……若我用瓘斝玉瓒，郑必不火。”(《左传》卷二十三页十八至十九)

又昭公十八年：

春王二月，乙卯，周毛得杀毛伯过而代之。苌弘曰：“毛得必亡，是昆吾（昆吾侈恶积熟，以乙卯日与桀同诛）稔之日也。……”(《左传》卷二十四页一)

又昭公三十二年：

夏，吴伐越。……史墨曰："不及四十年。越其有吴乎？越得岁而吴伐之，必受其凶。"(《左传》卷二十六页十四)

就此所引观之，史赵、裨灶、梓慎、申须、苌弘、史墨，皆即天然现象，及其他"天之道"以预测人事。其所用之术，有显然为"天文"者，有似杂"历谱""五行"者。要之所谓"天文""历谱""五行"，皆注意于所谓"天人之际"，以为"天道"人事，互相影响。以后所谓阴阳五行家，皆即此推衍，于中古哲学史中，有甚大势力。

天

于百神之外，又有天、帝。《尚书·汤誓》云：

有夏多罪，天命殛之。……予畏上帝，不敢不正。……致天之罚。(《尚书》卷四，《四部丛刊》本，页一)

在不足一百五十字之演说辞中，言天至于三次。《诗·商颂》云：

天命玄鸟，降而生商。……古帝命武汤。……方命厥后，……受命不殆，……殷受命咸宜。……(《玄鸟》，《诗》卷二十，《四部丛刊》本，页十二至十三)

在不满百字之颂辞中，而言天、帝，及受命至于五次。《国语》云：

虢公梦在庙，有神人面白毛虎爪执钺立于西阿。公惧而走。神曰：“无走。帝命曰：‘使晋袭于尔门。’”公拜稽首，觉，使史嚚占之。对曰：“如君之言，则蓐收也，天之刑神也，天事官成。”(《晋语二》，《国语》卷八页五至六)

《诗》《书》《左传》《国语》中，言天、帝之处甚多，多指有人格的上帝。兹不能具引。据史嚚之言，则天与神之关系，可以概见。大约上帝为至高无上之权威，亦设官任职。诸神地位权力，次于上帝，而服从之。此正中国一般平民之宗教的信仰，盖在古而已然者也。

在中国文字中，所谓天有五义：曰物质之天，即与地相对之天。曰主宰之天，即所谓皇天上帝，有人格的天、帝。曰运命之天，乃指人生中吾人所无奈何者，如孟子所谓“若夫成功则天也”之天是也。曰自然之天，乃指自然之运行，如《荀子·天论篇》所说之天是也。曰义理之天，乃谓宇宙之最高原理，如《中庸》所说“天命之为性”之天是也。《诗》《书》《左传》《国语》中所谓之天，除指物质之天外，似皆指主宰之天。《论语》中孔子所说之天，亦皆主宰之天也。

一部分人较开明之思想

但至春秋时，有一部分较开明之士，渐不信鬼神及所谓天道。如《左传·庄公三十二年》，史嚚云：

国将兴，听于民；将亡，听于神。(《左传》卷三页二十一)

昭公十八年，子产云：

> 天道远，人道迩，非所及也。何以知之？(《左传》卷二十四页一）

定公元年，士弥牟曰：

> 薛征于人，宋征于鬼，宋罪大矣。(《左传》卷二十七页一至二）

此虽未否认所谓天道及鬼神之存在，然对之已取“敬而远之”之态度矣。

此外则即在甚早之时，亦已有试以阴阳之说，解释宇宙间现象者。《国语·幽王三年》西周三川皆震，伯阳父曰：

> 周将亡矣。夫天地之气，不失其序。若过其序，民乱之也。阳伏而不能出，阴迫而不能烝，于是有地震。今三川实震，是阳失其所而镇阴也。阳失而在阴，川源必塞。(《周语上》,《国语》卷一页十一）

《左传·僖公十六年》，“六鹢退飞过宋都，风也”。周内史叔兴曰：

> 是阴阳之事，非吉凶所出也。吉凶由人。……（《左传》卷六页一）

《国语·越王勾践三年（鲁哀公元年）》，范蠡曰：

天道盈而不溢，盛而不骄，劳而不矜其功。夫圣人随时以行，是谓守时。天时不作，弗为人客。人事不起，弗为之始。……唯地能包万物以为一，其事不失。生万物，容畜禽兽。然后受其名而兼其利。美恶皆成以养其生。时不至，不可强生。事不究，不可强成。……必有以知天地之恒制，乃可以有天地之成利。……因阴阳之恒，顺天地之常。柔而不屈，强而不刚。……天因人，圣人因天。人自生之，天地形之，圣人因而成之。(《越语下》,《国语》卷二十一页一至三)

以阴阳解释宇宙现象，虽仍不免笼统混沌之讥，然比之以天帝鬼神解释者，则较善矣。范蠡所说之天，为自然之天，其言颇似《老子》，恐即《老》学之先河也。

授课人：冯友兰

第三章 孔子及儒家之初起

孔子在中国历史中之地位

向来所谓经学今文家以六艺为孔子所作，古文家以六艺为孔子所述。其说虽不同，要皆以为孔子与六艺有密切关系也。今谓所谓六艺乃春秋时固有之学问，先孔子而存在，孔子实未制作之。

关于孔子未尝制作六艺之证据，前人及时人已举许多。余于另文中亦已言之（见《燕京学报》第二期），兹不具论。但孔子虽未曾制作六艺，而却曾以六艺教弟子。故后人以六艺为特别与孔子有密切关系，亦非毫无根据。以六艺教人，并不必始于孔子，据《国语》，士亹教楚太子之功课表中，已即有"诗""礼""乐""春秋""故志"等。《左传》《国语》中所载当时人物应答之辞，皆常引"诗""书"，他们交接用"礼"，卜筮用"易"。可见当时至少一部分的贵族人物，皆受过此等教育。不过孔子却是以六艺教一般人之第一人。此点下文再详提。现在我们只说，孔子之讲学，与其后别家不同。别家皆注重其自家之一家言，如《庄子·天下篇》所说，墨家弟子诵《墨经》。但孔子则是教育家。他讲学的目的，在于养成“人”，养成为国家服务之人，并不在于养成某一家的学者。所以他教学生读各种书，学各种功课。所以颜渊说：“博我以文，约我以礼。”（《子罕》，《论语》卷五，《四部丛刊》本，页五）《庄子·天下篇》讲及儒家，即说：“诗”以道志，“书”以道事，“礼”以道行，“乐”以道和，“易”以道阴阳，“春秋”以道名分。此六者正是儒家教人之六种功课。

唯其如此，所以孔子弟子之成就，亦不一律。《论语》谓：“德行：颜渊，闵子骞，冉伯牛，仲弓。言语：宰我，子贡。政事：冉有，季路。文学：子游，子夏。”（《先进》，《论语》卷六页一）又如子路之“可使治赋”；冉有之“可使为宰”；公西华之“可使与宾客言”；皆能“为千乘之国”办事。（《公冶长》，《论语》卷三页三）可见孔子教弟子，完全欲使之成“人”，不是教他做一家的学者。

孔子以其时已有之成书教人，教之之时，略加选择，或亦有之。教之之时，更可随时引申，如下节所说。如以此等随时选择讲解，“为删正六经”，则孔子实可有“删正”之事；不过此等“删正”实无非常的意义而已。后来儒家因仍旧贯，仍继续用六艺教人，恰又因别家只讲自家新学说，不讲旧书，因之六艺遂似专为儒家所有，为孔子所制作，而删正（如果有删正）亦即似有重大意义矣。

《汉书·艺文志》以为诸子皆六艺之“支流余裔”。《庄子·天下篇》，似亦同此见解。此言亦并非毫无理由，因所谓六艺本来是当时人之共同知识。自各家专讲其自己之新学说后，而六艺乃似为儒家之专有品，其实原本是大家共有之物也。但以为各家之学说，皆六艺中所已有，则不对耳。

就儒家之名言之，《说文》云：“儒，柔也。术士之称。”《论语》

云："子谓子夏曰：'女为君子儒，毋为小人儒。'"(《雍也》,《论语》卷三页十四）儒本为有知识才艺者之通称，故可有君子小人之别。儒家先起，众以此称之。其后虽为一家之专名，其始实亦一通名也。

总之，孔子是一教育家。"述而不作，信而好古"(《述而》,《论语》卷四页一),"学而不厌，诲人不倦"(同上)，正孔子为其自己所下之考语。

由此观之，孔子只是一个"老教书匠"，但在中国历史中，孔子仍占一极高地位。吾人以为：

（一）孔子是中国第一个使学术民众化的，以教育为职业的，"教授老儒"；他开战国讲学游说之风；他创立，至少亦发扬光大，中国之非农非工非商非官僚之士之阶级。

（二）孔子的行为，与希腊之"智者"相仿佛。

（三）孔子的行为及其在中国历史之影响，与苏格拉底之行为及其在西洋历史上之影响，相仿佛。

上文已说，士亹教楚太子之功课表中，已有"诗""礼""乐""春秋""故志"等。但此等教育，并不是一般人所能受。不但当时之平民未必有机会受此等完全教育，即当时之贵族亦未必尽人皆有受此等完全教育之机会。韩宣子系晋世卿，然于到鲁办外交之时，"观太史氏书"，始得"见'易象'与'鲁春秋'"(昭公二年,《左传》卷二十,《四部丛刊》本，页十二)；季札亦到鲁方能见各国之诗与乐（襄公二十九年,《左传》卷十九页三至五)，可见"易""春秋""乐""诗"等，在当时乃是极名贵的典籍学问。

孔子则抱定"有教无类"(《卫灵公》,《论语》卷八页九）之宗旨，"自行束修以上，吾未尝无诲焉"(《述而》,《论语》卷四页二)。如此大招学生，不问身家，凡缴学费者即收，一律教以各种功课，教读各种名贵典籍，此实一大解放也。故以六艺教人，或不始于孔子；但以六艺教一般人，使六艺民众化，实始于孔子。

说孔子是第一个以六艺教一般人者，因在孔子以前，在较可靠的书内，吾人未闻有人曾经大规模地，号召许多学生而教育之；更未闻有人有“有教无类”之说。在孔子同时，据说有少正卯，“其居处足以撮徒成党，其谈说足以饰褒荣众，其强御足以反是独立”（《孔子家语》，《四部丛刊》本，卷一页五）。据说少正卯也曾大招学生，“孔子门人三盈三虚，唯颜渊不去”（《心隐篇》，刘勰《新论》卷四，涵芬楼影印《汉魏丛书》本，页八）。庄子说：“鲁有兀者王骀，从之游者与仲尼相若。”（《德充符》，《庄子》卷二，《四部丛刊》本，页二十九）不过孔子诛少正卯事，昔人已谓不可靠；少正卯之果有无其人，亦不可知。《庄子》寓言十九。王骀之“与孔子中分鲁”，更不足信。故大规模招学生而教育之者，孔子是第一人。以后则各家蜂起，竞聚生徒，然此风气实孔子开之。

孔子又继续不断游说干君，带领学生，周游列国。此等举动，前亦未闻，而以后则成为风气；此风气亦孔子开之。

再说孔子以前，未闻有不农不工不商不仕，而只以讲学为职业，因以谋生活之人。古时除贵族世代以做官为生者外，吾人亦尝闻有起于微贱之人物。此等人物，在未仕时，皆或为农或为工或为商，以维持其生活。孟子说：

> 舜发于畎亩之中，傅说举于版筑之间，胶鬲举于鱼盐之中，管夷吾举于士，孙叔敖举于海，百里奚举于市。（《告子下》，《孟子》卷十二，《四部丛刊》本，页十六）

孟子之言，虽未必尽可信，但孔子以前，不仕而又别不事生产者，实未闻有人。《左传》中说冀缺未仕时，亦是以农为业。（僖公三十三年，《左传》卷七页十五）孔子早年据孟子说，亦尝为贫而仕，“尝为委吏矣”，“尝为乘田矣”。（《万章下》，《孟子》卷十页十）但自“从大夫之后”，大收学生以来，即纯以讲学为职业，为谋生之道。不但他自己不治生产，他还不愿教弟子治生产。樊迟“请学稼”，“请学为圃”；孔子说：“小人哉樊须也。”（《子路》，《论语》卷七页三）子贡经商，孔子说：“赐不受命而货殖焉；亿则屡中。”（《先进》，《论语》卷六页六）他这种不治生产的办法，颇为其时人所诟病。据《论语》所说，荷蓧丈人谓孔子：“四体不勤，五谷不分。”（《微子》，《论语》卷九页十五）此外晏婴亦说：

> 夫儒者滑稽而不可轨法；倨傲自顺，不可以为下；崇丧遂哀，破产厚葬，不可以为俗；游说乞贷，不可以为国。（《孔子世家》，《史记》卷四十七页五）

《庄子》亦载盗跖谓孔子：

> 尔作言造语，妄称文武。……多辞缪说，不耕而食，不织而衣，摇唇鼓舌，擅生是非，以迷天下之主，使天下学士，不反其本，妄作孝弟，而徼幸于封侯富贵者也。（《盗跖》，《庄子》卷九页三十四）

此等批评，未必果是晏婴、盗跖所说，《庄子》中所说，尤不可认为实事。但此等批评，则是当时可能有者。

战国时之有学问而不仕者，亦尚有自食其力之人。如许行，“其徒数十人，皆衣褐，捆屦，织席，以为食”（《滕文公上》，《孟子》

卷五页九）。陈仲子“身织屦，妻辟纑”（《滕文公下》，《孟子》卷六页十五）以自养。但孟子则不以为然。孟子自己是“后车数十乘，从者数百人，以传食于诸侯”；此其弟子彭更即以为“泰”（《滕文公下》，《孟子》卷六页五），他人当更有批评矣。孟子又述子思受“养”的情形，说：

> 缪公之于子思也，亟问亟馈鼎肉。子思不悦于卒也，摽使者出诸大门之外，北面稽首再拜而不受，曰：“今而后知君之犬马畜伋。”……曰：“敢问国君欲养君子，如何斯可谓养矣？”曰：“以君命将之，再拜稽首而受。其后廪人继粟，庖人继肉，不以君命将之。子思以为鼎肉使己仆仆尔亟拜也，非养君子之道也。”（《万章下》，《孟子》卷十页十一至十二）

观此可知儒家之一种风气。唯其风气如此，于是后来即有一种非农、非工、非商、非官僚之“士”，不治生产而专待人之养己。此士之阶级，孔子以前，似亦无有。以前所谓士，多系大夫士之士，或系男子军士之称，非后世所谓士农工商之士也。

> 注：按《国语·齐语》中所谓士农商之士，似指军士，详见《燕京学报》第二期拙作文中。

此种士之阶级只能做两种事情，即做官与讲学。直到现在，各学校毕业生，无论其学校为农业学校或工业学校，仍只有当教员做官两条谋生之路；此所谓：

> 仕而优则学，学而优则仕。（《子张》，《论语》卷十页四）

孔子即是此阶级之创立者，至少亦是其发扬光大者。

此种阶级，为后来法家所痛恶。韩非子说：

> 博习辩智如孔墨；孔墨不耕耨，则国何得焉？修孝寡欲如曾史；曾史不战攻，则国何利焉？（《八说》，《韩非子》卷十八，《四部丛刊》本，页五）

又曰：

> 儒以文乱法，侠以武犯禁。……今修文学习言谈，则无耕之劳而有富之实，无战之危而有贵之尊，则人孰不为也？（《五蠹》，《韩非子》卷十九页三至四）

孔子与希腊"智者"，其行动颇相仿佛。他们都是打破以前习惯，开始正式招学生而教育之者。"智者"向学生收学费，以维持其生活；此层亦大为当时所诟病。孔子说："自行束修以上，吾未尝无诲焉。"（《述而》，《论语》卷四页二）他虽未必收定额学费，但如"贽"之类，必一定收，孔子虽可靠国君之养，未必专靠弟子之学费维持生活，但其弟子之多，未尝不是其有受养资格之一。在中国历史中，孔子始以讲学为职业，因以维持生活。此言并不损害孔子之价值；因为生活总是要维持的。

孔子还有一点与"智者"最相似。"智者"都是博学多能之人，能教学生以各种功课，而其主要目的，在使学生有作政治活动之能力。孔子亦博学多能，所以

> 达巷党人曰："大哉孔子，博学而无所成名。"（《子罕》，《论

语》卷五页一）

太宰问于子贡曰："夫子圣者与，何其多能也？"子贡曰："固天纵之将圣，又多能也。"（同上）

孔子教人亦有各种功课，即所谓六艺是也。至于政治活动，亦为孔子所注意；其弟子可在"千乘之国""治赋""为宰"。季康子问仲由、赐、求，"可使从政也与？"孔子说："由也果"，"赐也达"，"求也艺"，"于从政乎何有？"（《雍也》，《论语》卷三页十二至十三）此即如现在政府各机关之向各学校校长要人，而校长即加考语荐其毕业生一样。

孔子颇似苏格拉底。苏格拉底本亦是"智者"。其不同在他不向学生收学费，不卖知识。他对于宇宙问题，无有兴趣；对于神之问题，接受传统的见解。孔子亦如此，如上文所说。苏格拉底自以为负有神圣的使命，以觉醒希腊人为己任。孔子亦然，所以有"天生德于予"（《述而》，《论语》卷四页六），"天之未丧斯文，匡人其如予何"（《子罕》，《论语》卷五页二）之言。苏格拉底以归纳法求定义（亚里士多德说），以定义为吾人行为之标准。孔子亦讲正名，以名之定义，为吾人行为之标准。苏格拉底注重人之道德的性质。孔子亦视人之"仁"较其"从政"之能力，为尤重。故对于子路、冉有、公西华，虽许其能在"千乘之国""治赋""为宰""与宾客言"，而独不许其为"仁"。（《公冶长》，《论语》卷三页三）苏格拉底自己未著书，而后来著书者多假其名（如柏拉图之对话）。孔子亦不著书，而后来各书中"子曰"极多。苏格拉底死后，其宗派经柏拉图、亚里士多德之发挥光大，遂为西洋哲学之正统。孔子之宗派，亦经孟子、荀子之发挥光大，遂为中国哲学之正统。此但略说，下文另详。

即孔子为中国苏格拉底之一端，即已占甚高之地位。况孔子又为使学术普遍化之第一人，为士之阶级之创立者，至少亦系其发扬光大者；其建树之大，盖又超过苏格拉底矣。

正名主义

孔子目睹当时各种制度之崩坏，以为“天下无道”，而常怀想“天下有道”之时。故曰：

> 天下有道，则礼乐征伐，自天子出。天下无道，则礼乐征伐，自诸侯出。自诸侯出，盖十世希不失矣。自大夫出，五世希不失矣。陪臣执国命，三世希不失矣。天下有道，则政不在大夫。天下有道，则庶人不议。(《季氏》,《论语》卷八页十三)

又曰：

> 禄之去公室，五世矣。政逮于大夫，四世矣。故夫三桓之子孙微矣。(《季氏》,《论语》卷八页十四)

孔子以为政治上社会上各种阶级之破坏皆自上始。“礼乐征伐，自诸侯出”，则十世以后，必又降而“自大夫出”。“自大夫出”，则五世以后，必“陪臣执国命”，而“三桓之子孙微矣”。“陪臣执国命”，则三世以后，庶人必有起者。此即孟子所谓“苟为后义而先利，不夺不餍”者也。

处此情形之下，孔子以为苟欲“拨乱世而反之正”，则莫如使天子仍为天子，诸侯仍为诸侯，大夫仍为大夫，陪臣仍为陪臣，庶人仍为庶人。使实皆如其名，此即所谓正名主义也。孔子认此为极重要，故《论语》云：

子路曰："卫君待子而为政，子将奚先？"子曰："必也正名乎！"（《子路》，《论语》卷七页一）

齐景公问政于孔子，孔子对曰："君君，臣臣，父父，子子。"公曰："善哉！信如君不君，臣不臣，父不父，子不子，虽有粟，吾岂得而食诸？"（《颜渊》，《论语》卷六页十七）

盖一名必有一名之定义，此定义所指，即此名所指之物之所以为此物者，亦即此物之要素或概念也。如"君"之名之定义之所指，即君之所以为君者。"君君，臣臣，父父，子子"，上君字乃指事实上之君，下君字乃指君之名，君之定义。臣父子均如此例。若使君臣父子皆如其定义，皆尽其道，则"天下有道"矣。孔子目睹当时之"君不君，臣不臣，父不父，子不子"，故感慨系之，而借题发挥曰：

觚不觚。觚哉！觚哉！（《雍也》，《论语》卷三页十七至十八）

孔子以为当时因名不正而乱，故欲以正名救时之弊也。

孔子以为当时名之不正皆自上始，故"反正"亦须自上始。《论语》云：

季康子问政于孔子，孔子对曰："政者，正也，子率以正，孰敢不正。"（《颜渊》，《论语》卷六页十八）

季康子患盗，问于孔子，孔子对曰：“苟子之不欲，虽赏之不窃。”（同上）

季康子问政于孔子曰：“如杀无道，以就有道，何如？”孔子对曰：“子为政，焉用杀？子欲善而民善矣。君子之德风，小人之德草，草上之风必偃。”（《颜渊》，《论语》卷六页十九）

盖在贵族政治时代，人民毫无知识，“君子”即贵族之行为，对于“小人”即庶人，固有甚大影响也。

普通以为孔子欲实行其正名主义而作《春秋》。据孟子说，孔子作《春秋》之目的及功用在使“乱臣贼子惧”；然《左传·宣公二年》，赵穿弑晋灵公。

太史书曰“赵盾弑其君”，以示于朝。宣子曰：“不然。”曰：“子为正卿，亡不越竟，反不讨贼，非子而谁？”……孔子曰：“董狐，古之良史也；书法不隐。”（《左传》卷十页四）

又《左传·襄公廿五年》，崔杼弑齐庄公。

太史书曰“崔杼弑其君”，崔子杀之。其弟嗣书而死者二人。其弟又书，乃舍之。南史氏闻太史尽死，执简以往，闻既书矣，乃还。（《左传》卷十七页十一）

据此则至少春秋时晋齐二国太史之史笔，皆能使“乱臣贼子惧”，不独《春秋》为然。盖古代史官，自有其纪事之成法也。孟子说：

晋之《乘》，楚之《梼杌》，鲁之《春秋》，一也。其事则齐

桓晋文，其文则史。孔子曰："其义则丘窃取之矣。"(《离娄下》，《孟子》卷八页七）

"其义"不止是《春秋》之义，实亦是《乘》及《梼杌》之义，观于董狐史笔，亦可概见。孔子只"取"其义，而非"作"其义。孟子此说，与其孔子作《春秋》之说不合，而却似近于事实。

但抑或因鲁是周公之后，"礼义之邦"，所以鲁之《春秋》，对于此等书法，格外认真。韩宣子聘鲁观书于太史氏，特注意于"鲁《春秋》"，或"鲁《春秋》"果有比"晋之《乘》""楚之《梼杌》"较特别之处；所以在孔子以前，已有人以《春秋》为教人之教科书。楚庄王使士亹傅太子箴；士亹问于申叔时。叔时曰：

教之《春秋》而为之耸善而抑恶焉，以戒劝其心。(《楚语上》，《国语》卷十七，《四部丛刊》本，页一）

可见《春秋》早已成教人之一种课本。但此皆在孔子成年以前，所以皆与孔子无干。

《春秋》之"耸善抑恶"，诛乱臣贼子，"《春秋》以道名分"(《天下篇》，《庄子》卷十页二十五），孔子完全赞成。不过按之事实，似乎不是孔子因主张正名而作《春秋》，如传说所说；似乎是孔子取《春秋》等书之义而主张正名，孟子所说其义则丘"窃取"者是也。

注：刘师培云："《孟子·滕文公篇》云：'孔子惧，作《春秋》。'后儒据之，遂谓《春秋》皆孔子所作。然作兼二义：或训为始；或训为为。训始见《说文》，即创作之作，乃《乐记》所

谓‘作者之为圣’也。训为见《尔雅》，与创作之作不同。《书》言‘汝作司徒’，言以契为司徒，非司徒之官始于契。《论语》言‘始作翕如’，《左传》言‘金奏作于下’，则奏乐亦言作乐，与‘作乐崇德’之作殊。《左传》言‘召穆纠合宗族于成周而作诗曰：“棠棣之华，鄂不韡韡”’；则歌诗亦言作诗，与‘侍人孟子，作为此诗’之作殊。盖创作谓之作；因前人之意而为，亦谓之作。孟子言孔子作《春秋》，即言孔子因古史以为《春秋》也。故又言‘其事则齐桓晋文，其文则史’。至于《诗》亡然后《春秋》作，则作为始义，与作《春秋》之作殊。言《春秋》所记之事，始于东周也。”(《左庵集》卷二）若以奏乐可言作乐，歌诗可言作诗，之例言之，则作《春秋》即讲《春秋》耳。孔子讲《春秋》特别注重于正名之一点，所谓“其义则丘窃取之”。所以使“乱臣贼子惧也”。

直、仁、忠、恕

孔子讲礼，注重“礼之本”。《论语》云：

> 子夏问曰：“‘巧笑倩兮，美目盼兮，素以为绚兮。’何谓也？”子曰：“绘事后素。”曰：“礼后乎？”子曰：“起予者商也，始可与言《诗》已矣。”(《八佾》，《论语》卷二页三）

子夏以“绘事后素”而悟及“礼后”，盖人必有真性情，然后可以行礼，犹美女之必先有巧笑美目，然后可施脂粉也。否则礼为虚伪形式，非唯不足贵，且亦甚可贱矣。故孔子曰：

> 人而不仁如礼何！人而不仁如乐何！(《八佾》,《论语》卷二页一)

不仁之人，无真性情，虽行礼乐之文，适足增其虚伪耳。孔子云：

> 君子义以为质，礼以行之，孙以出之，信以成之。(《卫灵公》,《论语》卷八页五)

盖礼“质”须相副而行也。

孔子注重人之有真性情，恶虚伪，尚质直；故《论语》中屡言直。孔子曰：

> 人之生也直；罔之生也，幸而免。(《雍也》,《论语》卷三页十六)

直者内不以自欺，外不以欺人，心有所好恶而如其实以出之者也。《论语》又云：

> 叶公语孔子曰：“吾党有直躬者，其父攘羊，而子证之。”孔子曰：“吾党之直者异于是，父为子隐，子为父隐，直在其中矣。”(《子路》,《论语》卷七页七)

直者由中之谓，称心之谓。其父攘人之羊，在常情其子决不愿其事之外扬，是谓人情。如我中心之情而出之，即直也。今乃至证明其父之攘人羊。是其人非沽名买直，即无情不仁，故不得为真直也。

《论语》又云：

> 子曰："孰谓微生高直，或乞醯焉，乞诸其邻而予之。"(《公冶长》,《论语》卷三页八至九)

直者内忖诸己者也，曲者外揣于人者也。家自无醯，则谢之可矣。今唯恐人之不乐我之谢，而必欲给其求，是不能内忖诸己，而已不免揣人意向为转移，究其极将为巧言令色，故不得为直也。孔子曰：

> 巧言令色足恭，左丘明耻之，丘亦耻之。(《公冶长》,《论语》卷三页九)

耻之者，耻其不直也。《论语》又云：

> 子贡问曰："乡人皆好之，何如？"子曰："未可也。"曰："乡人皆恶之，何如？"子曰："未可也。不如乡人之善者好之，其不善者恶之。"(《子路》,《论语》卷七页九)

夫至乡人皆恶之，是必不近人情之人也。然至乡人皆好之，此难免专务人人而悦之，为乡愿之徒，亦虚伪无可取矣。

然直虽可贵，尚须"礼以行之"。《论语》云：

> 子曰："恭而无礼则劳，慎而无礼则葸，勇而无礼则乱，直而无礼则绞。"(《泰伯》,《论语》卷四页十一)

又曰："好直不好学，其蔽也绞。"(《阳货》,《论语》卷九页五)

学即学礼也。古时所谓礼之义极广，除现在礼字所有之意义外，古时所谓礼，兼指一切风俗习惯，政治社会制度。子产谓："夫礼，天之经也，地之义也，民之行也。"《庄子·天下篇》谓："礼以道行。"(《庄子》卷十页二十五）盖凡关于人之行为之规范，皆所谓礼也。孔子为周礼之拥护者，故其教育弟子，除教以知识外，并以礼约束之。颜渊所谓"博我以文，约我以礼"是也。唯孔子同时又注重"礼之本"，故又言直。言直则注重个人性情之自由，言礼则注重社会规范对于个人之制裁。前者为孔子之新意，后者乃古代之成规。孔子理想中之"君子"，为能以真性情行礼者，故曰：

> 质胜文则野，文胜质则史。文质彬彬，然后君子。(《雍也》，《论语》卷三页十六）

又曰：

> 不得中行而与之，必也狂狷乎！狂者进取，狷者有所不为也。(《子路》，《论语》卷七页八）

又云：

> 乡愿，德之贼也。(《阳货》，《论语》卷九页六）

"文质彬彬"，即中行也。狂狷之行为，虽不合中行，要皆真性情之流露，故亦可取。若乡愿则为伪君子，尤劣于真小人矣。

注：自上文"《论语》中屡言直"起至此，选抄钱穆先生

《论语要略》并采美国学者德效骞（Homer H. Dubs）所作之"The Conflict of Authority and Freedom in Ancient Chinese Ethics"文之意，该文见 *Open Court* 杂志第四十卷第三号。

上文谓不仁之人无真性情。《论语》中言仁处甚多，总而言之，仁者，即人之性情之真的及合礼的流露，而即本同情心以推己及人者也。《论语》云：

> 子曰："巧言令色，鲜矣仁。"(《学而》,《论语》卷一页四）

又云：

> 子曰："刚毅木讷近仁。"(《子路》,《论语》卷七页十）

巧言令色矫饰以媚悦人，非性情之真的流露，故"鲜矣仁"。"刚毅木讷"之人，质朴有真性情，故"近仁"也。《论语》又云：

> 樊迟问仁。子曰："爱人。"(《颜渊》,《论语》卷六页二十）

仁以同情心为本，故爱人为仁也。《论语》又云：

> （宪问：）"克，伐，怨，欲，不行焉，可以为仁矣?"子曰："可以为难矣，仁则吾不知也。"(《宪问》,《论语》卷七页十一）

焦循曰："孟子称公刘好货，太王好色，与百姓同之，使有积仓而无怨旷。孟子之学，全得诸孔子。此即己达达人，己立立人之义。必屏妃妾，减服食，而于百姓之饥寒仳离，漠不关心，则坚瓠也。故克伐怨欲不行，苦心洁身之士，孔子所不取。不如因己之欲，推以知人之欲。即己之不欲，推以知人之不欲。洁矩取譬不难，而仁已至矣。绝己之欲则不能通天下之志，非所以为仁也。”(《论语补疏》)

孔子又云：

> 人之过也，各于其党，观过斯知仁矣。(《里仁》,《论语》卷二页十二)

人之性情之真的流露或有所偏而为过，然要之为性情之真的流露，故“观过斯知仁矣”。《论语》又云：

> 颜渊问仁，子曰：“克己复礼为仁。一日克己复礼，天下归仁焉。为仁由己，而由人乎哉?”颜渊曰：“请问其目。”子曰：“非礼勿视，非礼勿听，非礼勿言，非礼勿动。”(《颜渊》,《论语》卷六页十二至十三)

“好直不好学，其蔽也绞”，故仁为人之性情之真的，而又须为合礼的，流露也。《论语》又云：

> 仲弓问仁。子曰：“出门如见大宾，使民如承大祭。己所不欲，勿施于人，在邦无怨，在家无怨。”仲弓曰：“雍虽不敏，请事斯语矣。”(《颜渊》,《论语》卷六页十三)

又云：

子贡曰："如有博施于民，而能济众，何如，可谓仁乎？"子曰："何事于仁？必也圣乎！尧舜其犹病诸！夫仁者己欲立而立人，己欲达而达人，能近取譬，可为仁之方也矣。"（《雍也》，《论语》卷三页十九）

"为仁之方"在于"能近取譬"，即谓为仁之方法在于推己以及人也。"因己之欲，推以知人之欲"，即"己欲立而立人，己欲达而达人"，即所谓忠也。[1]"因己之不欲，推以知人之不欲"，即"己所不欲，勿施于人"，即所谓恕也。实行忠恕即实行仁。《论语》云：

子曰："参乎，吾道一以贯之。"曾子曰："唯！"子出，门人问曰："何谓也？"曾子曰："夫子之道忠恕而已矣。"（《里仁》，《论语》卷二页十四）

孔子一贯之道为忠恕，亦即谓孔子一贯之道为仁也。为仁之方法如此简易。故孔子曰："仁远乎哉，吾欲仁斯仁至矣。"

宋明道学家陆王一派，假定人本有完全的良知，假定"满街都是圣人"，故以为人只须顺其良知而行，即万不致误。孔子初无此

---

1 恕为"己所不欲，勿施于人"，见《论语·卫灵公》孔子答子贡问。但忠之为义，《论语》中未有确切明文，后人遂以忠为"尽己"之义。按《论语》云："为人谋而不忠乎？"（《学而》，《论语》卷一页四）又云："与人忠。"（《子路》，《论语》卷七页七）又云："臣事君以忠。"（《八佾》，《论语》卷二页七）又云："孝慈则忠。"（《为政》，《论语》卷一页十四）又云："忠焉能勿诲乎？"（《宪问》，《论语》卷七页十三）忠有积极为人之义；此则《论语》中有明文者。若尽己之义，则《论语》未有明文，似非必孔子言忠之义。

意。人之性情之真的流露，本不必即可顺之而行而无不通。故孔子注重“克己复礼为仁”。然礼犹为外部之规范，除此外部之规范外，吾人内部尚自有可为行为之标准者。若“能近取譬”，推己及人，己之所欲，即施于人，“己所不欲，勿施于人”，则吾人之性情之流露，自合乎适当的分际。故“直”尚有行不通处，而仁则无行不通处。故仁为孔子“一贯”之道，中心之学说。故《论语》中亦常以仁为人之全德之代名词。曰：“求仁而得仁，又何怨？”(《述而》,《论语》卷四页四）曰：“若圣与仁，则吾岂敢？”(《述而》,《论语》卷四页九）曰：“无求生以害仁。有杀身以成仁。”(《卫灵公》,《论语》卷八页三）此所谓仁皆指人之全德而言也。

注:《论语》中所言之仁，实有上述两重意义。向来对此两重意义，不加分别。此即近人著述中种种辩论所由起也。

唯仁亦为全德之名，故孔子常以之统摄诸德，宰予以三年之丧为期已久，孔子谓为不仁，是仁可包孝也。以后孟子言“未有仁而遗其亲者”(《梁惠王上》,《孟子》卷一页二),《中庸》言“所求乎子以事父”，皆谓仁人或行忠恕之人自然孝也。[1]孔子以“微子去之，箕子为之奴，比干谏而死”，为“殷有三仁”(《微子》,《论语》卷九页十一)，是仁可包忠也。以后孟子言“未有仁而后其君者”(《梁惠王上》,《孟子》卷一页二),《中庸》言“所求乎臣以事君”，皆谓仁人或行忠恕之人自然忠也。孔子谓令尹子文及陈文子“未知焉得仁？”(《公冶长》,《论语》卷三页七)，是仁可包智也。“仁者必有

1 《论语》中所言孝如服从、养志、几谏等，皆为孝之方法，非孝之原理，故未论及。

勇”(《宪问》,《论语》卷七页十二),是仁可包勇也。“颜渊问仁,子曰:‘克己复礼为仁。’”(《颜渊》,《论语》卷六页十二),是仁可包礼也。“子张问仁于孔子,孔子曰:‘能行五者于天下为仁矣。’请问之。曰:‘恭,宽,信,敏,惠。恭则不侮,宽则得众,信则人任焉,敏则有功,惠则足以使人。’”(《阳货》,《论语》卷九页三)是仁可包信等也。

义利及性

观上所述,可知孔子亦注重人之性情之自由。人之性情之真的流露,只须其合礼,即是至好,吾人亦即可顺之而行矣。《论语》曰:

> 子绝四:毋意,毋必,毋固,毋我。(《子罕》,《论语》卷五页二)

又曰:

> 子曰:“可与共学,未可与适道。可与适道,未可与立。可与立,未可与权。”(《子罕》,《论语》卷五页十)
>
> 逸民伯夷、叔齐、虞仲、夷逸、朱张、柳下惠、少连。子曰:“不降其志,不辱其身,伯夷、叔齐与?谓柳下惠、少连,降志辱身矣。言中伦,行中虑,其斯而已矣。谓虞仲、夷逸,隐居放言,身中清,废中权。我则异于是,无可无不可。”(《微子》,《论语》卷九页十六至十七)

盖依上所述，吾人行为之标准，至少一部分是在内的而非在外的，是活的而非死的，是可变的而非固定的。故吾人之行为，可因时因地，随吾人性情之所之，而有相当的不同。此所谓“毋意，毋必，毋固，毋我”也。此所谓“我则异于是，无可无不可”也。若对于一切，皆执一定之规则，则即所谓“可与立，未可与权”者也。

人之性情之真的流露，只须其合礼，即是至好。至其发于行为，果得有利的结果与否，不必问也。事实上凡人性情之真的及合礼的流露之发于行为者，对于社会多有利，或至少亦无害，但孔子则不十分注意于此。如三年之丧之制，本可以曾子所谓“慎终追远，民德归厚”（《学而》，《论语》卷一页六）之说，与以理论的根据；但孔子则只谓不行三年之丧，则吾心不安，行之则吾心安。此制虽亦有使“民德归厚”之有利的结果，但孔子不以之作三年之丧之制之理论的根据也。孔子不注重行为之结果，其一生行事，亦是如此。子路为孔子辩护云：

> 君子之仕也，行其义也。道之不行也，已知之矣。（《微子》，《论语》卷九页十六）

“道之不行，已知之矣”，而犹席不暇暖，以求行道，所以石门晨门谓孔子为“知其不可而为之者也”。（《宪问》，《论语》卷七页十三）董仲舒谓：“正其谊不谋其利，明其道不计其功。”“君子之仕也，行其义也”，即“正其谊”“明其道”也；至于道之果行与否，则结果也，“利”也，“功”也，不必“谋”，不必“计”矣。《论语》云：

> 子罕言利。（《子罕》，《论语》卷五页一）

孔子云：

君子喻于义，小人喻于利。(《里仁》,《论语》卷二页十四)

此孔子及孟子一贯之主张，亦即其与墨家根本不同处也。

注：论者多谓孔子论治国之道："既庶矣"，"富之"；"既富矣"，"教之"(《子路》,《论语》卷七页四)。孟子所说王政，亦注重人民生活之经济方面，故儒家非不言利。不知儒家不言利，乃谓各事只问其当否，不必问其结果，非不言有利于民生日用之事。此乃儒家之非功利主义，与墨家之功利主义相反对。参看下文讲墨子及孟子章更明。

观上所述，又可知孔子之哲学，极注重人之心理方面。故后来儒家皆注重心理学。孔子云：

性相近也，习相远也。(《阳货》,《论语》卷九页一)

对于性虽未有明确的学说，然以注重心理学之故，性善性恶，遂成为后来儒家之大问题矣。

授课人：冯友兰

第四章 墨子及前期墨家

关于墨子之考证

墨子为中国历史中一甚大人物。由战国至汉初，人多以孔墨并称。但《史记》对于墨子之记载，则极简略。盖司马迁作《史记》时，思想界已成为儒家之天下。故孔子跻于世家，而墨子不得一列传。直至清末以后，研究墨学之兴趣，始渐兴起；关于墨子之考证，亦始渐加多。

《史记》谓："盖墨翟宋之大夫，善守御，为节用。或曰并孔子时，或曰在其后。"(《孟子荀卿列传》,《史记》卷七十四，同文影殿刊本，页六）墨子在孔子后，今已为定论。孙诒让作《墨子年表》，起周贞定王元年（西历纪元前四六八年），迄安王二十六年（西历纪元前三七六年）。(《墨子后语》卷上）钱穆先生作《墨子年表》，起周敬王四十一年（西历纪元前四七九年）即孔子卒年，迄安王二十一年（西历纪元前三八一年）即吴起死年。(《墨子》，商务印书馆《国学小丛书》内，第一章）钱表起讫年代，比孙表略早。依《吕氏春秋》所纪，吴起死时，墨家巨子，已为孟胜（详下第三节引），则墨子必死于吴起前。由此则钱表较近是。表中所包时间，几及百年。此非谓墨子必有如此大寿，只谓墨子一生，大约在此百年内耳。

墨子或云宋人，或云鲁人。孙诒让考定为鲁人（《墨子后语》卷上），似亦可为定论。至其学之来源，则《吕氏春秋》谓："鲁惠公使宰让请郊庙之礼于天子。桓公使史角往，惠公止之。其后在于鲁，墨子学焉。"（《当染篇》，《吕氏春秋》卷二，《四部丛刊》本，页十）《汉书·艺文志》谓"墨家者流，盖出于清庙之守"（《前汉书》卷三十，同文影殿刊本，页二十五），似即本此。但此说无他证，只可备一说而已。《淮南王书》谓："孔丘、墨翟修先圣之术，通六艺之论。"（《主术训》卷九，刘文典先生《淮南鸿烈集解》，商务铅印本，页二十四）又谓："墨子学儒者之业，受孔子之术。以为其礼烦扰而不悦，厚葬靡财而贫民，久（据王校补）服伤生而害事。故背周道而用夏政。"（《要略》，《淮南子》卷二十一页八）《墨子》书中，引《诗》《书》处不少。孔子聚徒讲学，开一时之风气。墨子既为鲁人，则其在此风气中，学《诗》《书》，受孔子之影响，乃当然应有之事。且孔子本亦有尚俭节用之主张。如云："道千乘之国，敬事而信，节用而爱人。"（《学而》，《论语》卷一，《四部丛刊》本，页四至五）又云："礼，与其奢也宁俭。"（《八佾》，《论语》卷二页二）又云："禹，吾无间然矣。菲饮食而致孝乎鬼神，恶衣服而致美乎黻冕，卑宫室而尽力乎沟洫。禹，吾无间然矣。"（《泰伯》，《论语》卷四页十八）然则谓墨子尚俭、节用、明鬼、尊禹之主张，乃就孔子之教之此方面发挥，亦一可通之说也。

据此则墨学起源于鲁，与儒学同。然亦有谓墨子之学为与宋有关者。俞正燮云：

> 《管子》书《立政》云："兼爱之说胜，则士卒不战。"《立政·九败解》云："不能令彼无攻我，彼以教士，我以驱众，彼以良将，我以无能。其败必覆军杀将。"如此正宋襄公之谓。《左传》公子目夷谓襄公未知战："若爱重伤，则如勿伤；爱其二毛，则如服焉。"兼爱非攻，盖宋人之蔽。《吕氏春秋·审应》云："偃兵之意，兼爱天下之心也。"据《左传》，襄公殁后，华元向戌皆以止兵为务。墨子出，始讲守御之法，不如《九败解》所讥。墨子实宋大夫。其后宋牼亦墨徒，欲止秦楚之兵，言战不利。……《公孟篇》云："墨子谓公孟曰：'子法周而未法夏，非古也。'"……荀子言儒者法后王，所以为儒。墨以殷后，多感激不法周而法古，所以为墨。（《癸巳类稿》卷十四）

宋人以愚著称。诸子中言及愚人，常以宋人为代表。如《庄子》谓："宋人资章甫而适诸越，越人断发文身，无所用之。"（《逍遥游》，《庄子》卷一，《四部丛刊》本，页十四）孟子谓："宋人有闵其苗之不长，而揠之者。"（《公孙丑上》，《孟子》卷三，《四部丛刊》本，页七）韩非子谓宋人守株待兔。（《韩非子·五蠹》）皆谓宋人之愚也。墨子之道，"其生也勤，其死也薄，其道太觳"，"以自苦为极"（《天下篇》，《庄子》卷十，页二十八，二十九），所谓"其智可及也，其愚不可及也"。亦有宋人之风。或者墨子先在鲁受孔子上述数点之影响，及后为宋大夫，又合宋人兼爱非攻之教，遂成墨学欤？

旧说墨子姓墨名翟。近人始有谓："古之所谓墨者，非姓氏之称，乃学术之称也。"（江瑔《读子卮言》，《论墨子非姓墨》）墨乃古代刑法之一，刑徒乃奴役之流。（钱穆先生，《墨子》第一章）盖墨子节用，短丧，非乐，等见解，皆趋于极端，与当时大夫君子之行事相反，其生活刻苦，又与劳工同。故从其学者，当时称之谓墨者，意谓此乃刑徒奴役之流耳。《墨子·贵义篇》谓楚献惠王“使穆贺见子墨子。子墨子说穆贺。穆贺大说，谓子墨子曰：‘子之言则诚善矣。而君王，天下之大王也，毋乃曰：贱人之所为，而不用乎？’”（《墨子》卷十二，孙诒让《墨子间诂》，涵芬楼影印本，页二）墨子所主张者为“贱人之所为”；此其所以见称为墨道也。然墨子即乐于以墨名其学派。此犹希腊安提斯塞尼斯（Antisthenes）之学之见称为犬学，而安氏亦乐于以此名其学，死后其墓上并刻一石犬以为墓表也。

墨子反贵族而因及贵族所依之周制。故其学说，多系主张周制之反面，盖对于周制之反动也。因儒家以法周相号召，故墨子自以其学说为法夏以抵制之。盖当时传说中之禹，本有节俭勤苦之名，观《论语》所说可知；故墨子乐以此相号召也。若必谓墨子法古或法夏，则“非愚则诬”。汪中曰：

> 墨子者，盖学焉而自为其道者也。故其《节葬》曰：“圣王制为节葬之法。”又曰：“墨子制为节葬之法”，则谓墨子自制者是也。（《墨子后序》，汪中《述学》卷二，阮氏汇印《文选楼丛书》本，页六）

墨子之学说，盖就平民之观点，以主张周制之反面者也。

《经》《经说》及《大取》《小取》六篇之时代

《墨子》书中《经》及《经说》等篇，乃战国后期墨者所作。战国后期游学之风极盛，诵习简编，求简练易记，所以各家作“经”。墨家有《墨经》,《荀子》中引有《道经》,《韩非子》中有《内外储说》之经。若战国前期，则尚无此体裁之著作也。(顾颉刚先生说，见《古史辨》第一册上编页五六)

古书之为私人著作者，据现在所知，最早为《论语》。《论语》为记言体，其记言体又极简约。及《孟子》《庄子》书，遂由简约的记言进而为铺排的记言，更有设寓的记言，此乃战国诸子文体之初步。及此以后，则有舍去记言之体而据题抒论者，如《荀子》之一部分是也。舍记言体而据题为论，此乃战国诸子文体演进之第二步。(傅斯年先生说)《墨子》书中如《大取》《小取》篇皆为据题抒论之著述体裁，亦非墨子时代所有也。

且《经》《经说》及《大取》《小取》等篇中所说，“坚白同异”“牛马非牛”等辩论，皆以后所有，故孟子虽好辩，而对于此等问题，皆毫未谈及也。由此诸方面观察，可知此六篇为战国后期之作品矣。

墨者为一有组织的团体

《墨子·公输篇》云：

> 公输般为楚造云梯之械成。将以攻宋。子墨子闻之，……见公输般。……子墨子解带为城，以牒为械，公输般九设攻城之机

变，子墨子九距之。公输般之攻械尽，子墨子之守围有余。……子墨子曰：“……臣之弟子禽滑釐等三百人，已持臣守围之器在宋城上而待楚寇矣。虽杀臣不能绝也。”楚王曰：“善哉，吾请无攻宋矣。”(《墨子》卷十三页十一至十六)

于此故事中，可见二事，一者墨子非攻，固反对一切攻势的战争，主张兼爱，固应各国皆爱。但当时强侵弱，众暴寡之事甚多，而墨子实际救护被攻之国，则只闻有此一事，此亦或可见墨子与宋有特别关系也。二者墨者为一有组织的团体，故救宋之举，能为有组织的行动，墨子往楚见公输般，其弟子三百人即在宋守城也。《耕柱篇》云：

子墨子使管黔敖游高石子于卫，卫君致禄甚厚，设之于卿。高石子三朝必尽言，而言无行者。去而之齐，见子墨子曰：“卫君以夫子之故，致禄甚厚，设我于卿，石三朝必尽言，而言无行，是以去之也，卫君无乃以石为狂乎？”子墨子曰：“去之苟道，受狂何伤。……”高石子曰：“石去之，焉敢不道也。……”子墨子说。……(《墨子》卷十一页二十一至二十二)

又曰：

子墨子游荆(苏云：“荆字疑衍。”)耕柱子于楚。二三子过之，食之三升，客之不厚。二三子复于子墨子曰：“耕柱子处楚无益矣。二三子过之，食之三升，客之不厚。”子墨子曰：“未可知也。”毋几何而遗十金于子墨子曰：“后生不敢死，有十金于此，愿夫子之用也。”子墨子曰：“果未可知也。”(《墨子》卷

十一页十八）

《鲁问篇》云：

> 子墨子使胜绰事项子牛，项子牛三侵鲁地，而胜绰三从。子墨子闻之，使高孙子请而退之。（《墨子》卷十三页十）

据此则墨子弟子之出处行动，皆须受墨子之指挥。弟子出仕后如所事之主，不能行墨家之言，则须自行辞职，如高石子之例是也。如弟子出仕之后，曲学阿世，则墨子可“请”于其所事之主“而退之”，如胜绰之例是也。弟子出仕后之收入，须分以供墨者之用，如荆耕柱子之例是也。《淮南子》谓：“墨子服役者百八十人，皆可使赴火蹈刃，死不旋踵。”（《泰族训》，《淮南子》卷二十页十四）可见墨子弟子对于其师之绝对服从矣。

墨者之首领，名曰“巨子”。《庄子·天下篇》谓墨者“以巨子为圣人，皆愿为之尸，冀得为其后世。”（《庄子》卷十页九）墨者之第一任“巨子”当为墨子。此外见于《吕氏春秋》者，有孟胜、田襄子、腹䵍三人。《吕氏春秋》云：

> 墨者巨子孟胜，善荆之阳城君。阳城君令守于国，毁璜以为符。约曰：“符合听之。”荆王薨，群臣攻吴起兵于丧所，阳城君与焉。荆罪之，阳城君走；荆收其国。孟胜曰：“受人之国与之有符；今不见符而力不能禁，不能死，不可。”其弟子徐弱谏孟胜曰：“死而有益阳城君，死之可矣。无益也，而绝墨者于世，不可。”孟胜曰：“不然，吾于阳城君也，非师则友也，非友则臣也。不死，自今以来，求严师必不于墨者矣，求贤友必不于

墨者矣，求良臣必不于墨者矣。死之，所以行墨者之义而继其业者也。我将属巨子于宋之田襄子。田襄子贤者也，何患墨者之绝世也。”徐弱曰：“若夫子之言，弱请先死以除路。”还殁头前于孟胜。因使二人传巨子于田襄子。孟胜死，弟子死之者百八十三人。二人已致令于田襄子，欲反死孟胜于荆。田襄子止之曰：“孟子已传巨子于我矣。”不听，遂反死之。(《上德篇》,《吕氏春秋》卷十九页八至九)

据此则墨者之行为，与所谓侠者相同，《史记·游侠列传》所谓“其言必信，其行必果，已诺必诚，不爱其躯，赴士之厄困”者也。《吕氏春秋》又云：

墨者巨子，有腹䵍，居秦，其子杀人。秦惠王曰：“先生之年长矣，非有他子也，寡人已令吏弗诛矣。先生之以此听寡人也。”腹䵍对曰：“墨者之法，杀人者死，伤人者刑，此所以禁杀伤人也。夫禁杀伤人者，天下之大义也。王虽为之赐而令吏弗诛，腹䵍不可不行墨者之法。”不许惠王，而遂杀之。(《去私篇》,《吕氏春秋》卷一页十二)

据此可知墨者之团体内，纪律极严。巨子对于犯墨者之法者，且有生杀之权矣。

墨子哲学为功利主义

尚俭节用，及兼爱非攻，虽为其时人原有之主张，但墨子则不但实行之，且予之以理论的根据，使成为一贯的系统。此墨子对于哲学之贡献也。

墨子书中反对儒家之处甚多，盖墨家哲学与儒家哲学之根本观念不同。儒家“正其谊不谋其利，明其道不计其功”。而墨家则专注重“利”，专注重“功”。试就孔子个人及墨子个人之行为考之，“孔席不暇暖，墨突不暇黔”，二人皆栖栖皇皇以救世之弊，然二人对于其自己行为之解释，则绝不相同。子路为孔子解释云：

> 君子之仕也，行其义也；道之不行，已知之矣。(《微子》，《论语》卷九页十六）

此谓孔子之所以欲干预政治，乃以“应该”如此。至于如此之必无结果，“道之不行”，则“已知之矣”。但墨子对于其自己之行为之意见则不然。《墨子·贵义篇》云：

> 子墨子自鲁即齐，遇故人谓子墨子曰：“今天下莫为义，子独自苦而为义，子不若已。”子墨子曰：“今有人于此，有子十人，一人耕而九人处，则耕者不可以不益急矣。何故？食者众而耕者寡也。今天下莫为义，则子如劝我者也。何故止我？”(《墨子》卷十二页一）

《公孟篇》云：

> 公孟子谓子墨子曰：“……今子遍从人而说之，何其劳也？”子墨子曰：“……且有二生于此，善筮。一行为人筮者，一处而不出者。行为人筮者，与处而不出者，其糈孰多？”公孟子曰：

"行为人篮者其糈多。"子墨子曰："仁义均，行说人者其功善亦多，何故不行说人也？"（《墨子》卷十二页八至九）

此谓为义者虽少，然有一二人为之，其"功"犹胜于无人为之。"遍从人而说仁义"，虽不能使尽听，然其结果终胜于"不行说人"。其结果终是天下之利也。孔子乃无所为而为，墨子则有所为而为。

"功""利"乃墨家哲学之根本意思。《墨子·非命上》云：

子墨子言曰："必立仪。言而毋仪，譬犹运钧之上而立朝夕者也；是非利害之辨，不可得而明知也。故言必有三表。"何谓三表？子墨子言曰："有本之者，有原之者，有用之者。于何本之？上本之于古者圣王之事。于何原之？下原察百姓耳目之实。于何用之？发以为刑政，观其中国家百姓人民之利。此所谓言有三表也。"（《墨子》卷九页一至二）

此三表中，最重要者乃其第三。"国家百姓人民之利"，乃墨子估定一切价值之标准。凡事物必有所用，言论必可以行，然后为有价值。《公孟篇》云：

子墨子问于儒者曰："何故为乐？"曰："乐以为乐也。"子墨子曰："子未我应也。今我问曰：'何故为室？'曰：'冬避寒焉，夏避暑焉，室以为男女之别也。'则子告我为室之故矣。今我问曰：'何故为乐？'曰：'乐以为乐也。'是犹曰：'何故为室？'曰：'室以为室也。'"（《墨子》卷十二页十四至十五）

《耕柱篇》云：

叶公子高问政于仲尼，曰："善为政者若之何？"仲尼对曰："善为政者，远者近之，而旧者新之。"子墨子闻之曰："叶公子高未得其问也；仲尼亦未得其所以对也。叶公子高岂不知善为政者之远者近之而旧者新之哉？问所以为之若之何也。不以人之所不知告人，以所知告之。故叶公子高未得其问也；仲尼亦未得其所以对也。"(《墨子》卷十一页二十)

又云：

子墨子曰："言足以复行者常之；不足以举行者勿常。不足以举行而常之，是荡口也。"(《墨子》卷十一页二十一)

"何为乐？"及"何所为而需乐？"此二问题，自墨子视之，直即是一。儒家说乐以为乐；墨子不承认为乐可为一种用处，盖为乐乃求目前快乐，不能有将来有利的结果也。不可行及不告人以行之之道之言论，不过为一种"理知的操练"，虽可与吾人以目前的快乐，而对于将来，亦为无用，所以亦无有价值也。

注：《非命中》云："使言有三法。三法者何也？有本之者，有原之者，有用之者。于其本之也，考之天鬼之志，圣王之事。于其原之也，征以先王之书。用之奈何？发以为刑（毕云：据上篇有政字）。此言之三法也。"(《墨子》卷九页七）此以天鬼之志加于三表中，亦主张天志者应有之说也。

授课人：冯友兰

第五章 孟子及儒家中之孟学

孟子之抱负及其在中国历史中之地位

盖孔子开以讲学为职业之风气，其弟子及以后儒者，多以讲学为职业，所谓“大者为卿相师傅，小者友教士大夫”也。然能“以学显于当世”者，则推孟子荀卿。二人实孔子后儒家大师也。孔子在中国历史中之地位，如苏格拉底之在西洋历史；孟子在中国历史中之地位，如柏拉图之在西洋历史，其气象之高明亢爽亦似之；荀子在中国历史中之地位如亚里士多德之在西洋历史，其气象之笃实沈博亦似之。

孟子生卒年，《史记》不详。元程复心《孟子年谱》谓：孟子生于周烈王四年（西历纪元前三七二年），卒于赧王二十六年（西历纪元前二八九年）。孟子邹人，邹与鲁极近，皆为儒家之根据地。故儒家者流，《庄子·天下篇》称之为“邹鲁之士，搢绅先生”（《庄子》卷十，《四部丛刊》本，页二十五）也。孔子一生之职志为继文王周公之业，孟子一生之职志为继孔子之业。故曰：

> 昔者禹抑洪水而天下平，周公兼夷狄驱猛兽而百姓宁，孔子成《春秋》而乱臣贼子惧。……我亦欲正人心，息邪说，距诐行，放淫辞，以承三圣者。予岂好辩哉，予不得已也。(《滕文公下》,《孟子》卷六,《四部丛刊》本，页十四)

又曰：

> 由尧、舜，至于汤，五百有余岁。若禹、皋陶，则见而知之，若汤则闻而知之。由汤至于文王，五百有余岁。若伊尹、莱朱，则见而知之，若文王则闻而知之。由文王至于孔子，五百有余岁。若太公望、散宜生，则见而知之，若孔子则闻而知之。由孔子而来，至于今百有余岁。去圣人之世，若此其未远也；近圣人之居，若此其甚也。然而无有乎尔，则亦无有乎尔。(《尽心下》,《孟子》卷十四页十九)

"去圣人之世，若此其未远；近圣人之居，若此其甚"，即孟子所处之时地也。"然而无有乎尔，则亦无有乎尔"，见无他人继孔子而起，隐然以继孔子之业为自己之责任，无旁贷也。故曰："如欲平治天下，当今之世，舍我其谁也?"(《公孙丑下》,《孟子》卷四页十六）又曰："乃所愿则学孔子也。"(《公孙丑上》,《孟子》卷三页十）宋儒所谓道统之说，孟子似持之。

性善

孟子曰：

> 人皆有不忍人之心；先王有不忍人之心，斯有不忍人之政矣。(《公孙丑上》,《孟子》卷三页十四)

“不忍人之政”，即仁政也。“人皆有不忍人之心”，不忍见人之困苦，此即仁政之所以必须行也。人既皆有此心为仁政之根据，此即仁政之所以能行也。孟子因齐宣王不忍一牛之“觳觫而就死地”，断其必能行王政。曰：

> 老吾老以及人之老，幼吾幼以及人之幼，天下可运于掌。《诗》云：“刑于寡妻，至于兄弟，以御于家邦。”言举斯心加诸彼而已。故推恩，足以保四海；不推恩，无以保妻子。古之人所以大过人者无他焉，善推其所为而已矣。(《梁惠王上》,《孟子》卷一页十二)

齐宣王谓己好货好色，不能行王政。孟子言：“王如好货”，“王如好色”，“与百姓同之，于王何有？”(《梁惠王下》,《孟子》卷二页九至十）因己之好货好色，即推而与百姓同之，即“举斯心加诸彼”也。若实现此心于政事，则其政事即仁政矣。“善推其所为”，即仁也，即忠恕也。孔子讲仁及忠恕，多限于个人之修养方面。孟子则应用之于政治及社会哲学。孔子讲仁及忠恕，只及于“内圣”；孟子则更及于“外王”。

“人皆有不忍人之心”，即所谓人性皆善也。孟子曰：

> 人皆有不忍人之心。……今人乍见孺子将入于井，皆有怵惕恻隐之心。非所以内交于孺子之父母也，非所以要誉于乡党朋友也，非恶其声而然也。由是观之，无恻隐之心，非人也。无羞恶之心，非人也。无辞让之心，非人也。无是非之心，非人也。恻隐之心，仁之端也。羞恶之心，义之端也。辞让之心，礼之端也。是非之心，智之端也。人之有是四端，犹其有四体也。有是四端，而自谓不能者，自贼者也。谓其君不能者，贼其君者也。凡有四端于我者，知皆扩而充之矣。若火之始然，泉之始达。苟能充之，足以保四海；苟不充之，不足以事父母。(《公孙丑上》，《孟子》卷三页十四至十六）

陈澧曰："孟子所谓性善者，谓人人之性皆有善也，非谓人人之性皆纯乎善也。"(《东塾读书记》卷三页一）孟子所谓性善，只谓人皆有仁义礼智之四"端"；此四"端"若能扩而充之，则为圣人。人之不善，皆不能即此四"端"扩而充之，非其性本与善人殊也。故曰：

> 乃若其情，则可以为善矣；乃所谓善也。若夫为不善，非才之罪也。恻隐之心，人皆有之。羞恶之心，人皆有之。恭敬之心，人皆有之。是非之心，人皆有之。恻隐之心，仁也。羞恶之心，义也。恭敬之心，礼也。是非之心，智也。仁义礼智，非由外铄我也，我固有之也，弗思耳矣。故曰，求则得之，舍则失之。或相倍蓰而无算者，不能尽其才者也。(《告子上》，《孟子》卷十一页五至六）

俞正燮曰："情者，事之实也。《大学》'无情者'，郑注云'情犹实也’是也。”(《癸巳存稿》卷二页三十）朱熹曰：“才犹材质。”(《孟子集注》）才即材料之意；即不善之人，按之实际，亦岂无“可以为善”之材质？亦岂无上述之四端？不过不能扩而充之，或且压抑而丧失之，然此“非才之罪”也。

人何以必须扩充此善端？此亦一问题也。若依功利主义说，则人之扩充善端于社会有利，否则有害，此即墨子主张兼爱之理由也。唯依孟子之意，则人之必须扩充此善端者，因此乃人之所以为人也。孟子曰：

> 人之所以异于禽兽者几希，庶民去之，君子存之。(《离娄下》,《孟子》卷八页六）

人之所以为人，即人之要素，人之名之定义，亦即人之所以别于禽兽者也。人之所以为人者，即人之有人心。《孟子》云：

> 公都子问曰：“钧是人也，或为大人，或为小人，何也？”孟子曰：“从其大体为大人，从其小体为小人。”曰：“钧是人也，或从其大体，或从其小体，何也？”曰：“耳目之官，不思而蔽于物，物交物则引之而已矣。心之官则思，思则得之，不思则不得也。此天之所与我者，先立乎其大者，则其小者不能夺也。此为大人而已矣。”(《告子上》,《孟子》卷十一页十五）

亚里士多德《伦理学》谓饮食及情欲乃人与禽兽所共有，人之所以别于禽兽者，唯在其有理性耳。“心之官则思”，能思即有理性也。能思之心为人所特有，乃“天之所与我”者，所以为大体也。耳目之官，乃人与禽兽所同有，所以为小体也。若只“从其小体”，则不唯为小人且为禽兽矣。（见下）“耳目之官，不思而蔽于物，物交物则引之而已。”若听其自然，则能“陷溺其心”（《告子上》，《孟子》卷十一页七），人之所以有不善者，即以此也。能思之心，所好者为理义。孟子云：

> 故凡同类者，举相似也。何独至于人而疑之？圣人与我同类者。故龙子曰：“不知足而为屦，我知其不为蒉也。”屦之相似，天下之足同也。口之于味，有同嗜也。易牙先得我口之所嗜者也。如使口之于味也，其性与人殊，若犬马之与我不同类也，则天下何嗜皆从易牙之于味也？至于味，天下期于易牙，是天下之口相似也。唯耳亦然，至于声，天下期于师旷，是天下之耳相似也。唯目亦然，至于子都，天下莫不知其姣也。不知子都之姣者，无目者也。故曰：口之于味也，有同嗜焉。耳之于声也，有同听焉。目之于色也，有同美焉。至于心独无所同然乎？心之所同然者，何也？谓理也，义也。圣人先得我心之所同然耳。故理义之悦我心，犹刍豢之悦我口。（《告子上》，《孟子》卷十一页七至八）

故人必依理义而行，乃为“从其大体”。从其大体，乃得保人之所以为人，乃合乎人之定义。否则人即失其所以为人，而与禽兽同。孟子云：

> 虽存乎人者，岂无仁义之心哉？其所以放其良心者，亦犹斧斤之于木也，旦旦而伐之，可以为美乎？其日夜之所息，平旦之气，其好恶与人相近也者几希。则其旦昼之所为，有梏亡之矣。梏之反覆，则其夜气不足以存；夜气不足以存，则其违禽兽不

远矣。人见其禽兽也，而以为未尝有才焉者，是岂人之情也哉？(《告子上》,《孟子》卷十一页九)

“夜气”即人“仁义之心”之未完全受摧残者。人若“夜气不存”，即失其“所以为人者”，当然即为禽兽矣。孟子所以主张“求放心”及“不失本心”者，盖必如此方能为人也。

人皆有人心，即人性之所以为善也。孟子言性善时，亦特别使人注意于其所说之性为“人之性”。《孟子》云：

告子曰：“生之谓性。”孟子曰：“生之谓性也，犹白之谓白欤？”曰：“然。”“白羽之白也，犹白雪之白；白雪之白，犹白玉之白欤？”曰：“然。”“然则犬之性犹牛之性，牛之性犹人之性欤？”(《告子上》,《孟子》卷十一页二至三)

天下之白同，而性不同。牛不与人同类，故其性亦与人异。人之性包含“人之所以为人者”。失其性则与禽兽相同矣。孟子又云：

仁，人心也；义，人路也。(《告子上》,《孟子》卷十一页十二)

仁即“人”所应有之心；义即“人”所应由之路。若不“居仁由义”，则即非人矣。

注：若人之性专指人之所以为人，人之所以异于禽兽者而言，则谓人性全然是善，亦无不可。盖普通所谓人性中与禽兽相同之部分，如孟子所谓小体者，严格言之，非人之性，乃人之兽

性耳。若只就人性言，则固未有不善也。

据此则知孟子所谓：

杨氏为我，是无君也。墨氏兼爱，是无父也。无父无君，是禽兽也。(《滕文公下》,《孟子》卷六页十三）

亦非随便谩骂。盖儒家以为人之四端之表现于社会组织者，即所谓人伦。故云：

仁之实，事亲是也。义之实，从兄是也。智之实，知斯二者弗去是也。礼之实，节文斯二者是也。乐之实，乐斯二者。(《离娄上》,《孟子》卷七页十六）

又曰：

圣人，人伦之至也。(《离娄上》,《孟子》卷七页三）

若杨墨之道，废弃人伦，则失其“所以为人者”，不合人之定义，故为禽兽也。亚里士多德以为人为政治动物。人性若能充分发展，即须有国家社会。否则不成其为人。儒家以为人须有君父，亦此意也。

人皆有善端，所谓圣人，不过将此善端扩而充之，至于“人伦之至”而已。故人人皆可以为圣人。孟子引颜渊曰：

舜何人也，予何人也，有为者亦若是。(《滕文公上》,《孟

子》卷五页一）

若自以为“吾身不能居仁由义”，则即“谓之自弃矣”。

孟子极重视个人，故亦注重个人之自由。至于所谓礼者，若人认为不合，可以否认之，改革之。《孟子》云：

> 孟子告齐宣王曰：“君之视臣如手足，则臣视君如腹心。君之视臣如犬马，则臣视君如国人。君之视臣如土芥，则臣视君如寇仇。”王曰：“礼为旧君有服，何如斯可为服矣？”曰：“谏行言听，膏泽下于民。有故而去，则君使人导之出疆，又先于其所往。去三年不返，然后收其田里。此之谓三有礼焉。如此则为之服矣。今也为臣，谏则不行，言则不听，膏泽不下于民。有故而去，则君搏执之，又极之于其所往。去之日，遂收其田里。此之谓寇仇。寇仇何服之有！”（《离娄下》，《孟子》卷八页二）

此孟子否认旧礼之言论也。孟子又曰：

> 非礼之礼，非义之义，大人弗为。（《离娄下》，《孟子》卷八页三）

此亦谓个人判断之权威，可在世俗所谓礼义之上。孔子注重个人性情之自由，同时又注重人之行为之外部规范。前者为孔子之新意，后者为古代之成规。孟子则较注重于个人性情之自由。盖孟子既主性善之说，以为“仁义礼智，非由外铄我也，我固有之也”，则个人之道德判断，当然可重视矣。

人人皆可以为圣人，此人所皆可以自期许者也。至于人生中他方面之成败利钝，则不能计，亦不必计。孟子曰：

> 若夫成功则天也，君如彼何哉，强为善而已矣。(《梁惠王下》,《孟子》卷二页十六)

又曰：

> 哭死而哀，非为生者也。经德不回，非以干禄也。言语必信，非以正行也。君子行法以俟命而已矣。(《尽心下》,《孟子》卷十四页十四)

此所谓天所谓命，皆指人力所无奈何之事，所谓“莫之为而为者天也，莫之致而致者命也”。吾人行事，只问其当否。当行则行，所谓“强为善”也。至其成败利钝，则依各方面之环境为转移。此非尽为人力所能统治者；此所谓天也，命也。所谓命运之天即指此。墨家立非命之说，以与儒家对峙。实则儒家所谓之命，至少孟、荀所谓之命，并无迷信在内，与墨家所非者，并非一事。

孟子反功利

于此亦可知孟子所以反对利之故矣。孟子以为人皆有恻隐、羞恶、辞让、是非之四端。扩而充之，则为仁、义、礼、智之四德。四德为人性发展之自然结果，而人之所以须发展人性，因必如此方为尽“人之所以为人者”，非因四德为有利而始行之也。四德之行，当然可生于社会有利之结果，此结果虽极可贵，然亦系附带的。犹之艺术家之作品，固可使人愉悦，然此乃附带的结果；彼艺术家之创作，则所以表现其理想与情感，非为求人悦乐愉快也。

不过孟子虽主张义，反对利，然对于义利之辨，未有详细说明，亦未将公利私利，分开辩论，故颇受后人之驳诘。唯孟子与墨者夷之辩薄葬之说，颇可显其非功利主义之主要意义。彼云：

> 盖上世尝有不葬其亲者，其亲死则举而委之于壑。他日过之，狐狸食之，蝇蚋姑嘬之。其颡有泚，睨而不视。夫泚也，非为人泚，中心达于面目。盖归反虆梩而掩之，掩之诚是也。则孝子仁人之掩其亲，亦必有道矣。(《滕文公上》,《孟子》卷五页十七)

又曰：

> 古者棺椁无度。中古棺七寸，椁称之。自天子达于庶人。非直为观美也，然后尽于人心。(《公孙丑下》,《孟子》卷四页八)

墨家之攻击儒家厚葬久丧，主节葬短丧，纯从功利主义立论。而孟子则纯不从功利主义立论。厚葬久丧，对社会固亦有利。“慎终追远，民德归厚矣。”此从功利主义立论以主张厚葬久丧者也。然孟子则但谓厚葬为“尽于人心”，此儒家之精神也。

天、性及浩然之气

孟子之所谓天，有时似指主宰之天，如“尧荐舜于天”之天。

有时似指运命之天，如上所说者。有时则指义理之天。孟子因人皆有仁、义、礼、智之四端而言性善。人之所以有此四端，性之所以善，正因性乃“天之所与我者”，人之所得于天者。此性善说之形上学的根据也。孟子云：

> 尽其心者，知其性也。知其性则知天矣。存其心，养其性，所以事天也。夭寿不贰，修身以俟之，所以立命也。(《尽心上》，《孟子》卷十三页一）

心为人之“大体”，故“尽其心者”“知其性”。此乃“天之所与我者”，故“尽其心”“知其性”，亦“知天”矣。孟子又云：

> 夫君子所过者化，所存者神，上下与天地同流，岂曰小补之哉？(《尽心上》，《孟子》卷十三页五）

又云：

> 万物皆备于我矣。反身而诚，乐莫大焉。强恕而行，求仁莫近焉。(《尽心上》，《孟子》卷十三页二）

“万物皆备于我”“上下与天地同流”等语，颇有神秘主义之倾向。其本意如何，孟子所言简略，不能详也。

> 注：神秘主义一名，有种种不同的意义。此所谓神秘主义，乃专指一种哲学承认有所谓“万物一体”之境界。在此境界中，个人与“全”(宇宙之全）合而为一，所谓人我内外之分，俱已

不存。普通多谓此神秘主义必与唯心论的宇宙论相关联。宇宙论必为唯心论的，宇宙之全体，与个人之心灵，有内部的关系；个人之精神，与宇宙之大精神，本为一体，特以有后起的隔阂，以致人与宇宙，似乎分离。一部分佛家所说之无明，宋儒所说之私欲，皆指此后起的隔阂也。若去此隔阂，则个人与宇宙复合而为一，佛教所说之证真如，宋儒所说"人欲尽处，天理流行"，皆指此境界也。不过此神秘主义，亦不必与唯心论的宇宙论相连。如庄子之哲学，其宇宙论非必为唯心论的，然亦注重神秘主义也。中国哲学中，孟子派之儒家，及庄子派之道家，皆以神秘境界为最高境界，以神秘经验为个人修养之最高成就。但两家之所用以达此最高境界、最高目的之方法不同。道家所用之方法，乃以纯粹经验忘我；儒家所用之方法，乃以"爱之事业"（叔本华所用名词）去私。无我无私，而个人乃与宇宙合一。如孟子哲学果有神秘主义在内，则万物皆备于我，即我与万物本为一体也。我与万物本为一体，而乃以有隔阂之故，我与万物，似乎分离，此即不"诚"。若"反身而诚"，回复与万物为一体之境界，则"乐莫大焉"。如欲回复与万物为一体之境界，则用"爱之事业"之方法。所谓"强恕而行，求仁莫近焉"。以恕求仁，以仁求诚。盖恕与仁皆注重在取消人我之界限；人我之界限消，则我与万物为一体矣。此解释果合孟子之本意否不可知，要之宋儒之哲学，则皆推衍此意也。

如孟子哲学中果有神秘主义，则孟子所谓浩然之气，即个人在最高境界中之精神状态。故曰：

其为气也，至大至刚，以直养而无害，则塞于天地之间。

（《公孙丑上》，《孟子》卷三页六）

至于养此气之方法，孟子云：

其为气也，配义与道，无是馁也；是集义所生者，非义袭而取之也。行有不慊于心，则馁矣。我故曰："告子未尝知义，以其外之也。"必有事焉。而勿正，心勿忘，勿助长也。……（《公孙丑上》，《孟子》卷三页七）

此所谓义，大概包括吾人性中所有善"端"。是在内本有，故曰："告子未尝知义，以其外之也。"此诸善"端"皆倾向于取消人我界限。即将此逐渐推扩，亦勿急躁求速，亦勿停止不进（"而勿正"，焦循《孟子正义》引《〈诗·终风〉序笺》及《〈庄子·应帝王篇〉释文》谓"正之义通于止"），"集义"既久，则行无"不慊于心"，而"塞乎天地之间"之精神状态，可得到矣。至此境界，则

居天下之广居，立天下之正位，行天下之大道。得志与民由之，不得志独行其道。富贵不能淫，贫贱不能移，威武不能屈。此之谓大丈夫。（《滕文公下》，《孟子》卷六页三）

授课人：冯友兰

第六章 《老子》及道家中之《老》学

老聃与李耳

《老子》一书，相传为系较孔子为年长之老聃所作。其书之成，在孔子以前。今以为《老子》系战国时人所作，关于此说之证据，前人已详举（参看崔东壁《洙泗考信录》，汪中《老子考异》，梁启超《评胡适之中国哲学史大纲》），兹不赘述。就本书中所述关于上古时代学术界之大概情形观之，亦可见《老子》为战国时之作品。盖一则孔子以前，无私人著述之事，故《老子》不能早于《论语》。二则《老子》之文体，非问答体，故应在《论语》《孟子》后。三则《老子》之文，为简明之“经”体，可见其为战国时之作品。此三端及前人所已举之证据，若只任举其一，则不免有为逻辑上所谓“丐词”（begging the question）之嫌。但合而观之，则《老子》之文体、学说，及各方面之旁证，皆指明其为战国时之作品，此则必非偶然矣。

司马谈曰：

道家使人精神专一，动合无形，赡足万物。其为术也，因阴阳之大顺，采儒墨之善，撮名法之要。与时推移，应物变化。立俗施事，无所不宜。指约而易操，事少而功多。（《太史公自序》，《史记》卷百三十，同文影殿刊本，页四）

此明谓道家后起，故能采各家之长。而后世乃谓各家皆出于道家，亦可谓不善读司马谈之《论六家要旨》矣。

注：胡适之先生谓此道家乃谓汉初之道家，即《汉书·艺文志》所谓杂家，非谓老、庄。然《汉书·艺文志》于杂家外另有道家，故杂家不包老、庄。司马谈所谓道家，则包老、庄。

后世所以有此种错误，盖由于司马迁作《史记》，误以李耳及传说中之老聃为一人。其实《老》学（即现在《老子》书中所讲之学）之首领，战国时之李耳也。传说中之“古之博大真人”，乃老聃也。老聃之果为历史的人物与否不可知，但李耳之籍贯家世，则司马迁知之甚确。《史记·老庄申韩列传》云：

老子者，楚苦县厉乡曲仁里人也。名耳，字聃，姓李氏。（据《索隐本》）……老子修道德，其学以自隐无名为务。……老子，隐君子也。老子之子名宗，宗为魏将，封于段干。宗子注，注子宫。宫玄孙假，仕于汉孝文帝。而假之子解，为胶西王卬太傅，因家于齐焉。（《史记》卷六十三页一至四）

据此则李耳实有其人，不过司马迁误以为与传说中之老聃为一人，故于此李耳传中，夹杂许多缥缈恍惚之谈，曰：“老子……莫知其所终。或曰，老莱子亦楚人也。……盖老子百有六十余岁，或言二百余岁。……自孔子死之后，百二十九年，而史记周太史儋见秦献公。……或曰，儋即老子；或曰，非也。世莫知其然否。”于是所谓《老子传》，乃首尾是历史，中间是神话。于是所谓老聃乃如一神而戴人帽，着人鞋，亦一喜剧矣。（此段大意采刘汝霖先生《周秦诸子考》）

然司马迁之致此误，亦非无故。盖李耳既为“隐君子”，“其学以自隐无名为务”，则其讲学必不愿标自己之名。其时传说中恰有一“古之博大真人”之老聃，故李耳即以其学为老聃之学。既可隐自己之名，又可收庄子所谓“重言”之效。故《荀子》《吕氏春秋》《庄子·天下篇》，皆以《老》学为老聃之学。及司马迁知李耳为《老》学首领，而又狃于世人之以《老》学为老聃之学之说，故遂误将老聃及李耳合为一人矣。吾人今当依司马迁认李耳为战国时《老》学首领，但认李耳为历史的人物，而老聃则为传说中的人物，二者是二非一也。

然“书缺有间”，“文献不足征”，以上所说，亦难执为必定无误。今所有之《老子》，亦曾经汉人之整理编次，不能必谓成于一人之手。故本章题为《老子》，明以书为本位也。

《老》学与庄学

《老子》之学说，《荀子》批评之，《庄子·天下篇》称述之，

《韩非子》"解"之"喻"之,《战国策》中,游说之士亦引用之[1];故可知其在战国时已为"显学"矣。

汉以前,无道家之名,《老子》之学说与庄子亦不同。《老》学为杨朱之学之更进一步者,而庄学则为其更进二步者。《庄子·天下篇》,凡学说之相同者,如宋牼、尹文,皆列为一派。而"老聃"、庄周,则列为二派。《天下篇》云:

> 以本为精,以物为粗,以有积为不足,澹然独与神明居。古之道术有在于是者,关尹、老聃,闻其风而悦之。建之以常无有,主之以太一,以懦弱谦下为表,以空虚不毁万物为实。关尹曰:"在己无居,形物自著。其动若水,其静若镜,其应若响。芴乎若亡,寂乎若清。同焉者和,得焉者失。未尝先人而常随人。"老聃曰:"知其雄,守其雌,为天下谿。知其白,守其辱,为天下谷。"人皆取先,己独取后,曰,"受天下之垢"。人皆取实,己独取虚。无藏也,故有余,岿然而有余。其行身也,徐而不费,无为也而笑巧。人皆求福,己独曲全,曰,"苟免于咎"。以深为根,以约为纪。曰,"坚则毁矣,锐则挫矣"。常宽容于物,不削于人,可谓至极。关尹、老聃乎,古之博大真人哉!(《庄子》卷十,《四部丛刊》本,页三十六)

又云:

> 寂寞无形,变化无常,死与?生与?天地并与?神明往与?

---

1 如《齐策》:颜斶云:"老子曰:'虽贵必以贱为本,虽高必以下为基。是以侯王称孤寡不谷。'"(《战国策》,《四部丛刊》本,卷四页十四)

芒乎何之？忽乎何适？万物毕罗，莫足以归。古之道术有在于是者，庄周闻其风而悦之。以谬悠之说，荒唐之言，无端崖之辞，时恣纵而不傥，不以觭见之也。以天下为沉浊不可与庄语，以卮言为曼衍，以重言为真，以寓言为广，独与天地精神往来，而不敖倪于万物。不谴是非，以与世俗处。其书虽瑰玮，而连犿无伤也。其辞虽参差，而諔诡可观。彼其充实不可以已，上与造物者游，而下与外死生，无终始者为友。其于本也，弘大而辟，深闳而肆。其于宗也，可谓调适而上遂矣。虽然，其应于化而解于物也，其理不竭，其来不蜕，芒乎昧乎，未之尽者。（同上）

据此所述，《老》、庄之学之不同，已显然可见矣。此二段中，只“澹然独与神明居”一语，可与“独与天地精神往来”之言有相同的意义。除此外，吾人可见《老》学犹注意于先后，雌雄，荣辱，虚实等分别。知“坚则毁”“锐则挫”，而注意于求不毁不挫之术。庄学则“外死生，无终始”。《老》学所注意之事，实庄学所认为不值注意者也。

战国以后，《老》学盛行于汉初；庄学盛行于汉末。陈澧云：

洪稚存云：自汉兴，黄、老之学盛行。文、景因之以致治。至汉末，祖尚玄虚，于是始变黄老而称老庄。陈寿《魏志·王粲传》末言，嵇康好言老庄。老庄并称，实始于此。即以注二家者而论，为《老子》解义者，邻氏、傅氏、徐氏、河上公、刘向、毋丘望之、严遵等，皆西汉以前人也，无有言及庄子者。注《庄子》实自晋议郎清河崔谍始；而向秀、司马彪、郭象、李颐等继之。（《东塾读书记》卷十二）

司马谈谓道家“与时推移，应物变化。立俗施事，无所不宜。指约而易操，事少而功多”。《汉书·艺文志》谓道家为“君人南面之术”。大约汉人所谓道家，实即《老》学也。《老》学述应世之方法，庄学则超人事而上之。“汉兴，黄、老之学盛行”，主以清静无为为治，此《老》学也。“至汉末，祖尚玄虚”，始将《老子》庄学化而并称老庄焉。实则《老》自《老》，庄自庄也。

道家之名，乃汉人所立，其以《老》庄皆为道家者，则因《老》学庄学虽不同，而同为当时一切传统的思想制度之反对派。再则《老》学与庄学所说道德之二根本观念亦相同。此汉人所以统名之曰道家之理由也。司马谈称道家为道德家，可见其以此二观念为道家之根本观念矣。

道、德

古代所谓天，乃主宰之天。孔子因之，墨子提倡之。至孟子则所谓天，有时已为义理之天。所谓义理之天，常含有道德的唯心的意义，特非主持道德律之有人格的上帝耳。《老子》则直谓“天地不仁”，不但取消天之道德的意义，且取消其唯心的意义。古时所谓道，均谓人道，至《老子》乃予道以形上学的意义。以为天地万物之生，必有其所以生之总原理，此总原理名之曰道。故《韩非子·解老》云：

> 道者，万物之所然也，万理之所稽也。理者，成物之文也。道者，万物之所以成也。故曰：道，理之者也。物有理不可以相薄。……万物各异理，而道尽稽万物之理；故不得不化。不得不

化，故无常操。（《韩非子》卷六，《四部丛刊》本，页七）

此谓各物皆有其所以生之理，而万物之所以生之总原理，即道也。《老子》云：

> 有物混成，先天地生。寂兮寥兮，独立而不改，周行而不殆，可以为天下母。吾不知其名，字之曰道，强为之名曰大。（二十五章，《老子》上篇，武英殿《聚珍版丛书》本，页二十四至二十五）

又云：

> 大道泛兮其可左右，万物恃之而生而不辞，功成不名有，衣养万物而不为主。（三十四章，上篇页三十五）

道之作用，并非有意志的，只是自然如此。故曰：

> 人法地，地法天，天法道，道法自然。（二十五章，上篇页二十六）

道即万物所以生之总原理，道之作用，亦即万物之作用。但万物所以能成万物，亦即由于道。故曰：

> 道常无为而无不为。（三十七章，上篇页三十七）

由此而言，道乃万物所以生之原理，与天地万物之为事物者不同。

事物可名曰有；道非事物，只可谓为无。然道能生天地万物，故又可称为有。故道兼有无而言；无言其体，有言其用。故《老子》云：

> 道可道，非常道；名可名，非常名。无，名天地之始；有，名万物之母。常无，欲以观其妙；常有，欲以观其徼。此二者，同出而异名，同谓之玄。玄之又玄，众妙之门。（一章，上篇页一）

“此二者”，即有无也。有无同出于道，盖即道之两方面也。《老子》又云：

> 道生一，一生二，二生三，三生万物。万物负阴而抱阳，冲气以为和。（四十二章，下篇页八）

又云：

> 天地万物生于有，有生于无。（四十章，下篇页六）

《庄子·天下篇》云：“建之以常无有，主之以太一。”（《庄子》卷十页三十六）常无常有，道之两方面也。太一当即“道生一”之一。“天地万物生于有”，“有”或即“太一”乎？二者，天地也。三者，阴气、阳气、和气也。《庄子·田子方篇》曰：“至阴肃肃，至阳赫赫。肃肃出乎天，赫赫发乎地。（天地二字，疑当互易）两者交通成和而物生焉。”（《庄子》卷七页三十三）即此意也。（“二者，天地也”以下至此，高亨先生《老子正诂》说）

谓道即是无。不过此“无”乃对于具体事物之“有”而言，非即是零。道乃天地万物所以生之总原理，岂可谓为等于零之“无”。《老子》曰：

> 道之为物，唯恍唯惚。惚兮恍兮，其中有象。恍兮惚兮，其中有物。窈兮冥兮，其中有精。其精甚真，其中有信。（二十一章，上篇页二十一）

“恍，惚”言其非具体的事物之有；“有象”“有物”“有精”，言其非等于零之无。第十四章“无状之状，无物之象”，王弼注云“欲言无耶，而物由以成；欲言有耶，而不见其形”，即此意。

道为天地万物之所以生之总原理，非具体的事物；故难以指具体的事物，或形容具体的事物之名，指之或形容之。盖凡名皆有限制及决定之力；谓此物为此，则即决定其是此而非彼。而道则“周行而不殆”，在此亦在彼，是此亦是彼也。故曰：

> 道常无名。（三十二章，上篇页三十三）

又曰：

> 道隐无名。（四十一章，下篇页八）

“道尽稽万物之理，故不得不化，故无常操”，本不可以名名之，“字之曰道”，亦强字之而已。

道为天地万物所以生之总原理，德为一物所以生之原理，即《韩非子》所谓“万物各异理”之理也。《老子》曰：

孔德之容，唯道是从。（二十一章，上篇页二十）

又曰：

道生之，德畜之，物形之，势成之。是以万物莫不尊道而贵德。道之尊，德之贵，夫莫之命而常自然。（五十一章，下篇页十六）

《管子·心术上》云："德者道之舍，物得以生，生得以职道之精。故德者，得也，其谓所得以然也。以无为之谓道，舍之之谓德。故道之与德无间，故言之者无别也。"（《管子》卷十三，《四部丛刊》本，页三）"德者道之舍。"舍当是舍寓之意，言德乃道之寓于物者。换言之，德即物之所得于道，而以成其物者。此解说道与德之关系，其言甚精。《老子》所云"道生之，德畜之"，其意中道与德之关系，似亦如此，特未能以极清楚确定的话说出耳。"物形之，势成之"者，吕吉甫云："及其为物，则特形之而已。……已有形矣，则裸者不得不裸；鳞介羽毛者，不得不鳞介羽毛；以至于幼壮老死，不得不幼壮老死，皆其势之必然也。"（焦竑《老子翼》卷五引，渐西村舍刊本，页二）形之者，即物之具体化也。物固势之所成，即道德之作用，亦是自然的。故曰："道之尊，德之贵，夫莫之命而常自然。"

对于事物之观察

《老子》以为宇宙间事物之变化，于其中可发现通则。凡通则皆可谓之为“常”，《韩非子·解老篇》云：

> 夫物之一存一亡，乍死乍生，初盛而后衰者，不可谓常。唯夫与天地之剖判也俱生，至天地之消散也不死不衰者，谓常。（《韩非子》卷六页七）

常有普遍永久之义。故道曰常道。所谓：

> 道可道，非常道。（一章，上篇页一）

自常道内出之德，名曰常德。所谓：

> 常德不忒，复归于无极。……常德乃足，复归于朴。（二十八章，上篇页二十九至三十）

言道之为“无”，则曰“常无”；言道之为“有”，则曰“常有”。（一章）言道之不可形容，则曰：

> 道常无名。（三十二章，上篇页三十三）

言道之功用，则曰：

> 道常无为而无不为。（三十七章，上篇页三十七）

言道德之尊贵，则曰：

夫莫之命而常自然。（五十一章，下篇页十六）

至于人事中可发现之通则，则如：

取天下常以无事。（四十八章，下篇页十三）

民之从事，常于几成而败之。（六十四章，下篇页三十一）

常有司杀者杀。（七十四章，下篇页三十九）

天道无亲，常与善人。（七十九章，下篇页四十二）

凡此皆为通则，永久如此。吾人贵能知通则，能知通则为“明”。《老子》曰：

夫物芸芸，各复归其根。归根曰静，是谓复命。复命曰常，知常曰明。（十六章，上篇页十四）

《老子》中数言“知常曰明”，可知明之可贵。故《老子》云：

知常，容。容乃公。公乃王。（马夷初先生《老子校诂》云：“王本王字作周。”）王乃天。（《老子校诂》云：“疑天字乃大字之讹。”）天乃道。道乃久。殁身不殆。（十六章，上篇页十五）

容当即《庄子·天下篇》所说“常宽容于物”（见上引）之容。知常之人，依常而行，不妄逞己之私意，故为公也。道“周行而不殆”，“强为之名曰大”。（二十五章，上篇页二十五）知常之人，依常而行，亦可周行而不殆。故曰，“公则周，周则大，没身不殆”也。“知常”即依之而行，则谓之“袭明”。（《老子校诂》云：“袭，习，古通。”）所谓：

是以圣人常善救人，故无弃人；常善救物，故无弃物：是谓袭明。（二十七章，上篇页二十八）

或谓为习常，所谓：

见小曰明，守柔曰强。……无遗身殃，是为习常。（五十二章，下篇页十八）

若吾人不知宇宙间事物变化之通则，而任意作为，则必有不利之结果。所谓：

不知常，妄作，凶。（十六章，上篇页十四）

事物变化之一最大通则，则一事物若发达至于极点，则必一变而为其反面。此即所谓“反”，所谓“复”。《老子》云：

反者道之动。（四十章，下篇页五）

又云：

大曰逝，逝曰远，远曰反。（二十五章，上篇页二十五至二十六）

又云：

万物并作，吾以观复。（十六章，上篇页十四）

唯“反”为道之动，故“祸兮福之所倚，福兮祸之所伏”。“正复为奇，善复为妖。”（五十八章，下篇页二十四）唯其如此，故“曲则全，枉则直，洼则盈，敝则新，少则得，多则惑”（二十二章，上篇页二十二）。唯其如此，故“飘风不终朝，骤雨不终日”（二十三章，上篇页二十三）。唯其如此，故“以道佐人主者，不以兵强天下，其事好还”（三十章，上篇页三十一）。唯其如此，故“天之道其犹张弓欤，高者抑之，下者举之。有余者损之，不足者补之”（七十七章，下篇页四十）。唯其如此，故“天下之至柔，驰骋天下之至坚”（四十三章，下篇页九）。“天下莫柔弱于水，而攻坚强者莫之能胜。”（七十八章，下篇页四十一）唯其如此，故“物或损之而益，或益之而损”（四十二章，下篇页八）。凡此皆事物变化自然之通则，《老子》特发现而叙述之，并非故为奇论异说。而一般人视之，则以为非常可怪之论。故曰：“正言若反。”（七十八章，下篇页四十一）故曰：“玄德深矣远矣，与物反矣，然后乃至大顺。”（六十五章，下篇页三十三）故曰：“下士闻道大笑之，不笑不足以为道。”（四十一章，下篇页六）

授课人：冯友兰

第七章 庄子及道家中之庄学

庄子与楚人精神

蒙为宋地，庄子为宋人。然庄子之思想，实与楚人为近。《史记》谓屈原《离骚》："濯淖污泥之中，蝉蜕于浊秽，以浮游尘埃之外，不获世之滋垢，皭然泥而不滓者也。"所谓楚辞皆想象丰富，情思飘逸。此等文学，皆与《诗》三百篇之专歌咏人事者不同。《庄子》书中，思想文体，皆极超旷。《天运篇》谓：

> 天其运乎？地其处乎？日月其争于所乎？孰主张是？孰维纲是？孰居无事推而行是？意者其有机缄而不得已耶？意者其运转而不能自止耶？云者为雨乎？雨者为云乎？孰隆施是？孰居无事淫乐而劝是？风起北方，一西一东，有上彷徨，孰嘘吸是？孰居无事而披拂是？敢问何故？巫咸祒曰："来，吾语汝。……"(《庄子》卷五，《四部丛刊》本，页三十五至三十六)

此段形式内容，皆与《天问》一致。此虽不必为庄子所自作，要之可见庄学与楚人之关系也。庄学对于传统的思想制度，皆持反对态度。“剽剥儒墨”，而独推尊老聃。《庄子·天下篇》虽不以老聃为与庄周同派，而对于老聃则极致推崇。盖宋与楚近，庄子一方面受楚人思想之影响，一方面受辩者思想之影响。故能以辩者之辩论，述超旷恍惚之思，而自成一系统焉。

据《史记》所说，庄子与梁惠王、齐宣王同时，似亦与孟子同时。马夷初先生作《庄子年表》，起周烈王七年（西历纪元前三六九年），讫赧王二十九年（西历纪元前二八六年）。（见《天马山房丛著》）孟子与庄子同时，然二人似均未相辩驳，似甚可疑。然庄子之学为杨朱之学之更进步者，则自孟子之观点言之，庄子亦杨朱之徒耳。庄子视孟子，亦一孔子之徒。孟子之“距杨、墨”，乃笼统“距”之；庄子之“剽剥儒墨”，亦笼统“剽剥”之。故孟子但举杨朱，庄子但举孔子。孟子、庄子二人，必各不相知也。

道、德、天

庄学之哲学，与《老子》不同，但其所谓“道”“德”，则与《老子》同；前已言之。兹述《庄子》书中所谓道。《知北游》云：

> 东郭子问于庄子曰：“所谓道恶乎在？”庄子曰：“无所不在。”东郭子曰：“期而后可。”庄子曰：“在蝼蚁。”曰：“何其下耶？”曰：“在稊稗。”曰：“何其愈下耶？”曰：“在瓦甓。”曰：“何其愈甚耶？”曰：“在屎溺。”东郭子不应。庄子曰：“夫子之问也，固不及质。正获之问于监市履狶也，每下愈况。汝唯莫

必，无乎逃物；至道若是，大言亦然。周、遍、咸三者，异名同实，其指一也。"(《庄子》卷七页四十九至五十）

道即天地万物所以生之总原理，有物即有道，故道"无所不在"也。《大宗师》云：

> 夫道有情有信，无为无形；可传而不可受，可得而不可见。自本自根，未有天地，自古以固存；神鬼神帝，生天生地。在太极之先而不为高，在六极之下而不为深，先天地生而不为久，长于上古而不为老。(《庄子》卷三页十）

道为天地万物所以生之总原理，故"自本自根"，无始无终而永存，天地万物皆依之生生不已也。

道之作用，亦系自然的；故曰：

> 技兼于事，事兼于义，义兼于德，德兼于道，道兼于天。(《天地》,《庄子》卷五页二）

天即自然之义，故曰：

> 无为为之之谓天。(同上）

又曰：

> 天在内，人在外。……牛马四足是谓天；落（同络）马首，穿牛鼻，是谓人。(《秋水》,《庄子》卷六页二十一）

“道兼于天”即《老子》所说“道法自然”之义也。

道即天地万物所以生之总原理，此原理即表现于万物之中。《天道》云：

> 吾师乎！吾师乎！齑万物而不为戾，泽及万世而不为仁，长于上古而不为寿，覆载天地，刻雕众形而不为巧；此之谓天乐。（《庄子》卷五页二十四）

所以者何？道即表现于万物之中，故万物之自生自长，自毁自灭，一方面可谓系道所为，而一方面亦可谓系万物之自为也。“吾何为乎？何不为乎？夫固将自化。”（《秋水》，《庄子》卷六页二十）《齐物论》云：

> 夫吹万不同，而使其自己也，咸其自取，怒者其谁耶？（《庄子》卷一页二十一）

万物之所以如此，“咸其自取”，所谓“夫固将自化”也。唯其如此，故道可“无为而无不为”，如《老子》所说。

道非事物，故可称之为“无”。《天地》云：

> 泰初有“无”，无有无名。一之所起，有一而未形。物得以生谓之德。未形者有分，且然无间谓之命。流动而生物，物生成理谓之形。形体保神，各有仪则，谓之性。（《庄子》卷五页八至九）

泰初有“无”，无即道也。《老子》云：“道生一。”庄子亦以道为“一之所起，有一而未形”。德者，得也；“物得以生谓之德”。由此而言，则天地万物所以生之总原理，即名曰道；各物个体所以生之原理，即名曰德。故曰：

> 形非道不生；生非德不明。(《天地》,《庄子》卷五页四)

唯因道德同是物之所以生之原理，所以老、庄书中，道德二字，并称列举。江袤云：

> 道德实同而名异。……无所不在之谓道，自其所得之谓德。道者，人之所共由；德者，人之所自得也。试以水为喻。夫湖海之涵浸，与坳堂之所畜，固不同也；其为水有异乎？江河之流注，与沟浍之湍激，自其所得如是也。谓之实同名异，讵不信然？(焦竑《老子翼》卷七引，渐西村舍刊本，页三十八)

江氏谓道者人之所共由，德者人之所自得，颇能说明道德之所以同，及其所以异。不过依庄学之意，则应云：道者物（兼人言）之所共由，德者物之所自得耳。物之将生，由无形至有形者，谓之命。及其成为物，则必有一定之形体。其形体与其精神，皆有一定之构造与规律，所谓“各有仪则”；此则其性也。

变之哲学

然物之形体，非一成不变者。依庄学所见，天地万物，无时不在变化中。故曰：

一受其成形，不亡以待尽，与物相刃相靡，其行尽如驰，而莫之能止，不亦悲乎！(《齐物论》,《庄子》卷一页二十四）

又《秋水篇》云：

物之生也，若骤若驰。无动而不变，无时而不移。(《庄子》卷六页二十）

又《寓言篇》云：

万物皆种也，以不同形相禅。始卒若环，莫得其伦。是谓天均；天均者，天倪也。(《庄子》卷九页十三）

"天均"《齐物论》作"天钧"。谓之钧者，喻其运行不息也。惠施之哲学，可谓为变之哲学；庄学亦变之哲学也。

何为幸福

凡物皆由道，而各得其德，凡物各有其自然之性。苟顺其自然之性，则幸福当下即是，不须外求。《庄子·逍遥游篇》，故设为极大极小之物，鲲鹏极大，蜩鸠极小。"鹏之徙于南冥也，水击三千里，抟扶摇而上者九万里，去以六月息者也。"(《庄子》卷一页二）蜩与学鸠笑之曰："我决起而飞，抢榆枋，时则不至而控于地而已矣，奚以之九万里而南为？"(《庄子》卷一页四）此所谓："故极小大之致，以明性分之适。……苟足于其性，则虽大鹏无以自贵于小鸟，小鸟无羡于天池，而荣愿有余矣。故小大虽殊，逍遥一也。”（郭象注《庄子》卷一页一至四）物如此，人亦然。《逍遥游》云：

故夫知效一官，行比一乡，德合一君，而征一国者，其自视也，亦若此矣。(《庄子》卷一页七）

笛卡儿曰：“在人间一切物中，聪明之分配，最为平均；因即对于各物最难满足之人，皆自以其自己之聪明为甚丰而不求再多。”(《方法论》第一页）盖各人对于其自己所得于天者，皆极满足也。《马蹄篇》云：

彼民有常性，织而衣，耕而食。是谓同德。一而不党，命曰天放。故至德之世，其行填填，其视颠颠。当是时也，山无蹊隧，泽无舟梁。万物群生，连属其乡。禽兽成群，草木遂长。是故禽兽可系羁而游，乌鹊之巢，可攀援而窥。夫至德之世，同与禽兽居，族与万物并，恶乎知君子小人哉？同乎无知，其德不离。同乎无欲，是谓素朴。素朴而民性得矣。(《庄子》卷四页十二）

又《天道篇》，老聃谓孔子云：

夫子若欲使天下无失其牧乎？则天地固有常矣，日月固有明矣，星辰固有列矣，禽兽固有群矣，树木固有立矣。夫子亦放德而行，循道而趋已至矣。又何偈偈乎揭仁义，若击鼓而求亡子焉？噫！夫子乱人之性也！(《庄子》卷五页三十至三十一）

"天地固有常"等，乃自然的、天然的，即所谓"天"也。"放德而行，循道而趋"，即随顺人及物之性也。《天道篇》云：

> 夫明白于天地之德者此之谓大本大宗，与天和者也。……与天和者，谓之天乐。(《庄子》卷五页二十三)

随顺人及物之性，即与天和，即天乐也。

政治上社会上各种制度，由庄学之观点观之，均只足以予人以痛苦。盖物之性至不相同，一物有一物所认为之好，不必强同，亦不可强同。物之不齐，宜即听其不齐，所谓以不齐齐之也。一切政治上社会上之制度，皆定一好以为行为之标准，使人从之，此是强不齐以使之齐，爱之适所以害之也。《至乐篇》云：

> 昔者海鸟止于鲁郊。鲁侯御而觞之于庙，奏九韶以为乐，具太牢以为膳。鸟乃眩视忧悲，不敢食一脔，不敢饮一杯，三日而死。此以己养养鸟，非以鸟养养鸟也。夫以鸟养养鸟者，宜栖之深林，游之。坛陆，浮之江湖，食之鳅鲦，随行列而止，委蛇而处，彼唯人言之恶闻，奚以夫诶诶为乎？咸池、九韶之乐，张之洞庭之野，鸟闻之而飞，兽闻之而走，鱼闻之而下入，人卒闻之，相与环而观之。鱼处水而生，人处水而死。彼必相与异，其好恶故异也。故先圣不一其能，不同其事；名止于实，义设于适；是之谓条达而福持。(《庄子》卷六页三十五)

"不一其能，不同其事；名止于实，义设于适。"故无须定一一定之规矩准绳，而使人必从之也。圣人作规矩准绳，制定政治上及社会上各种制度，使天下之人皆服从之。其用意虽未尝不善，其用心未尝不为爱人，然其结果则如鲁侯爱鸟，爱之适所以害之。故庄学最反对以治治天下，以为欲使天下治，则莫如以不治治之。《应帝王篇》云：

> 汝游心于淡，合气于漠，顺物自然而无容私焉，而天下治矣。(《庄子》卷三页三十)

《在宥篇》云：

> 闻在宥天下，不闻治天下也。在之也者，恐天下之淫其性也。宥之也者，恐天下之迁其德也。天下不淫其性，不迁其德，有治天下者哉。(《庄子》卷四页二十六)

所以不治天下而天下自治者，盖天下之人，其所好虽不同，而莫不愿治；故曰：

> 以为一世蕲乎乱(治也)，孰弊弊焉以天下为事?(《逍遥游》,《庄子》卷一页十三)

又曰：

> 天下均治之为愿，而何计以有虞氏为?(《天地》,《庄子》卷五页十七)

既“天下均治之为愿”，故听其自然而自治矣。庄学亦主张以不治治天下，然其立论之根据，则与《老》学不同也。

如不随顺人之性，而强欲以种种制度治之，则如络马首、穿牛鼻，以人为改天然，其结果适足以致苦痛，此各种人为之通弊也。《骈拇篇》云：

> 是故凫胫虽短，续之则忧。鹤胫虽长，断之则悲。故性长非所断，性短非所续。……(《庄子》卷四页四)

人为之目的，多系截长补短，改造天然。故自有人为，而人随顺天然之幸福失。既无幸福，亦无生趣。譬犹中央之帝，名曰混沌，本无七窍；若强鉴之，则七窍开而混沌已死矣。(见《应帝王》)《秋水篇》云：

> 无以人灭天，无以故灭命。(《庄子》卷六页二十一)

以人为改天然，即“以人灭天”“以故灭命”也。

自由与平等

由上观之，可知庄学中之社会政治哲学，主张绝对的自由，盖唯人皆有绝对的自由，乃可皆顺其自然之性而得幸福也。主张绝对的自由者，必主张绝对的平等，盖若承认人与人、物与物间，有若何彼善于此，或此善于彼者，则善者应改造不善者使归于善，而即亦不能主张凡物皆应有绝对的自由矣。庄学以为人与物皆应有绝对的自由，故亦以为凡天下之物，皆无不好，凡天下之意见，皆无不对。此庄学与佛学根本不同之处。盖佛学以为凡天下之物皆不好，凡天下之意见皆不对也。《齐物论篇》云：

> 且吾尝试问乎女。民湿寝则腰疾偏死，鳅然乎哉？木处则惴慄恂惧，猿猴然乎哉？三者孰知正处？民食刍豢，麋鹿食荐，蝍蛆甘带，鸱鸦耆鼠，四者孰知正味？猿，猵狙以为雌，麋与鹿交，鳅与鱼游。毛嫱、丽姬，人之所美也，鱼见之深入，鸟见之高飞，麋鹿见之决骤，四者孰知天下之正色哉？（《庄子》卷一页三十八至三十九）

若必执一以为正色，则“四者孰知天下之正色哉”？若不执一以为正色，则四者皆天下之正色也。犹之海鸟之“浮江湖”，“食鳅鲦”，与鲁君之“奏九韶”，“具太牢”，其养虽绝不相同，然皆为天下之正养也。

人之意见，万有不齐，如有风时万窍之怒号，如《齐物论》开端所说者，究孰为是，孰为非？果能以当时所谓“辩”者“明是非”乎？《齐物论篇》云：

> 既使我与若辩矣，若胜我，我不若胜，若果是也，我果非也邪？我胜若，若不吾胜，我果是也，而果非也邪？其或是也，其或非也邪？其俱是也，其俱非也邪？我与若不能相知也，则人固受其黮暗。吾谁使正之？使同乎若者正之，既与若同矣，恶能正之？使同乎我者正之，既同乎我矣，恶能正之？使异乎我与若者正之，既异乎我与若矣，恶能正之？使同乎我与若者正之，既同乎我与若矣，恶能正之？然则我与若与人，俱不能相知也，而待彼也邪？（《庄子》卷一页四十四至四十五）

此明“辩”不能定是非也。盖若必执一以为是，则天下人之意见，果孰为是？正与上述之孰为正处正味正色，同一不能决定也。若不执一以为是，则天下人之意见皆是也。唯其皆是，故听其自尔，而无须辩矣。《齐物论篇》云：

> 是不是，然不然。是若果是也，则是之异乎不是也，亦无辩；然若果然也，则然之异乎不然也，亦无辩。化声之相待，若其不相待。和之以天倪，因之以曼衍，所以穷年也。忘年忘义，振于无竟，故寓诸无竟。(《庄子》卷一页四十五至四十六)

视天下之意见，皆如自然之“化声”，皆如《齐物论》所谓之“鷇音”。鸟鸣风响，未闻人欲争其是非，而何独对于人之言论斤斤评论其是非哉？故听其自尔可矣。

执此原理以应付当时学术界中之争辩，《齐物论篇》云：

> 夫言非吹也，言者有言，其所言者，特未定也。果有言邪？其未尝有言邪？其以为异于鷇音，亦有辩乎，其无辩乎？道恶乎隐而有真伪？言恶乎隐而有是非？道恶乎往而不存？言恶乎存而不可？道隐于小成，言隐于荣华。故有儒墨之是非，以是其所非，而非其所是。欲是其所非而非其所是，则莫若以明。物无非彼，物无非是。自彼则不见，自知则知之。故曰，彼出于是，是亦因彼。彼是，方生之说也。虽然，方生方死，方死方生，方可方不可，方不可方可；因是因非，因非因是。是以圣人不由，而照之于天，亦因是也。是亦彼也，彼亦是也。彼亦一是非，此亦一是非。果且有彼是乎哉？果且无彼是乎哉？彼是莫得其偶，谓之道枢。枢始得其环中，以应无穷。是亦一无穷，非亦一无穷

也。故曰，莫若以明。(《庄子》卷一页二十六至二十八)

此所说“彼是”，似亦驳公孙龙之说。公孙龙《名实论》以为彼只是彼，此只是此。庄学则以为彼是乃相对的。故曰：“彼出于是，是亦因彼。彼是，方生之说也。”彼是互相谓为彼是。儒墨之互相是非，亦犹是也。若于“儒墨之是非”，必执一以为是，则“彼亦一是非，此亦一是非”，如环无端，不可穷矣。唯知“道恶乎往而不存，言恶乎存而不可”者，视“儒墨之是非”，与“鷇音”同为天然之“化声”，故听其自尔，所谓“是以圣人不由，而照之于天”也。此所谓“以明”也。有所是则有所非，有所非则有所是，故是非乃相对待的，所谓“偶”也；彼是亦然。若听是非彼是之自尔而无所是非彼是，则无偶矣。故曰：“彼是莫得其偶，谓之道枢”也。彼此互相是非，“是亦一无穷，非亦一无穷”，如一环然。不与有所是非者为循环之辩论，而立于环中以听其自尔。则所谓“枢始得其环中，以应无穷”也。《齐物论篇》又曰：

是以圣人和之以是非，而休乎天钧；是之谓两行。(《庄子》卷一页三十一)

“天钧”者，《寓言篇》亦言“天均”“天倪”。“天钧”“天倪”皆谓万物自然之变化；“休乎天钧”，即听万物之自然也。圣人对于物之互相是非，听其自尔。故其态度，即是不废是非而超过之，“是之谓两行”。

用此观点以观物，即以道之观点观物也。《秋水篇》曰：

以道观之，物无贵贱。以物观之，自贵而相贱。以俗观之，贵贱不在己。以差观之，因其所大而大之，则万物莫不大；因其所小而小之，则万物莫不小。知天地之为稊米也，知毫末之为丘山也，则差数等矣。以功观之，因其所有而有之，而万物莫不有；因其所无而无之，则万物莫不无。知东西之相反而不可以相无，则功分定矣。以趣观之，因其所然而然之，则万物莫不然；因其所非而非之，则万物莫不非。知尧桀之自然而相非，则趣操睹矣。……以道观之，何贵何贱，是谓反衍。无拘而志，与道大蹇。何少何多，是谓谢施。无一而行，与道参差。严乎若国之有君，其无私德。繇繇乎若祭之有社，其无私福。泛泛乎其若四方之无穷，其无所畛域。兼怀万物，其孰承翼。是谓无方，万物一齐，孰短孰长。道无终始，物有死生。不恃其成，一虚一满，不位乎其形。年不可举，时不可止。消息盈虚，终则有始。是所以语大义之方，论万物之理也。(《庄子》卷六页十六至二十)

世俗以人在政治上社会上之阶级，分别贵贱，是“贵贱不在己”也。就物之本身言，则皆“自贵而相贱”，如《逍遥游》所说小鸟之笑大鹏是也。然此皆依有限之观点，以观物也。若能超越有限，自无限之观点以观物，即所谓“以道观之”也。以道之观点观物，即见物无不齐矣。若更能与道合一，则不作一切分别，而达“万物与我为一”之境界。

或曰：庄学以“两行”为是，是仍有所是非也。此点《齐物论》亦已言之。《齐物论篇》曰：

今且有言于此，不知其与是类乎？其与是不类乎？类与不类，相与为类，则与彼无以异矣。……今我则已有谓矣，而未知吾所谓之其果有谓乎？其果无谓乎？天下莫大于秋毫之末，而泰山为小；莫寿于殇子，而彭祖为夭。天地与我并生，而万物与我为一。既已为一矣，且得有言乎？既已谓之一矣，且得无言乎？一与言为二，二与一为三。自此以往，巧历不能得，而况其凡乎？故自无适有，以至于三，而况自有适有乎？无适焉，因是已。（《庄子》卷一页三十三至三十五）

庄学以“两行”为是，亦有所是非，是亦与别人之有所是非者为同类；然以“两行”为是，是欲超出是非，则又与别人之有所是非者不类。故曰：“今我则已有谓矣，而未知吾所谓之其果有谓乎？其果无谓乎？”以超出是非为是，尚不免有有所是非之嫌，况真有所是非乎？故曰，“自无适有，以至于三，而况自有适有乎”？故“无适焉，因是已”。

死与不死

凡物皆无不好，凡意见皆无不对，此《齐物论》之宗旨也。推而言之，则一切存在之形式，亦皆无不好。所谓死者，不过吾人自一存在之形式转为别一存在之形式而已。如吾人以现在所有之存在形式为可喜，则死后吾人所得之新形式，亦未尝不可喜。《大宗师篇》曰：

特犯（同逢）人之形而犹喜之。若人之形者，万化而未始有极也。其为乐可胜计耶？（《庄子》卷三页九）

《齐物论篇》曰：

> 予恶乎知悦生之非惑邪？予恶乎知恶死之非弱丧而不知归者邪？丽之姬，艾封人之子也。晋国之始得之也，涕泣沾襟。及其至于王所，与王同筐床，食刍豢，而后悔其泣也。予恶乎知夫死者不悔其始之蕲生乎？梦饮酒者旦而哭泣，梦哭泣者旦而田猎。方其梦也，不知其梦也，梦之中又占其梦焉。觉而后知其梦也。且有大觉而后知此其大梦也。(《庄子》卷一页四十三至四十四)

《秋水篇》云："道无终始；物有死生。"郭象注云："死生者，无穷之变耳，非终始也。"(《庄子》卷六页二十)知此理也，则可齐生死矣。《大宗师篇》曰：

> 浸假而化予之左臂以为鸡，予因以求时夜。浸假而化予之右臂以为弹，予因以求鸮炙。浸假而化予之尻以为轮，以神为马，予因而乘之，岂更驾哉？且夫得者，时也(郭云："当所遇之时，世所谓得。")；失者，顺也。(郭云："时不暂停，随顺而往，世谓之失。")安时而处顺，哀乐不能入也。此古之所谓悬解也。(《庄子》卷三页十六)

哀乐不能入，即以理化情也。斯宾诺莎(Spinoza)以情感为"人之束缚"(human bondage)。若有知识之人，知宇宙之真相，知事物之发生为必然，则遇事不动情感，不为所束缚，而得"人之自由"(human freedom)矣。譬如飘风坠瓦，击一小儿与一成人之头。此小儿必愤怒而恨此瓦；成人则不动情感，而所受之痛苦亦轻。盖成人之知识，知瓦落之事实之真相，故"哀乐不能入"也。《养生主篇》谓秦失谓哭老聃之死者云：

是遁天倍情，忘其所受，古者谓之遁天之刑。（《庄子》卷二页六）

死为生之天然的结果，对此而有悲痛愁苦，是“遁天倍情”也。“遁天”者必受刑，即其悲哀时所受之痛苦是也。若知“得者时也，失者顺也，安时而处顺”，则“哀乐不能入”，不受“遁天之刑”而如悬之解矣。其所以能以如此者，则以理化情也。《至乐篇》谓庄子妻死，鼓盆而歌，答惠子问曰：

是其始死也，我独何能无慨然察其始而本无生。非徒无生也，而本无形。非徒无形也，而本无气。杂乎芒芴之间，变而有气；气变而有形；形变而有生；今又变而之死；是相与为春秋冬夏四时行也。人且偃然寝于巨室，而我噭噭然随而哭之，自以为不通乎命，故止也。（《庄子》卷六页三十二）

庄子始亦不能“无慨然”，此情也。后“察其始”云云，即以理化情也。以理化情，则“哀乐不能入”矣。

自又一方面言之，则死生不但可齐，吾人实亦可至于无死生之地位。《德充符篇》云：

自其异者视之，肝胆楚越也；自其同者视之，万物皆一也。（《庄子》卷二页三十）

《田子方篇》云：

草食之兽，不疾易薮；水生之虫，不疾易水，行小变而不失其大常也，……夫天下者，万物之所一也。得其所一而同焉，则四肢百体将为尘垢，而死生终始将为昼夜，而莫之能滑，而况得丧祸福之所介乎？(《庄子》卷七页三十四）

《大宗师篇》云：

夫藏舟于壑，藏山于泽，谓之固矣。然而夜半有力者负之而走，昧者不知也。藏大小有宜，犹有所遁，若夫藏天下于天下，而不得所遁，是恒物之大情也。……故圣人将游于物之所不得遁而皆存。善夭善老，善始善终，人犹效之，又况万物之所系而一化之所待乎？(《庄子》卷三页八至十）

宇宙间之物，无论吾人如何藏之，终有失之之可能。但若以整个的宇宙藏于整个的宇宙之中，则更无地可以失之。故吾人之个体如能与宇宙合一，“得其所一而同焉”，则宇宙无终始，吾亦无终始；宇宙永久，吾亦永久矣。此所谓“游于物之所不得遁而皆存”也。《大宗师篇》曰：

吾犹守而告之，三日而后能外天下。已外天下矣，吾又守之，七日而后能外物。已外物矣，吾又守之，九日而后能外生。已外生矣，而后能朝彻。朝彻而后能见独。见独而后能无古今。无古今而后能入于不死不生。杀生者不死，生生者不生。其为物无不将也，无不迎也，无不毁也，无不成也。其名为撄宁。撄宁也者，撄而后成者也。(《庄子》卷三页十三至十四）

成玄英云：“外，遗忘也。”(《庄子疏》）先忘天下，次忘所用之物，次并已之生而忘之。于此时则所处为另一境界，一切一新，如晨起时所经验者，所谓“朝彻”也。此时唯见有“得其所一而同焉”之一，所谓“见独”也。既同于此一，则“无古今”而“入于不死不生”，即超时间而永存也。由此可知，忘生则得不死；若不忘生，则不能也。所谓“杀生者不死，生生者不生”也。至此境界者，不作一切分别，故“无不将也，无不迎也”。在此情形中所有之经验，即纯粹经验也。

授课人：冯友兰

第八章 荀子及儒家中之荀学

荀子之为学

荀子，名况，字卿，《史记》曰：

> 荀卿，赵人，年五十，始来游学于齐。……田骈之属皆已死，齐襄王时，而荀卿最为老师。齐尚修列大夫之缺，而荀卿三为祭酒焉。齐人或谗荀卿。荀卿乃适楚，而春申君以为兰陵令。春申君死而荀卿废，因家兰陵。李斯尝为弟子，已而相秦。荀卿嫉浊世之政，亡国乱君相属，不遂大道，而营于巫祝，信禨祥。鄙儒小拘，如庄周等，又滑稽乱俗。于是推儒墨道德之行事兴坏，序列著数万言而卒，因葬兰陵。（《孟子荀卿列传》，《史记》卷七十四，同文影殿刊本，页五）

当时人"营于巫祝，信禨祥"。盖所谓阴阳家者说，已为当时之显学矣。孟子以后，儒者无杰出之士。至荀卿而儒家壁垒，始又一新。上文谓中国哲学家中，荀子最善于批评哲学。西汉经师，亦多得荀子传授。盖其用力甚勤，学问极博。《荀子·劝学篇》曰：

> 百发失一，不足为善射；千里跬步不至，不足为善御。伦类不通，仁义不一，不足为善学。学也者，固学一之也。……全之尽之，然后学者也。君子知夫不全不粹之不足以为美也，故诵数以贯之，思索以通之，为其人以处之。……（《荀子》卷一，《四部丛刊》本，页十四至十五）

此荀子所以教人，亦即荀子自己为学之精神也。

汪中作《荀卿子年表》，起赵惠文王元年（西历纪元前二九八年），迄赵悼襄王七年（西历纪元前二三八年），云："凡六十年，庶论世之君子，得其梗概云尔。"（《述学》补遗，《四部丛刊》本，页十三）荀子生卒年不可考；然其一生之重要活动，则大约在此六十年中也。

荀子对于孔子、孟子之意见

孟子尊孔子，荀子亦尊孔子。荀子以为孔子，乃最能"全"能"尽"能"粹"者。《非十二子篇》曰：

> 若夫总方略，齐言行，壹统类，而群天下之英杰，而告之以大古，教之以至顺。奥窔之间，簟席之上，敛然圣王之文章具焉，佛然平世之俗起焉。……仲尼、子弓是也。"（《荀子》卷三页十五）

《解蔽篇》曰：

> 夫道者，体常而尽变，一隅不足以举之。曲知之人，观于道之一隅，而未之能识也，故以为足而饰之，内以自乱，外以惑人，上以蔽下，下以蔽上，此蔽塞之祸也。孔子仁智且不蔽，故学乱术足以为先王者也。一家得周道，举而用之，不蔽于成积也。故德与周公齐，名与三王并，此不蔽之福也。(《荀子》卷十五页五至六)

荀子以为当时诸家，皆有所见而同时亦有所蔽，盖皆不“全”不“尽”不“粹”者也。孔子“仁智且不蔽”，知“道”之全体，故异于“曲知之人”之只“观于道之一隅”也。孟子谓孔子为“集大成”，荀子所说亦此意。不过孟子较注重于孔子之德，荀子则较注重于孔子之学耳。

荀子虽宗孔子，而对于孟子，则攻击甚力。《非十二子篇》曰：

> 略法先王而不知其统，然而犹材剧志大，闻见杂博，案往旧造说，谓之五行，甚僻违而无类，幽隐而无说，闭约而无解，案饰其词，而祗敬之，曰，此真先君子之言也。子思唱之，孟轲和之。世俗之沟犹瞀儒，嚾嚾然不知其非也，遂受而传之，以为仲尼、子游，为兹厚于后世。是则子思、孟轲之罪也。(《荀子》卷三页十四至十五)

西人谓人或生而为柏拉图，或生而为亚里士多德。詹姆士谓：哲学家，可依其气质，分为硬心的及软心的二派。柏拉图即软心派之代表，亚里士多德即硬心派之代表也。孟子乃软心的哲学家，其哲学有唯心论的倾向；荀子为硬心的哲学家，其哲学有唯物论的倾向。今所传《中庸》，未必全为子思所作。即孟子观之，如尽性则知天，及“万物皆备于我”之言，由荀子之近于唯物论的观点视之，诚为“僻违而无类，幽隐而无说，闭约而无解”也。荀子攻孟子，盖二人之气质学说，本不同也。战国时儒家中有孟荀二学派之争，亦犹宋明时代新儒家中有程朱陆王二学派之争也。

天及性

孔子所言之天为主宰之天；孟子所言之天，有时为主宰之天，有时为运命之天，有时为义理之天；荀子所言之天，则为自然之天，此盖亦由于《老》庄之影响也。《庄子·天运篇》谓天地日月之运行，“其有机缄而不得已”，“其运转而不能自止”，即持自然主义的宇宙观者之言也。荀子之宇宙观，亦为自然主义的。荀子曰：

> 天行有常，不为尧存，不为桀亡。应之以治则吉，应之以乱则凶。……故明于天人之分，则可谓至人矣。不为而成，不求而得，夫是之谓天职。如是者，虽深其人不加虑焉。虽大，不加能焉。虽精，不加察焉。夫是之谓不与天争职。天有其时，地有其财，人有其治，夫是之谓能参。舍其所以参，而愿其所参，则惑矣。列星随旋，日月递炤，四时代御，阴阳大化，风雨博施。万物各得其和以生，各得其养以成。不见其事，而见其功，夫是之谓神。皆知其所以成，莫知其无形，夫是之谓天。唯圣人为不求知天。(《天论篇》,《荀子》卷十一页十五至十七)

"列星随旋，日月递炤"，皆自然之运行；其所以然之故，圣人不求知之也。"不求知天"，而但尽人力以"自求多福"。人力能"自求多福"，"能治天时地财而用之"（杨倞注语），此人之所以能与天地参也。故曰：

大天而思之，孰与物畜而制之。从天而颂之，孰与制天命而用之。望时而待之，孰与应时而使之。因物而多之，孰与骋能而化之。思物而物之，孰与理物而勿失之也。愿于物之所以生，孰与有物之所以成。故错人而思天，则失万物之情。（《天论篇》，《荀子》卷十一页二十三）

此所谓"治天时地财而用之"也。

孟子言义理之天，以性为天之部分，此孟子言性善之形上学的根据也。荀子所言之天，是自然之天，其中并无道德的原理，与孟子异。其言性亦与孟子正相反对，《性恶篇》曰：

人之性恶，其善者伪也。（《荀子》卷十七页一）

所谓性及伪者，《性恶篇》曰：

不可学，不可事，而在人者谓之性。可学而能，可事而成之在人者，谓之伪。是性伪之分也。（《荀子》卷十七页三）

又曰：

性者，本始材朴也；伪者，文礼隆盛也。无性则伪之无所

加；无伪则性不能自美。(《礼论篇》,《荀子》卷十三页十五至十六）

“生之所以然者谓之性”(《正名篇》,《荀子》卷十六页一），性乃属于天者。天既自有其“常”，其中无理想，无道德的原理，则性中亦不能有道德的原理。道德乃人为的，即所谓伪也。《性恶篇》曰：

今人之性，生而有好利焉，顺是故争夺生，而辞让亡焉。生而有疾恶焉，顺是故残贼生，而忠信亡焉。生而有耳目之欲，有好声色焉，顺是故淫乱生而礼义文理亡焉。然则从人之性，顺人之情，必出于争夺，合于犯分乱理，而归于暴。故必将有师法之化，礼义之道，然后出于辞让，合于文理，而归于治。用此观之，然则人之性恶明矣，其善者伪也。(《荀子》卷十七页一）

人性虽恶，而人人可以为善。《性恶篇》曰：

涂之人可以为禹，曷谓也？曰：凡禹之所以为禹者，以其为仁义法正也。然则仁义法正，有可知可能之理。然而涂之人也，皆有可以知仁义法正之质，皆有可以能仁义法正之具，然则其可以为禹明矣。……今使涂之人，伏术为学，专心一志，思索孰察，加日县久，积善而不息，则通于神明，参于天地矣。故圣人者，人之所积而致矣。(《荀子》卷十七页十至十一）

陈澧曰：“戴东原曰：‘此与性善之说，不唯不相悖，而且若相发明。’(《孟子字义疏证》）澧谓涂之人可以为禹，即孟子所谓人皆可以为尧舜，但改尧舜为禹耳。如此则何必自立一说乎？”(《东塾读书记》卷三页二）然孟子所谓性善，乃谓人性中本有善端，人即此善端，“扩而充之”，即为尧舜。荀子谓人之性恶，乃谓人性中本无善端。非但无善端，且有恶端。但人性中虽无善端，人却有相当之聪明才力。人有此才力，若告之以“父子之义”“君臣之正”，则亦可学而能之。积学既久，成为习惯，圣即可积而致也。荀子曰：

> 涂之人百姓，积善而全尽，谓之圣人。彼求之而后得，为之而后成，积之而后高，尽之而后圣。故圣人也者，人之所积也。人积耨耕而为农夫，积斫削而为工匠，积反（同贩）货而为商贾，积礼义而为君子。(《儒效篇》,《荀子》卷四页二十）

涂之人“皆有可以知仁义法正之质，皆有可以能仁义法正之具”，乃就人之聪明才力方面说，非谓人原有道德的性质也。人之积礼义而为君子，与其积耨耕而为农夫等同，盖皆知识习惯方面事也。孟子言人之所以异于禽兽者，在人有是非之心等善端。荀子则以为人所以异于禽兽者，在于人之有优秀的聪明才力。故荀子性恶之说，实与孟子性善之说不同也。

社会国家之起源

荀子曰：“人之欲善者，其性恶也。”黄百家驳之云：“如果性恶，安有欲为善之心乎？”(《宋元学案》卷一）观以上所说，亦可知黄百家此驳，不足以难荀子。所谓善者，礼仪文理也，仁义法正也，人本不欲此，不过不得不欲此耳。荀子曰：

万物同宇而异体，无宜而有用为（同于）人，数也。人伦并处，同求而异道，同欲而异知，生也。皆有可也，知愚同。所可异也，知愚分。势同而知异，行私而无祸，纵欲而不穷，则民心奋而不可说也。……无君以制臣，无上以制下，天下害生纵欲，欲恶同物，欲多而物寡，寡则必争矣。故百技所成，所以养一人也。而能不能兼技，人不能兼官。离居不相待则穷；群而无分则争。穷者，患也；争者，祸也。救患除祸，则莫若明分使群矣。强胁弱也，知惧愚也，民下违上，少陵长，不以德为政，如是则老弱有失养之忧，而壮者有分争之祸矣。事业，所恶也。功利，所好也。职业无分，如是则人有树事之患，而有争功之祸矣。男女之合，夫妇之分，婚姻聘内，送逆无礼，如是则人有失合之忧，而有争色之祸矣。故知者为之分也。(《富国篇》,《荀子》卷六页一至三）

此以功利主义说明社会国家之起源，而与一切礼教制度以理论的根据；与《墨子·尚同篇》所说同。盖人有聪明才知，知人无群之不能生存，又知人无道德制度之不能为群，故知者制为道德制度，而人亦受之。“故知者为之分也”，“知者”二字极可注意。盖人之为此，乃以其有知识之故，非以其性中本有道德之故也。

荀子又曰：

水火有气而无生，草木有生而无知，禽兽有知而无义，人有气有生有知亦且有义，故最为天下贵也。力不若牛，走不若马，而牛马为用，何也？曰，人能群，彼不能群也。人何以能群？曰分。分何以能行？曰义。故义以分则和，和则一，一则多力，多力则强，强则胜物，故宫室可得而居也。故序四时，裁万物，兼利天下。无它故焉，得之分义也。故人生不能无群，群而无分则争，争则乱，乱则离，离则弱，弱则不能胜物，故宫室不可得而居也。不可少顷舍礼义之谓也。(《王制篇》,《荀子》卷五页十二至十三)

此言似以"有义"为"人之所以异于禽兽"，似从"人之所以为人者"立论，以证明分义之为必要。然归结于"和则一,一则多力，多力则强，强则胜物，故宫室可得而居也"，则仍从功利主义立论。

荀子又曰：

人之所以为人者，何已也？曰，以其有辨也。饥而欲食，寒而欲暖，劳而欲息，好利而恶害，是人之所生而有也，是无待而然者也，是禹桀之所同也。然则人之所以为人者，非特以二足而无毛也，以其有辨也。今夫狌狌形笑，亦二足而无毛也，然君子啜其羹，食其胾。故人之所以为人者，非特以其二足而无毛也，以其有辨也。夫禽兽有父子而无父子之亲，有牝牡而无男女之别。故人道莫不有辨，辨莫大于分，分莫大于礼，礼莫大于圣王。(《非相篇》,《荀子》卷三页五至六)

此就"人之所以为人者"立论，以证明礼之必要。此点与孟子同。然以为"人之所生而有"者，唯"好利而恶害"等，仍与孟子异。

授课人：冯友兰

第九章　韩非及其他法家

法家之学与当时社会政治经济各方面之趋势

儒墨及老庄皆有其政治思想。此数家之政治思想，虽不相同，然皆从人民之观点，以论政治。其专从君主或国家之观点，以论政治者，当时称为法术之士（见《韩非子·孤愤篇》），汉人谓之为法家。法家之学说，以在齐及三晋为盛。盖齐桓、晋文，皆为一代之霸主；齐、晋二国政治之革新进步，亦必有相当之成绩。故能就当时现实政治之趋势，理论化之而自成一派之政治思想者，以齐及三晋人为多也。

春秋、战国时，贵族政治崩坏之结果，一方面为平民之解放，一方面为君主之集权。当时现实政治之一种趋势，为由贵族政治趋于君主专制政治，由人治礼治趋于法治。盖在原来封建政治之制度下，所谓一国之幅员，本已甚狭；而一国之内，又复分为若干“家”。一国内之贵族，“不愆不忘，率由旧章”；即所谓礼者，以治其国及家之事。至于农奴，则唯服从其主人之命令，供其驱策而已。当时之贵族，极讲究威仪。《左传·襄公三十一年》，卫北宫文子曰：

> 《诗》云："敬慎威仪，维民之则。"……有威而可畏谓之威；有仪可象谓之仪。君有君之威仪，其臣畏而爱之，则而象之，故能有其国家，令闻长世。臣有臣之威仪，其下畏而爱之，故能守其官职，保族宜家。顺是以下皆如是；是以上下能相固也。（《左传》卷十九，《四部丛刊》本，页十六至十七）

又成公十三年，刘定公曰：

> 吾闻之民受天地之中以生，所谓命也。是以有动作礼义威仪之则，以定命也。能者养以取福，不能者败以取祸。是故君子勤礼，小人尽力。勤礼莫如致敬，尽力莫如敦笃。敬以养神，笃在守业。（《左传》卷十三页四）

盖当时所谓国家社会，范围既小，组织又简单。故人与人之关系，无论其为君臣主奴，皆是直接的。故贵族对于贵族，有礼即可维持其应有之关系。贵族对于农奴，只须"有威可畏，有仪可象"，即可为"草上之风"矣。及乎贵族政治渐破坏，一方面一国之君权渐重，故各国旧君，或一二贵族，渐集政权于一国之中央。一方面人民渐独立自由，国家社会之范围既广，组织又日趋复杂，人与人之关系，亦日趋疏远。则以前"以人治人"之方法，行之自有困难。故当时诸国，逐渐颁布法律。如郑子产作刑书（《左传·襄公三十年》），晋作刑鼎，"著范宣子所为刑书焉"（《左传·昭公二十九年》），皆此等趋势之表现也。郑作刑书，叔向反对之。子产曰："吾为救世也。”盖子产切见当时之需要矣。晋作刑鼎，孔子批评之，曰：

> 晋其亡乎！失其度矣。夫晋国将守唐叔之所受法度，以经纬其民，卿大夫以序守之。民是以能尊其贵；贵是以能守其业。贵贱不愆，所谓度也。……今弃是度也，而为刑鼎。民在鼎矣，何以尊贵？贵何业之守？贵贱无序，何以为国？（《左传》卷二十六页十）

叔向、孔子之言，代表当时比较守旧的人之意见。然此等守旧之意见，不能变当时现实政治之趋势。盖此趋势乃社会经济组织改变所生之结果，本非一部分人之意见所能遏止也。

孔子对于政治之意见，在当时虽为守旧的，然在别方面，孔子则为当时之新人物。自孔子开游说讲学之风，于是不治生产而只以游说讲学为事之人日益多。齐之稷下，即“数百千人”，此外如孟尝、信陵等公子卿相，皆各养“士”数千人。此中所谓“混子”者，当然甚多。盖贵族阶级倒，而士阶级兴，此儒墨提倡尚贤之结果也。由君主或国家观点观之，此等好发议论，不负责任之智识阶级，固已可厌。而一般人民之对于此等不生产而只消费之新贵族阶级，亦必争欲加入。其不能加入者，亦必有嫉恶之心。《老子》曰：“不尚贤，使民不争。”（《武英殿聚珍版丛书》本，上篇页三）荀子对于各家之辩，亦欲“临之以势，道之以道，申之以命，章之以论，禁之以刑”（《正名篇》，《荀子》卷十六，《四部丛刊》本，页九）。此等言论，虽各自有其前提，然亦皆系针对时弊而言也。

《商君书·开塞篇》曰：

> 天地设而民生之。当此之时也，民知其母而不知其父。其

道亲亲而爱私。亲亲则别，爱私则险，民众而以别险为务，则民乱。当此时也，民务胜而力征。务胜则争，力征则讼，讼而无正，则莫得其性也。故贤者立中正，设无私，而民说仁。当此时也，亲亲废，上贤立矣。凡仁者以爱为务，而贤者以相出为道。民众而无制，久而相出为道，则有乱。故圣人承之，作为土地货财男女之分。分定而无制，不可，故立禁。禁立而莫之司，不可，故立官。官设而莫之一，不可，故立君。既立君，则上贤废而贵贵立矣。然则上世亲亲而爱私，中世上贤而说仁，下世贵贵而尊官。上贤者，以道相出也；而立君者，使贤无用也。亲亲者，以私为道也；而中正者，使私无行也。此三者，非事相反也。民道弊而所重易也；世事变而行道异也。(《商子》卷二，《四部丛刊》本，页九。其脱误处，依王时润《商君书斠注》校改。)

此所说上世、中世、下世，自人类学及社会学之观点观之，虽不必尽当，然若以之说春秋战国时代之历史，则此段历史，正可分为此三时期也。春秋之初期，为贵族政治时期，其时即“上世亲亲而爱私”之时也。及后平民阶级得势，儒墨皆主“尊贤使能”“泛爱众而亲仁”，其时即“中世上贤而说仁”之时也。国君或国中之一二贵族，以尚贤之故，得贤能之辅，削异己而定一尊。而“贤者”又复以材智互争雄长，“以相出为道”。“久而相出为道，则有乱”，君主恶而又制裁之。战国之末期，即“下世贵贵而尊官”之时也。“立君者，使贤无用也”，此为尚贤之弊之反动，而战国末期之现实政治，即依此趋势进行也。

故尊君权、重法治、禁私学，乃当时现实政治之自然趋势。法家之学，不过将其加以理论化而已。贵族政治破坏，人民在农商方面，皆自由竞争，而富豪起。此亦当时社会经济之自然趋势，法家亦以理论拥护之。

法家之历史观

法家之言，皆应当时现实政治及各方面之趋势。当时各方面之趋势为变古，法家亦拥护变古。其立论亦一扫自孔子以来托古立言之习惯。《商君书·更法篇》曰：

> 前世不同教，何古之法？帝王不相复，何礼之循？伏羲、神农，教而不诛。黄帝、尧、舜，诛而不怒。及至文、武，各当时而立法，因事而制礼。礼法以时而定，制令各顺其宜。兵甲器备，各便其用。臣故曰，治世不一道，便国不必法古。汤武之王也，不循古而兴。商夏之灭也，不易礼而亡。然则反古者未必可非，循礼者未足多是也。（《商子》卷一页二）

《韩非子·五蠹篇》曰：

> 今有构木钻燧于夏后氏之世者，必为鲧禹笑矣。有决渎于殷周之世者，必为汤武笑矣。然则今有美尧、舜、汤、武、禹之道，于当今之世者，必为新圣笑矣。是以圣人不期修古，不法常可。论世之事，因为之备。宋人有耕者，田中有株，兔走触株，折颈而死。因释其耒而守株，冀复得兔。兔不可复得，而身为宋国笑。今欲以先王之政，治当世之民，皆守株之类也。……故事因于世，而备适于事。（《韩非子》卷十九，《四部丛刊》本，页

一至二）

时势常变，政治社会制度，亦须因之而变。此理一部分之道家亦有言及之者。但法家为当时现实政治趋势加以理论的根据，其反驳当时守旧者之言论，多根据于此历史观也。

法家之三派

法家中有三派，一重势、一重术、一重法。慎到重势。《韩非子》有《难势篇》，引慎到曰：

> 飞龙乘云，腾蛇游雾。云罢雾霁，而龙蛇与蚓蚁同矣，则失其所乘也。贤人而诎于不肖者，则权轻位卑也。不肖而能服于贤者，则权重位尊也。尧为匹夫，不能治三人。而桀为天子，能乱天下。吾以此知势位之足恃，而贤智之不足慕也。夫弩弱而矢高者，激于风也。身不肖而令行者，得助于众也。尧教于隶属，而民不听；至于南面而王天下，令则行，禁则止。由此观之，贤智未足以服众，而势位足以诎（原作缶，据俞校改）贤者也。（《韩非子》卷十七页一）

《管子·明法解》曰：

> 明主在上位，有必治之势，则群臣不敢为非。是故群臣之不敢欺主者，非爱主也，以畏主之威势也。百姓之争用，非以爱主也，以畏主之法令也。故明主操必胜之数，以治必用之民；处必

尊之势，以制必服之臣。故令行禁止，主尊而臣卑。故《明法》曰："尊君卑臣，非计亲也，以势胜也。"(《管子》卷二十一，《四部丛刊》本，页七)

《管子》此言，非必即慎到之说，要之亦系重势者之言也。此派谓国君须有威势，方能驱使臣下。

重术者以申不害为宗，重法者以商鞅为宗。《韩非子·定法篇》曰：

问者曰："申不害、公孙鞅，此二家之言，孰急于国?"应之曰："是不可程也。人不食十日则死。大寒之隆，不衣亦死。谓之衣食孰急于人，则是不可一无也，皆养生之具也。今申不害言术，而公孙鞅为法。术者，因任而授官，循名而责实，操杀生之柄，课群臣之能者也。此人主之所执也。法者，宪令著于官府，刑罚必于民心，赏存乎慎法，而罚加乎奸令者也。此臣之所师也。君无术则弊于上；臣无法则乱于下。此不可一无，皆帝王之具也。"(《韩非子》卷十七页四至五)

术为君主御臣下之技艺；法为臣下所遵之宪令。申不害与商鞅二家之言，所注重各不同也。

三派与韩非

其能集此三派之大成，又以老学荀学为根据，而能自成一家之言者，则韩非是也。韩非以秦始皇十四年(西历纪元前二三三年)

死于秦。(《史记·秦始皇本纪》)《史记》曰：

> 韩非者，韩之诸公子也。喜刑名法术之学，而其归本于黄老。非为人口吃，不能道说，而善著书。与李斯俱事荀卿，斯自以为不如非。非见韩之削弱，数以书谏韩王；韩王不能用。于是韩非疾治国不务修明其法制，执势以御其臣下，富国强兵，而以求人任贤，反举浮淫之蠹，而加之于功实之上。……观往者得失之变，故作《孤愤》《五蠹》《内外储说》《说林》《说难》，十余万言。(《老庄申韩列传》，《史记》卷六十三，同文影殿刊本，页五至六)

韩非以为势、术、法三者，皆“帝王之具”，不可偏废。故曰：

> 势者，胜众之资也。……故明主之行制也天，其用人也鬼。天则不非，鬼则不困，势行教严，逆而不违。……然后一行其法。(《八经》，《韩非子》卷十八页八)

“明主之行制也天”，言其依法而行，公而无私也。“其用人也鬼”，言其御人有术，密而不可测也。以赏罚之威，“一行其法”。势、术、法，并用，则国无不治矣。

授课人：冯友兰

第二部分

汉代哲学

董仲舒与今文经学 / 两汉之际谶纬及象数之学

古文经学与扬雄、王充

第一章 董仲舒与今文经学

阴阳家思想中之宇宙间架

欲明西汉人之思想，须先略知阴阳家之学说。欲略知阴阳家之学说，须先略明阴阳家思想中之宇宙间架。阴阳家以五行、四方、四时、五音、十二月、十二律、天干（《史记·律书》谓之十母）地支（《史记·律书》谓之十二子）及数目等互相配合，以立一宇宙间架。又以阴阳流行于其间，使此间架活动变化，而生万物。此等配合，在古代之术数中，即已有之。《墨子·贵义篇》云：

> 子墨子北之齐，遇日者。日者曰："帝以今日杀黑龙于北方，而先生之色黑，不可以北。"……子墨子曰："南之人不得北，北之人不得南。其色有黑者，有白者，何故皆不遂也？且帝以甲乙杀青龙于东方，以丙丁杀赤龙于南方，以庚辛杀白龙于西方，以壬癸杀黑龙于北方（毕本据《太平御览》增"以戊己杀黄龙于中

方”），若用子之言，则是禁天下之行者也。”（《墨子》卷十二，孙诒让《墨子间诂》，涵芬楼影印本，页七）

此以十母中之甲乙，配五色中之青，四方中之东。以丙丁配五色中之赤，四方中之南。以庚辛配五色中之白，四方中之西。以壬癸配五色中之黑，四方中之北。以戊己配五色中之黄，居于四方之中。术数中此等配合，不必即有宇宙间架之意义。不过后来阴阳家即根据此等配合以立说。至《吕氏春秋》及《礼记》中所载之《月令》，则此等配合，即已成阴阳家思想中之宇宙间架。

《吕氏春秋》及《礼记》中之《月令》及《淮南·时则训》，以五行配入四时。春木，夏火，秋金，冬水，土无所配。《月令》但云中央土，《淮南》则以季夏之月配土。以四方配之，则春木居东方，夏火居南方，秋金居西方，冬水居北方，而土居中央。以五色配之，则春木色青，夏火色赤，秋金色白，冬水色黑，中央土色黄。以甲乙丙丁等十母配之，则春木配甲乙，夏火配丙丁，中央土配戊己，秋金配庚辛，冬水配壬癸。以五音十二律配之，则春木音角，夏火音徵，中央土音宫，秋金音商，冬水音羽；孟春之月律太簇，仲春之月律夹钟，季春之月律姑洗，孟夏之月律中吕，仲夏之月律蕤宾，季夏之月律林钟，孟秋之月律夷则，仲秋之月律南吕，季秋之月律无射，孟冬之月律应钟，仲冬之月律黄钟，季冬之月律大吕。以数配之，则春木数八，夏火数七，中央土数五，秋金数九，冬水数六。

注：所以如此配者，《洪范》云：“五行：一曰水，二曰火，三曰木，四曰金，五曰土。”（《尚书》卷七，《四部丛刊》本，页二）此五行之次序也。按此次序配《易·系辞》所说天一，地二，天三，地四，天五，地六，天七，地八，天九，地十，则天一当

> 水，地二当火，天三当木，地四当金，天五当土，地六又当水，天七又当火，地八又当木，天九又当金，地十又当土。一,二,三,四,五，为水火木金土之生数；六,七,八,九,十，为水火木金土之成数。天数生水，地数成之；地数生火，天数成之；天数生木，地数成之；地数生金，天数成之；天数生土，地数成之。阴阳配偶，乃能生成也。(《礼记·月令》郑注及孔疏说）不过依此说，则每年之四季，应先冬（水)，次夏（火)，次春（木)，次秋（金）矣。何以五行之次序与四时之次序不合，则未有解释。

《月令》未以子丑寅卯等十二子配入此间架中。普通以十一月为子月，十二月为丑月，正月为寅月，二月为卯月，三月为辰月，四月为巳月，五月为午月，六月为未月，七月为申月，八月为酉月，九月为戌月，十月为亥月。《淮南子·天文训》中详言之。

此种配合，试以图（图见下）明之：

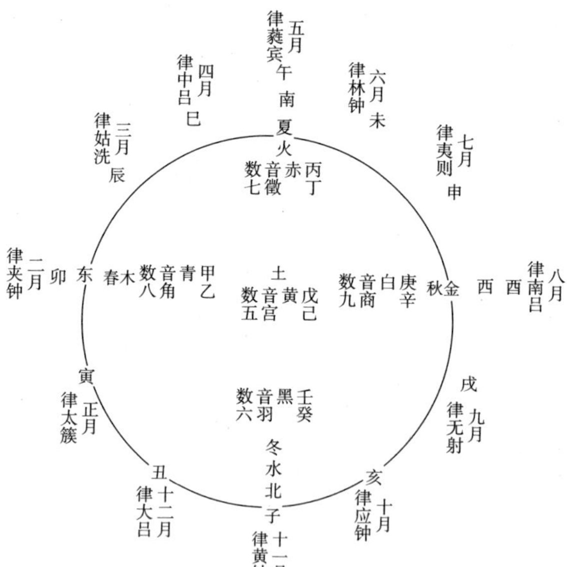

《月令》未以八卦配入此宇宙间架中。盖在先秦五行说与八卦说，本各自为一系统。八卦本可自成一宇宙间架。今先略明此诸种配合者，因不明此，则西汉人所说之话，吾人将有许多不能解也。

董仲舒在西汉儒者中之地位

此时之时代精神，此时人之思想，董仲舒可充分代表之。《汉书》曰：

> 董仲舒，广川人也。少治《春秋》，孝景时，为博士。下帷讲诵，弟子传以久次相授业，或莫见其面。盖三年不窥园，其精如此。进退容止，非礼不行，学士皆师尊之。……仲舒所著，皆明经术之意；及上疏条教，凡百二十三篇；而说《春秋》事得失，《闻举》《玉杯》《蕃露》《清明》《竹林》之属，复数十篇，十余万言，皆传于后世。(《董仲舒传》,《前汉书》卷五十六，同文影殿刊本，页一至二十三）

《汉书》又谓：

> 刘向称董仲舒有王佐之材，虽伊吕亡以加。……至向子歆以为……仲舒遭汉，承秦灭学之后，六经离析，下帷发愤，潜心大业，令后学者，有所统壹，为群儒首。(《董仲舒传赞》,《前汉书》卷五十六页二十三）

又谓：

> 昔殷道弛，文王演《周易》；周道敝，孔子作《春秋》。则乾坤之阴阳，效《洪范》之咎征，天人之道，粲然著矣。汉兴，承秦灭学之后，景武之世，董仲舒治《公羊春秋》，始推阴阳，为儒者宗。(《五行志》,《前汉书》卷二十七上，页二)

董仲舒在西汉儒者中之地位，观此可见矣。《春秋》一经，以前儒者虽重视，然自经董仲舒之附会引申，而后儒所视为《春秋》之微言大义，乃始有有系统之表现；盖董仲舒之书之于《春秋》，犹《易传》之于《周易》也。

> 注：董仲舒生卒年月，《汉书》本传未言及。苏舆作《董子年表》，起汉文帝元年（西历纪元前一七九年），止武帝太初元年（西历纪元前一〇四年）。（见苏舆《春秋繁露义证》）

元、天、阴阳、五行

董仲舒所谓之天，有时系指物质之天，即与地相对之天；有时系指有智力有意志之自然。有智力有意志之自然一名辞，似乎有自相矛盾之处；然董仲舒所说之天，实有智力有意志，而却非一有人格之上帝，故此谓之为自然也。董仲舒曰：

> 天、地、阴阳、木、火、土、金、水、九，与人而十者，天

之数毕也。(《天地阴阳》,《春秋繁露》卷十七，苏舆《春秋繁露义证》，宣统庚戌刊本，下简称《繁露》，页七）

此第一天字，乃指与地相对之天。末句天字，乃指自然之全体也。

董仲舒又言万物皆有所始，其所始谓之元。董仲舒曰：

谓一元者，大始也。……唯圣人能属万物于一而系之元也。……元犹原也，其义以随天地终始也。……故元者，为万物之本，而人之元在焉。安在乎？乃在乎天地之前。……(《玉英》,《繁露》卷三页一至三）

元在天地之天之前，故“人之元乃在天地之前”也。有智力有意志之自然，是否亦有所始，是否亦始于元，则董仲舒未详言。

阴阳者，董仲舒曰：

天地之间，有阴阳之气，常渐人者，若水常渐鱼也。所以异于水者，可见与不可见耳，其澹澹也。然则人之居天地之间，其犹鱼之离水，一也。其无间若气而淖于水。水之比于气也，若泥之比于水也。是天地之间，若虚而实。人常渐是澹澹之中，而以治乱之气，与之流通相淆也。(《天地阴阳》,《繁露》卷十七页七至八）

此以阴阳为二种物质的气；然一般阴阳家及董仲舒在多数地方所谓阴阳，则非如此物质的。

五行者，董仲舒曰：

天有五行，一曰木，二曰火，三曰土，四曰金，五曰水。木，五行之始也。水，五行之终也。土，五行之中也。此其天次之序也。木生火，火生土，土生金，金生水，水生木；此其父子也。木居左，金居右，火居前，水居后，土居中央；此其父子之序，相受而布。……五行之随，各如其序；五行之官，各致其能。是故木居东方而主春气；火居南方而主夏气；金居西方而主秋气；水居北方而主冬气。是故木主生而金主杀；火主暑而水主寒。……土居中央，谓之天润。土者，天之股肱也。其德茂美，不可名以一时之事，故五行而四时者，土兼之也。金木水火虽各职，不因土方不立。若酸咸辛苦之不因甘肥之不能成味也。甘者，五味之本也；土者，五行之主也。五行之主，土气也，犹五味之有甘肥也，不得不成。(《五行之义》,《繁露》卷十一页三至四)

又云：

天地之气，合而为一；分为阴阳；判为四时；列为五行。行者，行也。其行不同，故谓之五行。五行者，五官也，比相生而间相胜也。(《五行相生》,《繁露》卷十三页七)

五行相生，见上。五行相胜，“金胜木……水胜火……木胜土……火胜金……土胜水”(《五行相胜》,《繁露》卷十三页十一至十三)。五行之次序，为木火土金水。木生火，火生土，土生金，金生水。第一生第二，第二生第三，第三生第四，第四生第五。此所谓“比相生”。金胜木，中隔水。水胜火，中隔木。木胜土，中隔火。火胜金，中隔土。土胜水，中隔金。此所谓“间相胜”。

注：后汉章帝建初四年（西历纪元后七九年），大会诸儒于

白虎观，考详五经同异。命史臣著为通义，即今所传《白虎通义》是也。其中所说，皆今文经学家言，颇多与董仲舒所说同者。如五行相生相胜之说，《白虎通义》所说与董仲舒同，但较详。彼云："五行者，何谓也？谓金木水火土也。言行者，欲言为天行气之义也。地之承天，犹妻之事夫，臣之事君也。其位卑，卑者亲视事；故自同于一行，尊于天也。"(《五行》，《白虎通义》，陈立《白虎通义疏证》，《续清经解》本，卷四页二十四）土即地。地不敢配天，故"自同于一行"，以见天之尊。又云："五行所以更王何？以其转相生，故有终始也。木生火，火生土，土生金，金生水，水生木。……五行所以相害者，天地之性，众胜寡，故水胜火也。精胜坚，故火胜金。刚胜柔，故金胜木。专胜散，故木胜土。实胜虚，故土胜水也。"（同上卷页三十七至三十九)《五行大义》，引《白虎通义》云："木生火者，木性温，暖伏其中，钻灼而出，故生火。火生土者，火热故能焚木；木焚而成灰，灰即土也；故火生土。土生金者，金居石依山，津润而生；聚土成山，山必生石；故土生金。金生水者，少阴之气，温润流泽；销金亦为水；所以山云而从润；故金生水。水生木者，因水润而能生，故水生木。"（陈立《白虎通义疏证》卷四，页三十五引）此五行所以如此相生相胜之理由也。

四时

木、火、金、水，各主四时之一气，而土居中以策应之。因四时之气，代为盛衰，所以有四时之循环变化；四时之气之所以代为盛衰，则因有阴阳以使之然。董仲舒曰：

天之常道，相反之物也，不得两起，故谓之一。一而不二者，天之行也。阴与阳，相反之物也，故或出或入，或左或右。春俱南，秋俱北。夏交于前，冬交于后。并行而不同路，交会而各代理，此其文与。(《天道无二》,《繁露》卷十二页五)

又曰：

阳气始出东北而南行，就其位也。西转而北入，藏其休也。阴气始出东南而北行，亦就其位也。西转而南入，屏其伏也。是故阳以南方为位，以北方为休。阴以北方为位，以南方为伏。阳至其位而大暑热。阴至其位而大寒冻。(《阴阳位》,《繁露》卷十一页十五)

又曰：

天之道终而复始。故北方者，天之所终始也，阴阳之所合别也。冬至之后，阴俯而西入，阳仰而东出。出入之处，常相反也。多少调和之适，常相顺也。有多而无溢，有少而无绝。春夏阳多而阴少，秋冬阳少而阴多。多少无常，未尝不分而相散也。以出入相损益，以多少相溉济也。多胜少者倍入，入者损一而出者益二。天所起一动而再倍。常乘反衡再登之势，以就同类，与之相报。故其气相侠而以变化相输也。(《阴阳终始》,《繁露》卷十二页一)

又曰：

如金木水火，各奉其所主，以从阴阳，相与一力而并功。其实非独阴阳也，然而阴阳因之以起助其所主。故少阳因木而起助，春之生也。太阳因火而起助，夏之养也。少阴因金而起助，秋之成也。太阴因水而起助，冬之藏也。(《天辨在人》,《繁露》卷十一页十三)

阴阳乃相反之物，依“天之常道”，“相反之物，不得两起”。故阳出则阴入，阳入则阴出。入者其势力“损一”，出者其势力“益二”。故出者之势力，比入者多三分之二。至于阴阳之运行，则董仲舒所说，与一般所说不同。《淮南子・诠言训》云：“阳气起于东北，尽于西南。阴气起于西南，尽于东北。”此为后来一般的说法。董仲舒若依此说，则阳起于东北而南行，至东方遇木所主之气，即助之使盛而为春。至南方遇火所主之气，即助之使盛而为夏。阴起于西南而北行，至西方遇金所主之气，即助之使盛而为秋。至北方遇水所主之气，即助之使盛而为冬。以图明之：

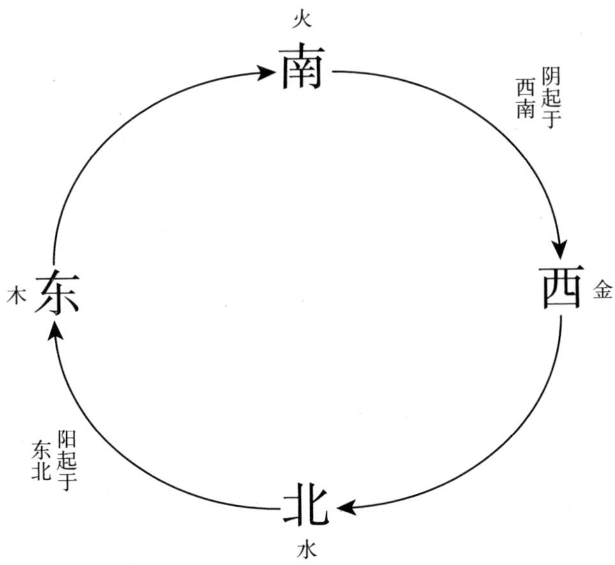

此本对于四时变化极简易之解释，但董仲舒不用此说。董仲舒以为“阳气始出东北而南行”“阴气始出东南而北行”。阴阳“春俱南，秋俱北。夏交于前，冬交于后”。又详言云：

> 天之道，初薄大冬，阴阳各从一方来，而移于后。阴由东方来西，阳由西方来东。至于中冬之月，相遇北方，合而为一，谓之曰至。别而相去，阴适右，阳适左。……冬月尽而阴阳俱南还。阳南还出于寅，阴南还入于戌。……至于中春之月，阳在正东，阴在正西，谓之春分。春分者，阴阳相半也。故昼夜均而寒暑平。阴日损而随阳（苏舆云：“阳字疑衍，随谓委随。”），阳日益而鸿。故为暖热。初得大夏之月，相遇南方，合而为一，谓之曰至。别而相去，阳适右，阴适左。……夏月尽而阴阳俱北还。阳北还而入于申，阴北还而出于辰。……至于中秋之月，阳在正西，阴在正东，谓之秋分。秋分者，阴阳相半也。故昼夜均而寒暑平。阳日损而随阴（苏舆云：“阴字亦疑衍。”），阴日益而鸿。（《阴阳出入》，《繁露》卷十二页三至四）

试以图（图见下）明之：

此说较为繁复。唯依此说，则当秋时，阴不在正西而在正东，如何能助金？董仲舒解释云：

> 至于秋时，少阴兴而不得以秋从金，从金而伤火功。虽不得以从金，亦以秋出于东方，俯其处而适其事，以成岁功，此非权与？……是故天之道有伦，有经，有权。（《阴阳终始》，《繁露》卷十二页二）

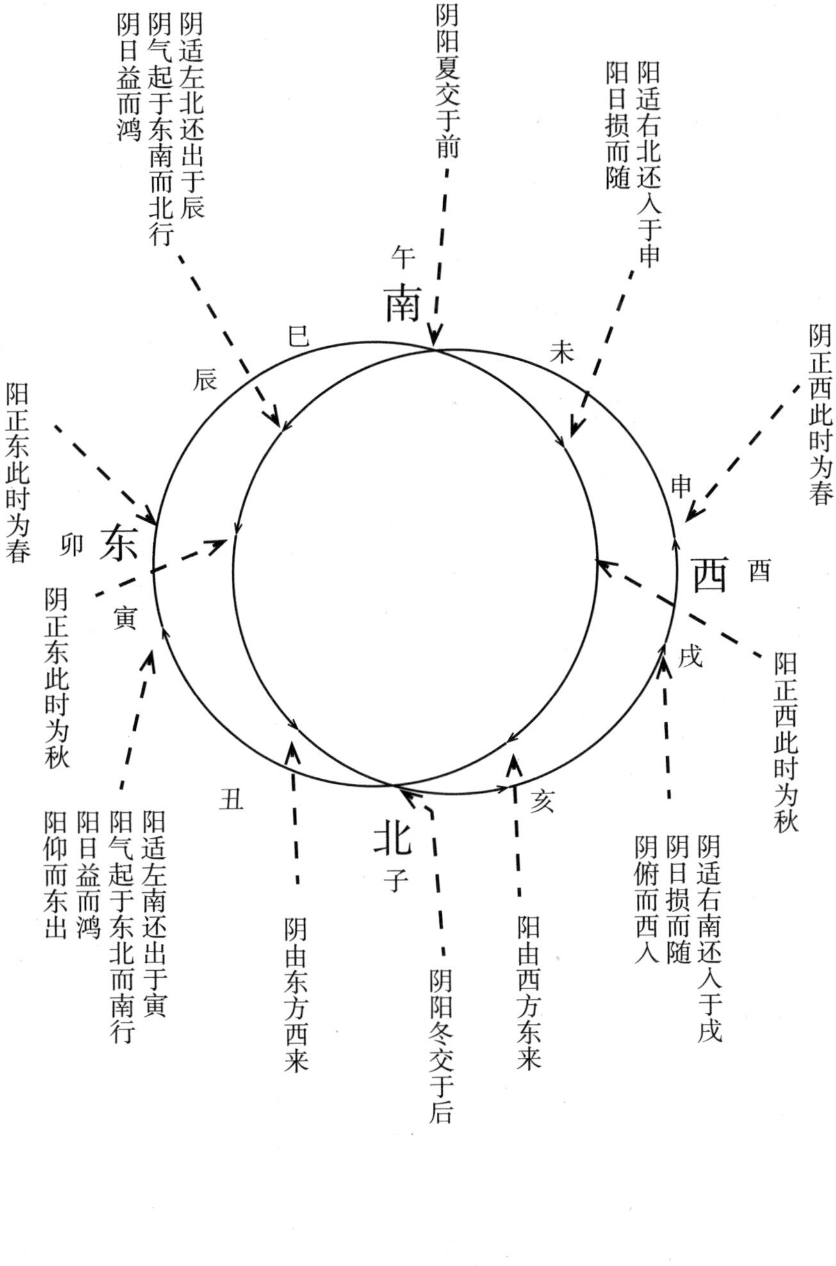
阴适左北还出于辰
阴气起于东南而北行
阴日益而鸿
阴阳夏交于前
阳适右北还入于申
阳日损而随
午
南
巳
未
辰
阴正西此时为春
阳正东此时为春
申
卯
东
西
酉
阴正东此时为秋
寅
戌
阳正西此时为秋
丑
亥
北
子
阳适左南还出于寅
阳气起于东北而南行
阳日益而鸿
阳仰而东出
阴由东方西来
阴阳冬交于后
阳由西方东来
阴适右南还入于戌
阴日损而随
阴俯而西入

“至春少阳东出就木，与之俱生；至夏太阳南出就火，与之俱暖”（《阴阳终始》，《繁露》卷十二页一），此天之经也。少阴出于东方，“俯其处而适其事”，委屈以成岁功，此天之权也。其所以使阴受如此委屈者，则以天“任阳不任阴，好德不好刑”（《阴阳位》，《繁露》卷十一页十二）。“是故天之行阴气也，少取之以成秋，其余以归之冬。”（《阴阳义》，《繁露》卷十二页三）

故四时之变化，实因阴阳消长流动之所致也。阳盛则助木，火为春、夏，而万物生长；阴盛则助金，水为秋、冬，而万物收藏。故阳为“天之德”，而阴为“天之刑”。董仲舒曰：

> 天地之常，一阴一阳。阳者，天之德也。阴者，天之刑也。……天之道以三时成生，以一时丧死。死之者，谓百物枯落也。丧之者，谓阴气悲哀也。天亦有喜怒之气，哀乐之心，与人相副。以类合之，天人一也。（《阴阳义》，《繁露》卷十二页二）

人副天数

天与人为同类，更可于人之生理见之。董仲舒曰：

> 莫精于气，莫富于地，莫神于天。天地之精，所以生物者，莫贵于人。人受命乎天也，故超然有以倚（卢曰：“倚疑当从下文作高物二字。”）。物疢疾莫能为仁义，唯人独能为仁义。物疢疾莫能偶天地，唯人独能偶天地。人有三百六十节，偶天之数也。形体骨肉，偶地之厚也。上有耳目聪明，日月之象也。体有

空窍理脉，川谷之象也。心有哀乐喜怒，神气之类也。观人之体，一何高物之甚而类于天也。物旁折取天之阴阳以生活耳，而人乃烂然有其文理。是故凡物之形，莫不伏从旁折天地（苏舆曰：“天地二字疑衍。”）而行，人独题直立端尚（卢云：“疑作人独颋立端向。”《尔雅》：“颋，直也。”），正正当之。是故所取天地少者旁折之。所取天地多者正当之。此见人之绝于物而参天地。是故人之身，首妢而员，象天容也。发，象星辰也。耳目戾戾，象日月也。鼻口呼吸，象风气也。胸中达知，象神明也。腹胞实虚，象百物也。……天地之符，阴阳之副，常设于身。身犹天也，数与之相参，故命与之相连也。天以终岁之数成人之身，故小节三百六十六，副日数也。大节十二分，副月数也。内有五脏，副五行数也。外有四肢，副四时数也。乍视乍瞑，副昼夜也。乍刚乍柔，副冬夏也。乍哀乍乐，副阴阳也。心有计虑，副度数也。行有伦理，副天地也。此皆暗肤著身（苏舆曰：“暗字疑误。”卢曰：“肤他本作卢。”），与人俱生，比而偶之弇合（苏舆曰：“弇合二字上疑有脱文。”）。于其可数也，副数于其不可数者，副类。皆当同而副天，一也。（《人副天数》，《繁露》卷十三页二至四）

又曰：

为生不能为人，为人者，天也。人之人本于天。（卢文弨曰：“人之人，疑当作人之为人。”）天亦人之曾祖父也。此人之所以乃上类天也。人之形体，化天数而成。人之血气，化天志而仁。人之德行，化天理而义。人之好恶，化天之暖清。人之喜怒，化天之寒暑。……天之副在乎人。人之情性，有由天者矣。（《为人

者天》,《繁露》卷十一页一)

人与天如此相同，故宇宙若无人，则宇宙即不完全，而不成其为宇宙。董仲舒曰：

> 天地人，万物之本也。天生之，地养之，人成之。天生之以孝悌，地养之以衣食，人成之以礼乐。三者相为手足，合以成体，不可一无也。无孝悌则亡其所以生，无衣食则亡其所以养，无礼乐则亡其所以成也。(《立元神》,《繁露》卷六页十二至十三)

人在宇宙间之地位，照此说法，可谓最高矣。

性情

就心理方面言之，人之心理中，亦有性情二者，与天之阴阳相当。董仲舒曰：

> 身之有性情也，若天之有阴阳也。言人之质而无其情，犹言天之阳而无其阴也。(《深察名号》,《繁露》卷十页十一)

性之表现于外者为仁；情之表现于外者为贪。董仲舒曰：

> 人之诚有贪有仁。仁贪之气，两在于身。身之名取诸天。天两有阴阳之施，身亦两有贪仁之性。(《深察名号》,《繁露》卷十

页七至九）

贪即情之表现；仁即性之表现也。[1]

因人之“质”中有性有情，有贪有仁，故未可谓其为善。董仲舒曰：

> 谓性已善，奈其情何?（《深察名号》,《繁露》卷十页十）

此性字系指人之质而言。又曰：

> 善如米，性如禾。禾虽出米，而禾未可谓米也。性虽出善，而性未可谓善也。米与善，人之继天而成于外也，非在天所为之内也。天所为有所至而止，止之内谓之天；止之外谓之王教。王教在性外，而性不得不遂。故曰：性有善质，而未能为善也。岂敢美辞，其实然也。天之所为，止于茧麻与禾。以麻为布，以茧为丝，以米为饭（苏舆曰：“当作以禾为米。”），以性为善，此皆圣人所继天而进也，非情性质朴之能至也。(《实性》,《繁露》卷十页十九）

1 董仲舒所谓性，似有广狭二义。就其广义言，则“如其生之自然之资谓之性；性者，质也”(《深察名号》,《繁露》卷十页六）。依此义，则情亦系人之“生之自然之资”，亦在人之“质”中。故曰：“天地之所生谓之性情，性情相与为一瞑，情亦性也。”（同上）就其狭义言，则性与情对，为人“质”中之阳；情与性对，为人“质”中之阴。《说文》云：“情，天之阴气有欲者；性，人之阳气性善者也。”《论衡·本性篇》：“仲舒览孙孟之书，作情性之说，曰：‘天之大经，一阴一阳；人之大经，一情一性。性生于阳，情生于阴。阴气鄙，阳气仁。曰性善者，是见其阳也；谓恶者，是见其阴者也。’”(《论衡》卷三,《四部丛刊》本，页十七）此皆就董仲舒所谓性之“狭义言也”。为避免混乱起见，下文以董仲舒所谓“质”，替代其所谓广义之性。

此性字亦系指人之质言。人之质中有与情相对之性，故其中实有善；但其中亦有与性相对之情，故不能本来即善。须加以人力，以性禁情，方可使人为善人。董仲舒曰：

> 栣众恶于内，弗使得发于外者，心也。故心之为名栣也。……天有阴阳禁；身有情欲栣，与天道一也。是以阴之行不得干春夏，而月之魄常厌于日光，乍全乍伤。天之禁阴如此，安得不损其欲而辍其情，以应天。天所禁而身禁之，故曰身犹天也。禁天所禁，非禁天也。必知天性，不乘于教，终不能栣。（苏舆云：天性二字疑情欲之误。天性不当言栣。）(《深察名号》，《繁露》卷十页七至九）

以性禁情为教，教乃“人之继天”，而亦即人之所以法天也。

董仲舒之性说，按一方面说，为调和孟荀。按又一方面说，则董仲舒亦谓人之质中本有善端，故其说实与孟子性善之说不悖；不过董仲舒以为若性中仅有善端，则不能谓之为善。故曰：

> 或曰：性有善端，心有善质，尚安非善？应之曰：非也。茧有丝，而茧非丝也。卵有雏，而卵非雏也。比类率然，有何疑焉？天生民有六经（苏舆云：“或云，六当为大。”），言性者不当异。然其或曰性也善，或曰性未善。则所谓善者，各异意也。性有善端，动之爱父母（苏舆曰：“动疑作童。”），善于禽兽，则谓之善；此孟子之善。循三纲五纪，通八端之理，忠信而博爱，敦厚而好礼，乃可谓善；此圣人之善也。是故孔子曰：“善人吾不得而见之，得见有常者斯可矣。”由是观之，圣人之所谓善，未易当也。非善于禽兽，则谓之善也。……夫善于禽兽之未

得为善也，犹知于草木而不得名知。……质于禽兽之性，则万民之性善矣。质于人道之善，则民性弗及也。万民之性善于禽兽者许之，圣人之所谓善者弗许。吾质之命性者异孟子。孟子下质于禽兽之所为，故曰性已善。吾上质于圣人之所为，故谓性未善。善过性，圣人过善。(《深察名号》,《繁露》卷十页十四至十五)

然此特指普通人之“质”言之耳。人亦有生而即不止仅有善端者，亦有生而即几无善端者，孔子所谓上智与下愚是也。董仲舒曰：

名性不以上，不以下，以其中名之。(《深察名号》,《繁露》卷十页十一)

又曰：

圣人之性，不可以名性。斗筲之性，又不可以名性。名性者，中民之性。中民之性，如茧如卵。卵待覆二十日而后能为雏；茧待缲以涫汤而后能为丝。性待渐于教训而后能为善。善，教训之所然也，非质朴之所能至也。(《实性》,《繁露》卷十页十九至二十)

董仲舒之论性，盖就孔、孟、荀之说而融合之。

授课人：冯友兰

第二章 两汉之际谶纬及象数之学

纬与谶

上文谓《月令》未以八卦配入阴阳家之宇宙间架内，盖八卦本可自成一宇宙间架。西汉经学家以阴阳家之言解释儒家之经典。《易》本为筮用，其始即为术数之一种，故更易受此种之解释。所谓《易》纬即照此方向以解《易》者，西汉中叶以后，有纬书出。所谓纬者，对于经而言。纬书之外，又有谶书。《隋书·经籍志》云：

> 说者又云：孔子既叙六经，以明天人之道，知后世不能稽同其意，故别立纬及谶，以遗来世。其书出于前汉，有《河图》九篇，《洛书》六篇，云自黄帝至周文王所受本文。又别有三十篇，云自初起至于孔子，九圣之所增演，以广其意。又有七经纬三十六篇，并云孔子所作。并前合为八十一篇。……然其文辞浅

俗，颠倒舛谬，不类圣人之旨。相传疑世人造为之，后或者又加点窜，非其实录。(《隋书》卷三十一，同文影殿刊本，页三十一至三十二)

普通多将纬与谶连言。其实二者本非一事。《四库全书总目提要》云：

按儒者多称谶纬，其实谶自谶，纬自纬，非一类也。谶者，诡为隐语，预决吉凶；《史记·秦本纪》称卢生奏录图书之语是其始也。纬者，经之支流，衍及旁义。《史记·自序》引《易》"失之毫厘，差以千里"，《汉书·盖宽饶传》引《易》"五帝官天下，三王家天下"，注者均以为《易》纬之文是也。盖秦汉以来，去圣日远，儒者推阐论说，各自成书，与经原不相比附。如伏生《尚书·大传》、董仲舒《春秋阴阳》，核其文体，即是纬书；特以显有主名，故不能托诸孔子。其他私相撰述，渐杂以术数之言，既不知作者为谁，因附会以神其说。迨弥传弥失，又益以妖妄之辞，遂与谶合而为一。(见《易》类附录《易纬》下，《四库全书总目提要》卷六页六十)

《后汉书·张衡传》谓衡上疏云："立言于前，有征于后，……谓之谶书。谶书始出，盖知之者寡。……成哀之后，乃始闻之。……殆必虚伪之徒，以要世取资。"(《后汉书》卷八十九，同文影殿刊本，页十二)谶书与纬，不可并论。然纬书中荒诞之部分，实类于谶。盖皆一种趋势下之产物也。

所谓象数之学

纬书今多不存，就其存者观之，则如《易》纬中所讲之《易》理，即宋儒所谓“象数之学”。《左传·僖公十五年》，韩简曰：“龟，象也，筮，数也。物生而后有象，象而后有滋，滋而后有数。”(《左传》卷五，《四部丛刊》本，页十九）此谓先有物而后有象，有象而后有数，此乃与常识相合之说。上篇所讲《易传》，亦言象。如《系辞》云：“八卦成列，象在其中矣。”“以制器者尚其象。”(《周易》卷七，《四部丛刊》本，页九)《易传》亦言数。如云：“天一，地二，天三，地四，天五，地六，天七，地八，天九，地十。”(《周易》卷七页九）但《易传》系以为有物而后有象。八卦之象，乃伏羲仰观俯察所得。既有此象，人乃取之以制器。故象虽在人为的物之先，而实在天然的物之后也。此后八卦之地位日益高。讲《易》者，渐以为先有数，后有象，最后有物。此点汉人尚未明言，至宋儒始明言之。故所谓象数之学，发达于汉，而大成于宋。

注：所谓象数之学，初视之似为一大堆迷信，然其用意，亦在于对于宇宙及其中各方面之事物，做一有系统的解释。其注重“数”“象”，与希腊之毕达哥拉学派，极多相同之点，兹略述毕达哥拉学派，以资比较。亚里士多德曰：这些哲学家（毕达哥拉学派之哲学家）显然以数目为第一原理，为生存的物之质因（material cause)，且为其改变与永久形状之形式。数目之原质即奇偶：奇为有限；偶为无限。他们以为“一”自此二者出（因“一”亦奇亦偶)。从一生出一切数目；全宇宙都是数目。此派之别的哲学家说有十原理；他们列之为平行的两行：

有限	无限
奇	偶
一	多
右	左
男性	女性
静	动
直	曲
光明	黑暗
好	恶
正方	长方

（亚里士多德《形上学》页九八六）

德欧真尼斯引亚力山大所述毕达哥拉学派之教义云："一（monad）为一切物之始。自一生不定的二（indefinite duad），二属于一；一为二之原因。自一及不定的二生数（numbers）；自数生象（signs）。自象生构成面积之线。自线生立体。自立体生可见之物。可见之物中有四原质：水，火，风，地。"（Diogenes Laertius，*Lives and Opinions of Eminent Philosophers* 卷八）柏乃云：毕达哥拉派学者由理塔斯（Eurytos）常举出各种物，如人及马，之数。并常以小石排为各种形式以表示之。亚里士多德以为毕氏此种程序，与以数入象（如三角形及正方形等）者同。（Burnet，*Early Greek Philosophy* 页一〇〇）"三角数"（tetraktys）之象，相传即毕氏所发明，"三角数"后有许多种类，但其最早者为"十数之三角数"（tetraktys of the dekad），其象如下：

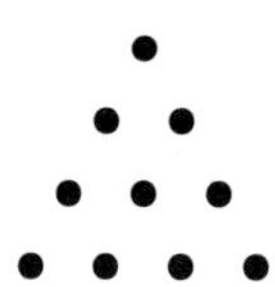

此象以“四之三角形”代表十数，明示一加二加三加四等于十。斯朴西坡斯（Speusippos）曾举十数之许多性质，谓系毕氏所发现者。例如数中之含有同等数之素数（prime number）及合数（composite number）者，十为其第一。斯氏所举果有若干真为毕氏所发现，不可得知。但相传毕氏于此有一结论，谓无论希腊人，或野蛮人，皆数至十而即复返于一，此乃依照天然者。吾人似可以此结论为系毕氏所得。此“三角数”明可无限扩大，以图象表示相续整数之和。此和名为“三角数”。依同理，相续奇数之和，名为“正方数”；相续偶数之和，名为长方数。如下图（同上，页一〇二至一〇三）：

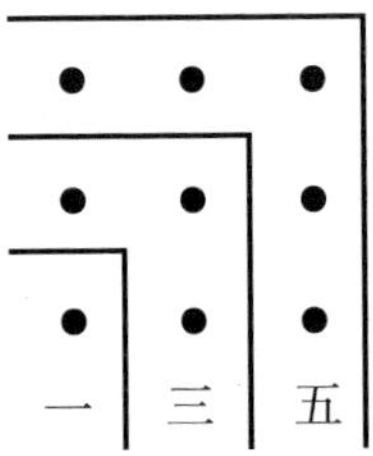

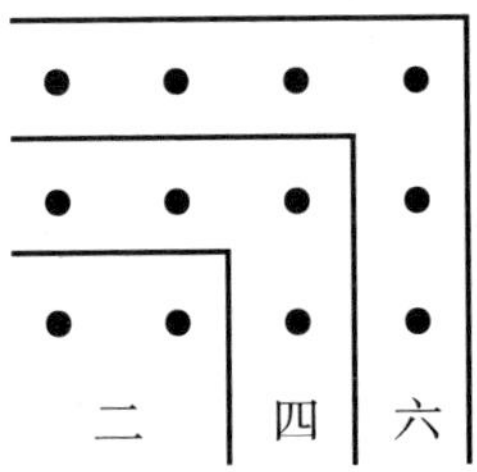

毕氏研究音乐，量弦之长短，以定音。毕氏以为万物皆数，似即因此。如音乐之声音，可以归为数，其他事物，何不能然。（同上，页一〇七）所以毕氏以为天亦是一和声，一个数目。

中国之象数之学，与希腊哲学中毕达哥拉派之学说颇多相同处。吾人试一比较，即见其相同处之多，令人惊异。《易·系辞》曰：“易有太极，是生两仪”，毕氏学派，亦以为一生二。试观毕氏学派所说有限无限等之十项反对，则可见有限即中国《易》学所谓之阳；无限即中国《易》学所谓之阴。希腊哲学中多以无限为材料（matter）；有限为形式。材料受形式，乃成一物。中国之《易》学亦以为阳施阴受。综观此十项反对中，其与中国《易》学中所说不同者，即以有限为正方，无限为长方。中国《易》学中则以为天圆地方。然毕氏学派中之所以以有限为正方者，以奇数为“正方数”也。所以以无限为长方者，以偶数为“长方数”也。由此而言，则此点固为中国《易》学所能承认者。唯以有限为静，无限为动，则与中国《易》学所与阴阳之性质，正相反对耳。

毕氏学派举出各种物之数，并以小石排为某种形式以表示之，“以数入象”。中国《易》学之讲“象”“数”，正是如此。毕氏以为天是一个和声，在天文与音乐中，最可见数之功用。中国自汉以后讲律吕与历法者，皆以《易》之“数”为本。此仅举中国《易》学与毕氏学派大端相同之点，然即此亦足令人惊异矣。

阴阳之数

《易》传亦汉初人所作，但除一二点外，其中重要之思想，有道家中《老》学之倾向，上文已详，盖此时阴阳家之思想尚未十分侵入《易》学也。《易·系辞》中“大衍之数五十”(《周易》卷七页八）一段，为此后讲“数”者所宗。然其原文之意义，显然为讲筮法。如云“揲之以四，以象四时，归奇于扐以象闰”。明谓筮法乃象天文、历法；非天文、历法，象筮法也。此与讲“数”者所讲不同，观下文可知。

《易纬·乾凿度》云：

> 昔者圣人因阴阳定消息，立乾坤，以统天地也。夫有形生于无形，乾坤安从生？故曰：有太易，有太初，有太始，有太

素也。太易者，未见气也。太初者，气之始也。太始者，形之始也。太素者，质之始也。气形质具而未离，故曰浑沦。浑沦者，言万物相混成，而未相离。视之不见，听之不闻，循之不得，故曰易也。易无形畔。易变而为一。一变而为七。七变而为九。九者，气变之究也。乃复变而为一。（同书卷下有一段与此文同；郑玄注云："乃复变为一；一变误耳，当为二。二变而为六。六变而为八。则与上七九意相协。"）一者形变之始。清轻者上为天；浊重者下为地。物有始，有壮，有究，故三画而成乾。乾坤相并俱生，物有阴阳，因有重之，故六画而成卦。……阳动而进；阴动而退。故阳以七，阴以八，为彖。易一阴一阳，合而为十五，之谓道。阳变七之九，阴变八之六，亦合于十五，则彖变之数若之一也。五音六律七变（同书下卷有一段与此文同，作七宿），由此作焉。故大衍之数五十，所以成变化而行鬼神也。日十干者，五音也。辰十二者，六律也。星二十八者，七宿也。凡五十所以大阂物而出之者也。孔子曰：阳三阴四，位之正也。（《易纬·乾凿度》卷上，《武英殿聚珍版丛书》本，页五至六）

《易·系辞》云："天一，地二，天三，地四，天五，地六，天七，地八，天九，地十。"阳由一而至九。一为阳之初生。三为阳之正位。（郑康成曰："圆者径一而周三。"）七为阳之彖。（郑康成曰："彖者爻之不变动者。"）九为阳之变。二为阴之初生。四为阴之正位。（郑康成曰："方者径一而匝四。"）八为阴之彖。六为阴之变。盖"阳变而进，阴变而退"。故阳变则由七之九。阴变则由八之六。故《易经》中以阳爻为九，阴爻为六也。《乾凿度》似以十五与五十，为相似之数，故曰："亦合于十五，……故大衍之数五十。……"盖此二数皆用五，与十也。郑康成注云："五象天之数奇也；十象地之数偶也。合天地之数，乃谓之道。”十五与五十，皆“合天地之数”之数也。“易变而为一。一变而为七。……故三画而成乾。”一，三，五，七，九，阳之数也。三画☰阳之象也。二，四，六，八，十，阴之数也。三画☷阴之象也。所以三画者，象征物之有始，有壮，有究也。毕达哥拉学派以为一生二（如《易》所谓太极生两仪），二生数，数生象，与此意同。

《乾凿度》卷下，有与此段文相同之一段，但有一点文稍异，云：

> 阳动而进，变七之九，象其气之息也。阴动而退，变八之六，象其气之消也。故太一取其数以行九宫，四正四维，皆合于十五。（《乾凿度》卷下页三）

“太一取其数以行九宫，四正四维，皆合于十五。”作何解释，此处未明言。后人以图象表之，此图象即宋刘牧所谓《河图》，朱子所谓《洛书》。此等图象，正毕达哥拉氏以小石排为种种形状以表示数之类也。

授课人：冯友兰

第三章　古文经学与扬雄、王充

“古学”与刘歆

在西汉之时，即有一部分人不满于以阴阳家学说说经之经学家，遂另立一种经学，以对抗之。《隋书·经籍志》曰：

> 王莽好符命，光武以图谶兴，遂盛行于世。汉世又诏东平王苍正五经章句，皆命从谶。俗儒趋时，益为其学。篇卷第目，转加增广。言五经者，皆凭谶为说。唯孔安国、毛公、王璜、贾逵之徒，独非之，相承以为妖妄，乱中庸之典；故因汉鲁恭王、河间献王所得古文，参而考之，以成其义，为之古学。（《隋书》卷三十二，同文影殿刊本，页三十二）

“古学”即所谓古文家之经学。其说经不用纬书谶书及其他阴阳家之言，一扫当时“非常可怪之论”，使孔子反于其“师”之地位。

此等经学家，实当时之思想革命家也。

清代之今文经学家，以为汉代之古文经典，皆刘歆所伪造。谓刘歆遍伪群经，以助王莽之篡汉。古文经学家之经典及经说，比于今文经学家之经典及经说，多为后起，可无疑义。然若谓其为伪，则即今文经学家之经典，本不必真孔门之旧；其经说更多孔门所未尝梦及之“非常可怪之论”，本亦何尝“真”？若就经说论，则古文经学家所说尚为较近于孔门面目也。古文经学家之经典及经说甚多，必非一人一时所能“伪”造。若谓刘歆一人遍“伪”群经，则刘歆必为“超人”而后可。盖汉代自有不满于当时正统经学家，即所谓今文经学家，之经典及经说者，各立其所自以为真得孔子正传之经典及经说，久之自有所谓“古学”者兴。一时代思想界革命之大运动，皆非一手一足之烈也。

然“古学”虽不为刘歆所独创，而刘歆实为提倡“古学”最显著之一人。“古学”之起，皆在民间，不立于学官。汉成帝时使“刘向校中秘书，谒者陈农使使求遗书于天下”(《成帝纪》,《前汉书》卷十，同文影殿刊本，页六)；古文经学家之经典及经说，当于此时，以“遗书”资格，入于中秘。刘歆继其父向校中秘书，见而重之。于哀帝时，遂欲将古文经学家之经典及经说,《左氏春秋》《毛诗》《逸礼》《古文尚书》，立于学官。当时博士，极力反对。刘歆与之争辩，终不能胜。刘歆以其当时政治上学术上之地位，出死力为“古学”奋斗，故实可谓为“古学”之领袖。至于其个人之学说，则刘歆尚讲五行灾异（见《汉书·五行志》)，可见其尚不免受阴阳家之影响。然其所作《七略》，综论上古学术之源流派别，认各家之起皆有其历史的根据，不杂所谓“非常可怪”之论，实纯就古文经学家之见解以立言，在当时实亦一部革命的著作也。

扬雄

此等古文经学家，对于当时思想界之贡献，为扫除今文经学家“非常可怪”之论，使儒家学说与阴阳家学说离开。其贡献为消极的。至于在积极方面，则此派经学家，殊不如其在消极方面之大也。

与此派经学家相应之思想家，为扬雄、王充。此二人在其积极方面，虽皆无甚新见；然其结两汉思想之局，开魏晋思想之路，自哲学史之观点言，则须略述此二人之思想，以见两汉、魏晋两时代间思想转变之迹。大概言之，两汉时代，以儒家与阴阳家混合之思想为主体；魏晋时代，以儒家与道家混合之思想为主体。

《汉书·扬雄列传》云：

> 扬雄字子云，蜀郡成都人也。……少而好学，不为章句，训诂通而已。博览无所不见。为人简易佚荡，口吃不能剧谈，默而好深湛之思。清静亡为，少嗜欲，不汲汲于富贵，不戚戚于贫贱，不修廉隅，以徼名当世。家产不过十金，乏无儋石之储，晏如也。自有大度，非圣哲之书不好也，非其意虽富贵不事也。……实好古而乐道，其意欲求文章成名于后世。以为经莫大于《易》，故作《太玄》；传莫大于《论语》，作《法言》。……年七十一，天凤五年（西历纪元一八年）卒。(《前汉书》卷八十七上页一至卷八十七下页二十一)

扬雄所著作，其与哲学有关者，为《太玄》一书。《太玄》乃摹《易》之作；《易传》中采有《老子》学说，前文已详。扬雄之学说中，实多《老易》之学说也。扬雄《太玄赋》云：

观大易之损益兮，览老氏之倚伏。省忧喜之共门兮，察吉凶之同域。曒曒著乎日月兮，何俗圣之暗烛？岂愒宠以冒灾兮，将噬脐之不及。若飘风之不终朝兮，骤雨不终日。雷隆隆而辄息兮，火犹炽而速灭。自夫物有盛衰兮，况人事之所极。(《古文苑》卷四，《四部丛刊》本，页一)

此述《老易》所说物极则反之理，实无新见；特在当时纬书谶书盛行之际，而扬雄能持《老易》之自然主义的宇宙观及人生观，实可谓为有革命的意义也。以《老易》之思想为基础，扬雄乃作《太玄》。

《太玄》

扬雄云：

夫作者贵其有循而体自然也，其所循也大，则其体也壮；其所循也小，则其体也瘠；其所循也直，则其体也浑；其所循也曲，则其体也散。故不擢所有，不彊所无。譬诸身，增则赘，而割则亏。故质干在乎自然，华藻在乎人事也（诸本皆作“华藻在乎人事人事也”。许翰云：“人事二字盖衍。”），其可损益欤？(《太玄莹》，《太玄》卷七，《四部丛刊》本，页十七)

此谓著书立说之人之可贵者，其学说均以自然为对象。其所叙述之对象小，则其学说亦小；其对象大，则其学说亦大。自然是如何，著书立说者之学说即应以为是如何，不能以私意有所增减。所谓“不擢所有，不彊所无”也。“质干在乎自然，华藻在乎人事也，其可损益欤？”言著书立说者之学说，应以自然为主体；著书立说者之言，特“华藻”之而已，不可对于自然，有所损益也。

《太玄》之书中所谓玄者，扬雄云：

> 玄者，幽摛万类而不见其形者也，资陶虚无而生乎？规拦神明而定摹，通同古今以开类，摛措阴阳而发气。……仰而视之在乎上，俯而窥之在乎下，企而望之在乎前，弃而忘之在乎后。欲违则不能，默则得其所者，玄也。……阳知阳而不知阴，阴知阴而不知阳。知阴知阳，知止知行，知晦知明者，其唯玄乎？（《太玄摛》，《太玄》卷七页五至九）

又云：

> 夫玄也者，天道也，地道也，人道也。（《太玄图》，《太玄》卷十页四）

由此言之，玄乃宇宙之最高原理，万物之发生运动，与其间之秩序，皆玄为之也。扬雄又云：

> 驯乎玄，浑行无穷，正象天，阴阳坒参。以一阳乘一统，万物资形。方州部家，三位疏成。曰，陈其九九，以为数生。赞上群纲，乃综乎名。八十一首，岁事咸贞。（《玄首总序》，《太玄》卷一页二至三）

又云：

玄有一道，一以三起，一以三生。以三起者，方州部家也。以三生者，参分阳气，以为三重，极为九营。是为同本离生，天地之经也。旁通上下，万物并也。九营周流，始终贞也。始于十一月，终于十月，罗重九行，行四十日。(《太玄图》,《太玄》卷十页四)

此谓一玄之总原理，分而为三，名之为方，有一方二方三方，共为三方。三方又各分而为三，名之为州，每方有一州二州三州，共为九州。每州又各分而为三，名之为部，每州有一部二部三部，共为二十七部。每部又各分而为三，名之为家，每部有一家二家三家，共为八十一家。此所谓“方州部家，三位疏成”也，所谓“以三起”也。

注：扬雄所以设方州部家之四重，不多亦不少者，盖儒家普通所说官制，亦只有四重。扬雄云：“方州部家，八十一所，画下中上，以表四海，玄术莹之。一辟，三公，九卿，二十七大夫，八十一元士，少则制众，无则制有，玄术莹之。”(《太玄莹》,《太玄》卷七页十六）扬雄以为官制之四重，乃法玄之四重；实则扬雄所说玄之四重，乃儒家普通所说官制之四重所提示也。

某方内之某州，某州内之某部，某部内之某家，《太玄》谓之一“首”。“首”如《易》之卦。如一方一州一部之一家，即为所谓“中”“首”；一方一州一部之二家，即为所谓“周”“首”。如是配合，共得八十一首。每首有九“赞”，“赞”如《易》之爻。九赞综于有名之首之内，所谓“赞上群纲，乃综乎名”也。如是共有七百二十九赞，所谓“陈其九九，以为数生”；所谓“参分阳气，以为三重，极为九营”；所谓“以三生”也。“参分阳气”者，玄虽“阴阳玭参”，虽“摛措阴阳而发气”，虽“知阴知阳”，而其运行，实以阳为主体。所谓“以一阳乘一统，万物资形”也。有此一玄之总原理，及三方九州二十七部八十一家及其所构成之八十一“首”，及其中之七百二十九“赞”，如宇宙之纲领然，所谓“是为同本离生，天地之经”也。以有此纲领，万物皆可得而有，所谓“旁通上下，万物并也”。而岁时变化，可得而成，所谓“九营周流，始终贞也”；所谓“八十一首，岁事咸贞”也。

《易》纬及孟京之《易》学，有卦气之说。扬雄《太玄》亦以其八十一首分配于一岁之四时中，以见“八十一首，岁事咸贞”之盛。代表每州之第一部第一家之“首”，为表现岁时显著变易之“首”，谓之一“天”。共有九天，扬雄云：

> 九天：一为中天，二为羡天，三为从天，四为更天，五为睟天，六为廓天，七为减天，八为沈天，九为成天。（《太玄数》，《太玄》卷八页十五）

中为“首”名，其所代表之“天”即为“中天”；羡为“首”名，其所代表之“天”即为“羡天”。每“天”主四十日，所谓“始于十一月，终于十月，罗重九行，行四十日”也。扬雄又申言云：

> 诚有内者存乎中，宣而出者存乎羡，云行雨施存乎从，变节易度存乎更，珍光淳全存乎睟，虚中弘外存乎廓，削退消部存乎减，降队幽藏存乎沈，考终性命存乎成。是故一至九者，阴阳消息之计邪。反而陈之，子则阳生于十一月，阴终十月可见也；午

则阴生于五月，阳终于四月可见也。生阳莫如子，生阴莫如午。西北则子美尽矣，东南则午美极矣。(《太玄图》,《太玄》卷十页五至六）

阳始于亥，生于子；阴始于巳，生于午。一岁始于十一月，十一月为中首。此时万物初生，蕴而未发，所谓“诚有内者”也。终于十月，十月为成首。此时万物收藏死亡，所谓“考终性命”也。就人之行事言之，一事亦可分为九段。扬雄云：

故思心乎一，反复乎二，成意乎三，条畅乎四，著明乎五，极大乎六，败损乎七，剥落乎八，殄绝乎九。生神莫先乎一，中和莫盛乎五，倨剧莫困乎九。夫一也者，思之微者也；四也者，福之资者也；七也者，祸之阶者也。三也者，思之崇者也；六也者，福之隆者也；九也者，祸之穷者也。二五八,三者之中也。(《太玄图》,《太玄》卷十页六）

人有所作为，在第一段为起念，在第二段为考虑，在第三段为有一定之意，至第四段则“条畅”而发于行事。至第五段则“著明”而得相当之成功，所谓“福”也。至第六段则“极大”而得“福之隆”；然事至此已发展至于极端，故第七段即“败损”而为“祸之阶”。若再进至第八第九段，则“剥落”“殄绝”而为“祸之穷”矣。扬雄又申言云：

自一至三者，贫贱而心劳；四至六者，富贵而尊高；七至九者，离咎而犯菑。五以下作息，五以上作消。数多者见贵而实索，数少者见贱而实饶。息与消纠，贵与贱交。(《太玄图》,《太

玄》卷十页七）

此皆《老易》之说，而扬雄述之者也。

然扬雄终未能完全脱阴阳家之见解，故亦讲上所述之象数之学。《太玄》云：

> 一与六共宗；二与七共明；三与八成友；四与九同道；五与五相守。(《太玄图》,《太玄》卷十页八）

此亦即上文所讲阴阳家之宇宙间架，以数配入四方之意。不过彼只举五行之成数，此则兼举其生数。此数之排列，后人以图象表之，即成宋刘牧所谓《洛书》，朱子所谓《河图》。

王充

与扬雄同时稍后有桓谭，亦反对谶学。《后汉书》本传称其“能文章，尤好古学。数从刘歆扬雄，辩析疑异。……著书言当世行事二十九篇，号曰《新论》”(《后汉书》卷五十八，同文影殿刊本，页一至六）。其书已佚。此后在后汉初期，所谓谶学纬学继续盛行；遂有进一步之反动。古代思想中之最与术数无关者为道家。在东汉及三国之际，道家学说中之自然主义，渐占势力。王充《论衡》一书，即就道家自然主义之观点，以批评当时一般人之迷信。《论衡》一书，对于当时迷信之空气，有摧陷廓清之功；但其书中所说，多攻击破坏，而少建树，故其书之价值，实不如近人所想象之大也。

《论衡·自纪篇》曰：

> 王充者，会稽上虞人也，字仲任。……建武三年（西历纪元二七年），充生。……才高而不尚苟作，口辩而不好谈对，非其人终日不言。其论说，始若诡于众，极听其终，众乃是之。以笔著文，亦如此焉。……淫读古文，甘闻异言，世书俗说，多所不安。幽居独处，考论实虚。（《论衡》卷三十，《四部丛刊》本，页一至二）

《后汉书》本传称充卒于永元中。汉和帝永元，自西历九八年至一〇四年，充当死于西历一百年左右也。王充对于“世书俗说，多所不安”；故“幽居独处，考论实虚”。《论衡》一书，皆“考论”“世书俗说”之“实虚”之作也。

（一）自然主义

《论衡》之考论“世书俗说”，以道家之自然主义为根据。《论衡·自然篇》曰：

> 天地合气，万物自生，犹夫妇合气，子自生矣。万物之生，含血之类，知饥知寒，见五谷可食取而食之，见丝麻可衣取而衣之。……天动不欲以生物而物自生，此则自然也；施气不欲为物而物自为，此则无为也。谓天自然无为者何？气也。恬澹无欲，无为无事者也。……至德纯渥之人禀天气多，故能则天自然无为。……贤之纯者黄老是也。黄者，黄帝也；老者，老子也。

> 黄老之操身中恬澹，其治无为，正身共己，而阴阳自和。无心于为，而物自化；无意于生，而物自成。《易》曰："黄帝尧舜垂衣裳而天下治。"垂衣裳者，垂拱无为也。……《易》曰："大人与天地合其德。"黄帝尧舜大人也，其德与天地合；故知无为也。天道无为，故春不为生而夏不为长，秋不为成而冬不为藏。阳气自出，物自生长；阴气自起，物自成藏。汲井决陂，灌溉田园，物亦生长。霈然而雨，物之茎叶根荄，莫不洽濡。程量澍泽，孰与汲井决陂哉？故无为之为大矣。本不求功，故其功立；本不求名，故其名成。沛然之雨，功名大矣，而天地不为也，气和而雨自集。(《论衡》卷十八页一至六）

此道家之自然主义而王充述之者也。

（二）对于当时一般人见解之批评

本此观点，《论衡》对于当时"世书俗说"之"实虚"，作为有系统之"考论"。《论衡·寒温篇》曰：

> 说寒温者曰：人君喜则温，怒则寒。何则？喜怒发于胸中，然后行出于外，外成赏罚。赏罚喜怒之效，故寒温渥盛，凋物伤人。(《论衡》卷十四页一）

此阴阳家之说也。王充论之曰：

> 夫天道自然，自然无为，二令参偶，遭适逢会。人事始作，

天气已有，故曰道也。使应政事，是有非自然也。(《论衡》卷十四页八）

《论衡·谴告篇》曰：

论灾异，谓古之人君为政失道，天用灾异谴告之也。灾异非一，复以寒温为之效。人君用刑非时，则寒；施赏违节，则温。天神谴告人君，犹人君责怒臣下也。(《论衡》卷十四页九）

此阴阳家之说也。王充论之曰：

夫天道自然也，无为；如谴告人，是有为，非自然也。黄老之家，论说天道，得其实矣。(《论衡》卷十四页九至十）

《论衡·变动篇》曰：

论灾异者，已疑于天用灾异谴告人矣，更说曰，灾异之至，殆人君以政动天，天动气以应之。譬之以物击鼓，以椎叩钟。鼓犹天，椎犹政，钟鼓声犹天之应也。人主为于下，则天气随人而至矣。(《论衡》卷十五页一）

此阴阳家之说也。王充论之曰：

人在天地之间，犹蚤虱之在衣裳之内，蝼蚁之在穴隙之中。蚤虱蝼蚁为逆顺横从，能令衣裳穴隙之间气变动乎？蚤虱蝼蚁不能，而独谓人能，不达物气之理也。……寒温之气系于天地，而

统于阴阳，人事国政，安能动之？（《论衡》卷十五页一至二）

《商虫篇》曰：

> 变复之家，谓虫食谷者，部吏所致也。贪则侵渔，故虫食谷。身黑头赤，则谓武官；头黑身赤，则谓文官。使加罚于虫所象类之吏，则虫灭息不复见矣。（《论衡》卷十六页九）

此亦阴阳家之流之说也。王充论之曰：

> 倮虫三百，人为之长。由此言之，人亦虫也。人食虫所食，虫亦食人所食，俱为虫而相食物，何为怪之？设虫有知，亦将非人曰：汝食天之所生，吾亦食之，谓我为变，不自谓为灾。凡含气之类所甘嗜者，口腹不异。人甘五谷，恶虫之食；自生天地之间，恶虫之出。设虫能言，以此非人，亦无以诘也。……凡天地之间，阴阳所生，蛟蛲之类，蜫蠕之属，含气而生，开口而食，食有甘不，同心等欲。强大食细弱，知慧反顿愚。他物小大连相啮噬，不谓之灾，独谓虫食谷物为应政事，失道理之实，不达物气之性也。（《论衡》卷十六页十至十一）

王充对于当时阴阳家之辩论，大略如此。对于当时世俗之各种迷信，王充亦有详细辩驳；其有哲学兴趣者，为王充对于鬼神有无之辩论。《论死篇》曰：

> 世谓死人为鬼，有知能害人。试以物类验之，死人不为鬼，无知，不能害人。何以验之？验之以物。人，物也；物，亦物也。物死不为鬼，人死何故独能为鬼？世能别人物不能为鬼，则

为鬼不为鬼，尚难分明；如不能别，则亦无以知其能为鬼也。人之所以生者，精气也，死而精气灭。能为精气者，血脉也，人死血脉竭。竭而精气灭，灭而形体朽，朽而成灰土，何用为鬼？……夫死人不能为鬼，则亦无所知矣。何以验之？以未生之时，无所知也。人未生，在元气之中；既死，复归元气。元气荒忽，人气在其中。人未生无所知，其死归无知之本，何能有知乎？人之所以聪明智惠者，以含五常之气也；五常之气所以在人者，以五藏在形中也。五藏不伤，则人智惠；五藏有病，则人荒忽，荒忽则愚痴矣。人死五藏腐朽，则五常无所托矣，所用藏智者已败矣，所用为智者已去矣。形须气而成，气须形而知。天下无独燃之火，世间安得有无体独存之精？……人之死，犹火之灭也。火灭而耀不照，人死而知不惠，二者宜同一实。今者犹谓死有知，惑也。人病且死，与火之且灭何以异？火灭光消而烛在，人死精亡而形存。谓人死有知，是谓火灭复有光也。隆冬之月，寒气用事，水凝为冰，逾春气温，冰释为水。人生于天地之间，其犹冰也。阴阳之气，凝而为人；年终寿尽，死还为气。夫春水不能复为冰，死魂安能复为形？（《论衡》卷二十页十一至十五）

此王充之自然主义的生死观也。

授课人：冯友兰

第三部分

魏晋南北朝玄学

第一章 魏晋玄学流别略论

溯自扬子云以后，汉代学士文人即间尝企慕玄远。凡抗志玄妙者，“常务道德之实，而不求当世之名。阔略杪小之礼，荡佚人间主事”（冯衍《显志赋》）。“逍遥一世之上，睥睨天地之间。不受当世之责，永保性命之期”（仲长统《昌言》）。则其所以寄迹宅心者，已与正始永嘉之人士无或异。而重玄之门，老子所游。谈玄者必上尊老子。故桓谭谓老氏其心玄远与道合。冯衍“抗玄妙之常操”，而“大老聃之贵玄”。傅毅言“游心于玄妙，清思于黄老”（《七激》）。仲长统“安神闺房，思老氏之玄虚”。则贵玄言，宗老氏，魏晋之时虽称极盛，而于东汉亦已见其端矣。

然谈玄者，东汉之与魏晋，固有根本之不同。桓谭曰：“扬雄作玄书，以为玄者天也，道也。言圣贤著法作事，皆引天道以为本统。而因附属万类王政人事法度。”亦此所谓天道，虽颇排斥神仙图谶之说，而仍不免本天人感应之义，由物象之盛衰，明人事之隆污。稽察自然之理，符之于政事法度。其所游心，未超于象数。其所研求，常在乎吉凶。（扬雄《太玄赋》曰："观大易之损益兮，览老氏之倚伏。"张衡因"吉凶倚伏，幽微难明，乃作《思玄赋》"。）魏晋之玄学则不然。已不复拘拘于宇宙运行之外用，进而论天地万物之本体。汉代寓天道于物理。魏晋黜天道而究本体，以寡御众，而归于玄极（王弼《易略例·明象章》）；忘象得意，而游于物外（《易略例·明象章》）。于是脱离汉代宇宙之论（cosmology or cosmogony）而留连于存存本本之真（ontology or theory of being）。汉代之又一谈玄者曰："玄者，无形之类，自然之根。作于太始，莫之与先。"（张衡《玄图》）此则其所谓玄，不过依时间言，万物始于精妙幽深之状，太初太素之阶。其所探究不过谈宇宙之构造，推万物之孕成。及至魏晋乃常能弃物理之寻求，进而为本体之体会。舍物象，超时空，而研究天地万物之真际。以万有为末，以虚无为本。夫虚无者，非物也。非无形之元气，在太始之时，而莫之与先也。本无末有，非谓此物与彼物，亦非前形与后形。命万有之本体曰虚无，则无物而非虚无，亦即物未有时而非虚无也。汉代偏重天地运行之物理（按扬雄、张衡之玄亦有不同，兹不详析），魏晋贵谈有无之玄致。二者虽均尝托始于老子，然前者常不免依物象数理之消息盈虚，言天道，合人事；后者建言大道之玄远无朕，而不执着于实物，凡阴阳五行以及象数之谈，遂均废置不用。因乃进于纯玄学之讨论。汉代思想与魏晋清言之别，要在斯矣。

玄学兴起之原因，兹姑不详论。但道家老庄与佛家般若均为汉晋间谈玄者之依据。其中心问题，在辨本末有无之理。然名流竞起，新义叠出。其所据尝有殊，其著眼亦各别。嵇康《卜疑》曰："宁如老聃之清净微妙，守玄抱一乎。将如庄周之齐物变化，洞达而放逸乎。"是则当时虽雅尚老庄，然其通释，固不必相同。谈老谈庄亦可各异。至于佛家般若性空，虽风行当代，而毗昙言有，亦复东来。童寿沙门与觉贤禅师，空义互殊，竟构仇怨（《高僧传·佛陀跋多罗传》）。而在什公前后，般若称六家七宗，或谓有十二家。则西国所传既不相同，中土立说亦各自异。详研魏晋僧俗之著述，其最重要之派别有四。兹分述之于下。

一

其一，为王辅嗣之学，释氏则有所谓本无义。其最要著作为《老子王注》。其形上之学在以无为体。其人生之学以反本为鹄。《晋书·王衍传》曰："何晏、王弼立论，天地万物皆以无为本。"盖王、何深识宗极之贞一，至道之纯静。其着眼在贞一纯全之本体。万象纷陈，制之者一。品物咸运，主之者静。《周易》王注曰：

> 凡动息则静，静非对动者也。语息则默，默非对语者也。然则天地虽大，富有万物，雷动风行，运化万变，寂然至无，是其本矣。

万有群变以无为本。是则万有归于一本。群变原即寂无。未有非于本无之外，另有实在，与之对立。故虽万物主富，变化之烈，未有不以无为本也。此无对之本体（substance），号曰无，而非谓有无之无。因其为道之全，故超乎言象，无名无形。圆方由之得形，而此无形。白黑由此得名，而此无名。（参看《列子·天瑞篇》注引何晏《道论》）万有群生由之以成，而非器形之所谓生。形器之生，如此生彼，昭然二物。而宇宙之本，虽开物成务，然万物未尝对本而各有实体。《老子》三十九章，王注曰：

> 物皆各得此一以成。既成，而舍以居成。居成，则失其母。

无对贞一之本体，为物之本原。即谓万有群生，皆各不离此本而别为实有。唯人若昧于所以成，而自居于其成。一犯人之形，而曰人也，人也。则失其本，丧其母，永堕于有为之域，宥于有穷之量。夫自居于有穷之量者，未能全其用也。“执一家之量者，不能全家。执一国之量者，不能成国。”（《老子》四章王注）故人必法天法道，冲而用之。冲而用之，乃本体全体之用。不自居于成，不自宥于量，舍有穷之域，反乎天理之本。故反本者，即以无为体。以无为体，则能以无为用（即冲而用之）。以无为用，则无穷而无不载矣。（《老子》三十八章注，《周易》复卦注）

由上所言，王氏形上之学在以无为本，人生之学以反本为鹄。西晋释氏所谓本无宗者，义当相似，而不免失之太偏。本无宗人，有释道安、竺道潜、竺法汰。道安弟子慧远，法汰弟子道生之学亦可谓为其枝叶（道生象外之谈，并重反本，与王弼同，兹不赘。但生公之学精深，非其前辈所及）。安、潜、汰等之著作少存，难详其异同。“本无”者乃“真如”之古译。佛家因以之名本体。道安解曰：“无在元化之先，空为众形之始，故称本无。非谓虚豁之中，能生万有也。”（《名僧传钞》）本无者，非谓虚豁而指诸法之本性，无名无形之本体。本体本性，绝言超象，而为言象之所资。言象之域，属于因缘。本性空寂，故称本无（道安之学，早晚不同，理论甚杂，其立说颇存汉人思想之余习，兹不详叙）。故道安高足慧远法师释本无义曰：“因缘之所有者，本无之所无。本无之所无者，谓之本无。本无之与法性，同实而异名也。”（慧达《肇论疏》）然则本无义者，以真如法性为本无，因缘所生为末有。且古德尝视外书之“本末”即内典之“真俗”。故以安公本无为真谛，末有为俗谛（慧达疏）。又安曰：“世俗者可道之道。无为（真谛）者，常道。”（语见《合放光光赞略解序》。此盖晋代所谓之格义。格义乃以经中事数拟配外书。）则安公之根本义，仍自取证于《老子》。按王辅嗣之学，固以其《老子注》为骨干。而万有以无为本，又道安等与之有同信。则释氏之本无宗者，实可谓与王氏同流也。唯稽考古籍，本无宗未免过于着眼在实相之崇高，而本末遂形对立。故僧肇曰：“本无者，情尚于无多，触言以宾无。”此讥其崇无之太偏也。又评之曰：“此直好无之谈，岂谓顺通事实，即物之情哉?”此斥其画本末为两截，因而蹈空也。又南齐周颙作《三宗论》，其第二宗“空假名”，虽称为于道邃缘会之说，但亦犯此病。讥之者遂名之为案苽义。盖体用对立，则空中无有，有中无空。如苽沉举体并没，苽浮举体并出，出时无没，没时无出也。又周氏谓老子属于空假名宗。盖空假名宗执着无相主体为真，而空假名。无相独真，假名纯空。独真与纯空，自不能相容，而分有无为二截。周颙以为老子仅能有知其有，无知其无。有无不相即，故属于此宗。又此宗既贵无太过，而离有。因之于有之外，别立无之宗义。周氏言虚无之学“有外张义”，故谓老子不出于此宗也。案《老子》本义如何，自为另一问题。但两晋南朝之解老者，疑多有此弊。故周颙只许老子属于第二宗也。

二

其二，为向秀、郭象之学，在释氏则有支道林之即色义。其主要著作为向、郭之《庄子注》。其形上之学主独化，其人生之学主安分。独化者，物各自然，无使之然也。世称罔两（郭注景外之微阴也）待景，景待形，形待造物。而郭象则曰：罔两非景之所制，而景非形之所使，形非无（造物）之所化。故造物者无物，而有物各自造。知有物之自造而无所待，则罔两之因景，有景必有形，皆自然而并生，俱出而俱没，岂有相资前后之差哉？万物均不为而自尔，各无待于外而同得，乃天地之正也。（参看《齐物论》郭注）盖王弼贵无，向、郭则可谓为崇有，崇有者则主物之自生、自然（见裴頠《崇有论》）。夫物自然而然，而不知其所以然。突然自生，而无所使之生。则万物无体，无所从生。古来号万物所从生为天，为道，为无。然向秀曰："天也者万物之总名也。"（《弘明集》罗含《更生论》）郭象曰："夫天籁者，岂复别有一物哉？即众窍比竹之属，接乎有生之类，会而共成一天耳。"（《齐物论》注）然则非生物者乃为天，而物自生耳。道者亦非别有一物也。牛之理即在筋骨。宰牛之道，直寄于技。故道可谓无所不在，而所在皆无。因曰道无能而至无。言万物得于道者，亦以明其自得耳（参看《养生主》注及《知北游》"有先天地生者"段注）。至于无，即无有也。依独化之义，有且不能生有，而况无乃能生有哉？庄、老之所以屡称无者，正在明生物者无物，而自生耳（参看《在宥篇》注）。

王弼与向、郭均深感体用两截之不可通。故王谓万物本于无，而非对立。向、郭主万物之自生，而无别体。王既着眼在本体，故恒谈宇宙之贞一。向、郭既着眼在自生，故多明万物之互殊。二方立意相同，而推论则大异。又王弼既深见于本末之不离，故以为物象虽纷纭，运化虽万变，然寂然至无，乃为其本。万殊即归于一本，则反本抱一者，可见天地之心，复其性命之真。向、郭亦深有见于体用之不二，故言群品独化自生，而无有使之生。万物无体，并生而同得。因是若物能各当其分，各任其性，全其内而无待于外，则物之大小虽殊，其逍遥一也（参看《逍遥游》注）。王言反本抱一，故必得体之全，则物无不理。若安于有限，居于小成，则虽“穷力举重，亦不能为用”（《老子》四章注）。向、郭主安分自得，故物各以得性为至，自尽为极。若全马之性，“任其至分，而无铢毫之加”（《养生主》注），则驽马亦可足迹接乎八荒之表（参看《马蹄篇》注）。驽马之与良骥，得其性则俱济也。又王之所谓自然与向、郭义亦颇有不同。自然一语本有多义。王主万象之本体贞一。故天地之运行虽繁，而有宗统。“物无妄然，必由其理。故繁而不乱，众而不惑。”（《易略例·明象》）故自然者，乃无妄然也。至若向、郭则重万物之性分。物各有性，性各有极。物皆各有其宗极，而无使之者。故自然者即自尔也，亦即块然、掘然、突然也。由王之义，则自然也者并不与佛家因果相违。故魏、晋佛徒尝以二者并谈，如释慧远之《明报应论》是矣。由向、郭义，则自然与因果相悖。故反佛者亦尝执自然以破因果，如范缜之《神灭论》是矣。自然与因果问题，为佛教与世学最重要争论之一。其源盖系于立义之不同，其大宗约如上之二说。亦出于王与向、郭形上学说之不同也。

支道林以通庄命家。其学疑亦深受向、郭之影响。孙绰作《道贤论》，以支遁比向子期，当有见而云然。《世说·文学篇》注引支公《妙观章》文曰：

> 夫色之性也，不自有色。色不自有，虽色而空。故曰“色即为空，色复异空”（《般若》经文）。

又慧达《肇论疏》引其《即色论》云：

> 吾以为“即色是空，非色灭，空”（《维摩》经文），此斯言

> 至矣。何者？夫色之性，色不自色（三字依上段加），虽色而空，如知不自知，虽知恒寂也。

所谓色不自色者，即明色法无有自性。“不自”者，即无支持（support, or substantum）之谓。亦即谓其色虽有，而自性无有。然色既不自有，则虽有色，而是假有。假有者“虽色而非色”(《肇论》述即色义语)，亦即是空。又空者古译为无。世人常以空无为本。支道林与向、郭同主万象纷纭，无本无体。夫色象既无体（即无自性），则非别有空。无体，故曰“色复异空”。非别有空，故曰“色即是空”。既主色无体，无自性，则非色象（appearance）灭坏之后，乃发见空无之本体（reality）。故曰“非色灭，空”也。僧肇《不真空论》述即色义曰：

> 夫言色者，但当色即色，岂待色色而后为色哉（唐元康疏云，此文乃肇述支公语意，并非破即色之言）。

此谓色不待色色而后为色，即是谓色不待色色之自性。色虽假有，本性空无。当此假有之色即是色（故曰当色即色），非另有色色之自性也。《知北游》郭注有曰：“明物物者无物，而物自物耳。”又曰：“既明物物者无物，又明物之不能自物，则为之者谁哉，皆忽然而自尔耳。”支公所言，与此文义均同。其不同处，仅《庄子》注粗称曰万物，《即色论》析言曰形色耳（支公有知不自知等语。但疑仅为陪衬。论既名即色，则其所论，自只关于形色）。周颙《三宗论》之第一宗为“不空假名”，即支道林义：

> 不空假名者，但无性实，有假，世谛不可全无，为鼠喽栗。

（《大乘玄论》卷一）

此谓法无自性，但有假名。世谛诸法虽有，而是假有。空自性，而不空假名。故如鼠喽栗，栗中肉尽，而外壳宛然犹存也。向、郭、支遁之义，盖至南朝尚为流行也。

至若《世说》载支公通《逍遥游》，卓然标新理于二家之表。似若支与向、郭立义悬殊，此则亦不尽然。盖向、郭谓万物小大虽差，而各安其性，则同为逍遥。然向、郭均言逍遥虽同，而分有待与无待。有待者必得其所待，然后逍遥。无待者则与物冥而循大变。不唯无待，而且能顺有待，而使其不失其所待。（参看《世说》注引向、郭注，及《逍遥游》"乘天地之正"段郭注）有待者，芸芸众生。无待者，圣人神人。有待者自足。无待者至足。支公新义，以为至足乃能逍遥。实就二家之说，去其有待而存其无待。郭注论逍遥，本有"至足者不亏"之言（至足本作至至，今从释文改）。支公曰，"至人乘天正于高兴，游无穷于放浪"，亦不过引申至足不亏之义耳。按佛经所示圣贤凡人区画井然。支公独许圣人以逍遥，盖因更重视凡圣之限也。

三

其三，为心无义。其四为不真空义。今按玄学者辨有无之学也。僧肇居东晋末叶，品评一代学术，总举三家，一心无，二即色，三本无。周颙在南齐之世，会合众师玄义，定为三宗，一不空假名，二空假名，三假名空。不空假名与即色实为一系。空假名与本无颇有相同。是则王弼本无之学，以及向、郭与即色之说，均源远流长，为魏晋南朝主要之学说也。假名空者，上接不真空义，乃僧肇之学，自在三家之外。至若心无，仅流行于晋代，故周颙《三宗》遂未言及也。

心无义虽不行南朝，然颇行于晋代，而为新颖可注意之学说。盖玄学家诠无释有，多偏于空形色，而不空心神。六家七宗，识含宗以三界为大梦，而神位登十地。幻化宗谓世谛诸法皆空，而心神犹真。缘会亦主色相灭坏。至若即色，则就色谈空。凡此“无义”虽殊，而均在色，故悉可称为“色无义”也。独有支愍度乃立“心无义”，空心而不空色，与流行学相径庭，故甚可异也。《世说·假谲篇》注曰：

> 旧义者曰：“种智是有（原作有是），而能圆照。然则万累斯尽，谓之空无。常住不变，谓之妙有。”
>
> 无义者曰：“种智之体，豁如太虚。虚而能知，无而能应。居宗至极，其为无乎。”

旧义与无义之别，在一以心神为实有，一以心神为虚豁。晋末刘遗民者，亦心无义家。其致僧肇书中有曰：

> 圣心冥寂，理极同无，不疾而疾，不徐而徐。

此即心无义也。肇答书有曰：

> 闻圣有知，谓之有心。闻圣无知，谓等太虚。

前者乃旧义，后者即心无义（按《高僧传》载道恒执心无义，慧远与论难反复。恒神色微动，未即有答。远曰："不疾而速，杼柚何为？"不疾而速，疑亦道恒所引用，与刘遗民同。而远公则更就恒所引用之言，以讥其踌躇。谢朓《酬德赋》："意搔搔以杼柚，魂营营以驰骛。"杼柚谓徘徊也）。又心无义之特点，不仅在空心，而亦在不空形色。心无各师，其心无之解释疑不全相同。而其空心不空色，则诸人所同。故肇公述曰："心无者，无心于万物，而万物未尝无也。"

心无义颇风行南方。道恒在荆州，竺法汰大集名僧，与之辩难二日。其学为时所重视可知。《世说》载愍度与一伧道人谋救饥，而立此义。其事未必实。但由此可见心无义为骇俗之论，而颇流传一时。盖自汉以来，佛家夙主住寿成道。神明不灭，经修炼以至成佛。若心神空无，则成佛无据。即精于玄理之僧俗，于心神虚豁之义，亦所未敢言。及至罗什东来，译中百二论，识神性空之义始大明（参看《祐录》僧叡《维摩序》）。故肇评心无义曰："此得在于神静，而失在于物虚。"许其神静为得，亦可见此义不全为什公门人所鄙弃也。

四

其四，为僧肇之不真空义。夫玄学者，乃本体之学，为本末有无之辨。有无之辨，群义互殊。学如崇有，则沉沦于耳目声色之万象，而所明者常在有物之流动。学如贵无，则流连于玄冥超绝之境，而所见者偏于本真之静一。于是一多殊途，动静分说，于真各有所见，而未尝见于全真。故僧肇论学，以为宜契神于有无之间，游心于动静之极，不谈真而逆俗，不顺俗而违真，知体用之一如，动静之不二，则能穷神知化，而见全牛矣。

《不真空论》曰："夫至虚无生者，般若玄鉴之妙趣，有物之宗极者也。"般若说空（至虚无生）在扫除封惑，以显示有物之宗极。原夫宗极之至虚无生者，谓"万物之自虚"。虚者无相，实相本为无相，非言象之所可得，故物非有。自虚者不假虚而虚物，不外体而有用，故物非无。夫宗极无相，则不可计度而谓有实物。既无实物，即不可物物。故论曰："如此则非无物也。物非真物。物非物，故于何而可物。"既非无物（无物则非至虚无生，而为顽空），故曰非无。物非可物（可物则堕于名象），故曰非有。至极之体，体用一如，真俗不乖，空有不外。俗不乖真，故物非有。空不外有，故物非无。非有曰空，非无而假（不真）。空故不真，空假相即。故非有非无，即所以显示真际之即伪即真，即体即用也。

然世之论者，未了体用之一如，实相之无相，而分割有无，于实相上着相。于是有也，无也，均执为实物，而不能即万物之自虚。故心无论曰，无者心无，而万物实有。万象咸运，岂可谓无。无者盖心如太虚，无累而能应。故必涤除万物，杜塞视听，寂寥虚豁，而后为真谛。是乃不知圣人"即万物之自虚，故物不能累其神明也"。本无论者，贵尚于无（本体，substance），而离于有。无义竞张，均在"有"外。于是无为实物，与有对立。故妄解般若经曰，非有者，无此有，非无者，无彼无。既执实物，乃分彼此。分别彼此，即堕入言象。然真谛独静于名象之外，岂曰文言之所能辨者欤。又既贵无而离有，则万有落空而独在。于是无既为真，有则纯伪。真者实有，伪者实幻。而不知佛典所言之"幻"谓如幻，而非谓实无。谓假号不真，而非谓无有。如此则非无物也，物非真物也。故曰："譬如幻化人，非无幻化人，幻化人非真人也。"即色论者，偏于崇有，而不知言象所得之非有。故言色未尝无，而无者色色之自性。自性实无，色相实有。陈义虽与本无论相背，而其分割有无则相符。执着有无，“宰割以求通”，乃堕入名象之域。夫有也，无也，心之影响也。言也，象也，影响之所攀缘也（肇公《寄刘遗民书》语）。执着有无，则仅沉溺于影响，因乃分别言象，以为攀缘。由此而言象之物，实有而非不真。夫言象之物既为真有，则般若经何能谓至虚无生为有物之宗极哉！因不知至虚无生非有物之宗极，故向、郭注《庄》，言至无即实无，而万物实有。是不知万物名言所得，假号不真。夫“物无当名之实，名无得物之功。……名不当实，实不当名。名实无当，万物安在”。既万物安在，则所谓众窍比竹之属，接于有生之类会者，固亦未尝为实有也（故僧肇评即色论“未领色之非色”）。肇公继承魏晋玄谈极盛之后，契神于有无之间，对于本无论之著无，而示以万法非无。对于向、郭、支遁之著有，而诏之以万法非有。深识诸法非有非无，乃顺第一真谛，而游于中道矣。

总上所陈，王弼注《老》而阐贵无之学。向、郭释《庄》而有崇有之论。皆就中华固有学术而加以发明，故影响甚广。释子立义，亦颇挹其流风。及至僧肇解空第一。虽颇具谈玄者之趣味，而其鄙薄老、庄（见《高僧传》），服膺佛乘，亦几突破玄学之藩篱矣。周彦伦《三宗论》假名空宗，谓上承肇公之学。周之言曰：“世学未出于前二宗，而第三宗假名空则为佛之正说，非群情所及。”斯盖有所见而云然也。

授课人：汤用彤

第二章 王弼之《周易》《论语》新义

陈寿《魏志》无王弼传，仅于《钟会传》尾附叙数语，实太简陋。然其称弼“好论儒道”，“注《易》及《老子》”，孔老并列，未言偏重，则似亦微窥辅嗣思想学问之趋向。盖世人多以玄学为老、庄之附庸，而忘其亦系儒学之蜕变。多知王弼好老，发挥道家之学，而少悉其固未尝非圣离经。其生平为学，可谓纯宗老氏，实则亦极重儒教。其解《老》虽精，然苦心创见，实不如注《易》之绝伦也。

汉魏之际，中华学术大变。然经术之变为玄谈，非若风雨之骤至，乃渐靡使之然。经术之变，上接今古文学之争。魏晋经学之伟绩，首推王弼之《易》，杜预之《左传》，均源出古学。今学本汉代经师之正宗，有古学乃见歧异。歧异既生，思想乃不囿于一方，而自由解释之风始可兴起。夫左丘明本“不传《春秋》”，而杜预割裂旧文以释经，以非经而言为经，与王肃之造伪书作圣证，其为非圣无法实有相同。然尊左氏为经，本导源刘歆，亦非后世所突创也。至若《易》本卜筮之书，自当言象。王弼黜爻象，而专附会义理，似为突创。然王氏本祖费氏《易》，世称同于古文。传至马融，荀悦言其“始生异说”。古文《易》本不同今文《易》。马氏治《易》又更异于先儒。则《易》本早有变化。而王氏之创新，亦不过继东汉以来自由精神之渐展耳。

汉代儒生多宗阴阳，魏晋经学乃杂玄谈。于孔门之性与天道，或释以阴阳，或合以玄理，同是驳杂不纯，未见其间有可轩轾也。夫性与天道为形上之学，儒经特明之者，自为《周易》。王弼之《易》注出，而儒家之形上学之新义乃成。新义之生，源于汉代经学之早生歧异。远有今古学之争，而近则有荆州章句之后定。王弼之学与荆州盖有密切之关系。汉末，中原大乱，荆州独全。刘表为牧，人民丰乐。表原为八顾（或称八交、八友、八俊）之一，好名爱士，天下俊杰，群往归依。“开立学宫，博求儒士。使綦毋闿、宋忠等撰立五经章句，谓之后定”(《魏志》六注引《英雄记》)。王粲即于其时在荆州。其《荆州文学记官志》(《艺文类聚》三八）谓刘表“乃命五业从事宋衷所作文学延朋徒焉”，“五载之间，道化大行。耆德故老綦毋闿等，负书荷器自远而至者三百余人”。《蜀志·李譔传》“譔父仁与尹默俱游荆州，从司马徽宋衷等学。譔具传其业”，“著《古文易》《尚书》《毛诗》《三礼》《左氏解》《太玄指归》。皆依准贾马，异于郑玄。与王氏（肃）殊隔，初不见其所述，而意归多同”。《魏志》王肃“从宋衷读《太玄》，而更为之解”。则子雍之学本有得于宋仲子。子雍善贾马之学，而不好郑玄，仲子之道固然也。譔、肃之学并由宋氏，故意归多同。而其时“伊洛以东，淮汉以北，郑氏一人而已，莫不宗焉”。宋衷之学，异于郑君，王肃之术，故讦康成。王粲亦疑难郑之《尚书》。则荆州之士踔跄不羁。守故之习薄，创新之意厚。刘表“后定”，抹杀旧作。宋王之学，亦特立异。而王弼之《易》，不遵前人，自系当时之风尚如此也。

荆州学风，喜张异议，要无可疑。其学之内容若何，则似难言。然据《刘镇南碑》(《全三国文》五六）称表改定五经章句，“删划浮辞，芟除烦重”，其精神实反今学末流之浮华，破碎之章句。又按《南齐书》所载王僧虔诫子书有曰，“荆外八帙”，“言家口实”。又曰，“八帙所载，共有几家”。据此不独可见荆州经学家数不少，卷帙颇多，而其内容必与玄理大有契合。故即时至南齐，清谈者犹视为必读之书也。荆州儒生之最有影响者，当推宋衷。仲子不唯治古文，且其专长似在《太玄》。王肃从读《太玄》，李譔学源宋氏，作《太玄指归》。江东虞翻读宋氏书，乃著《明杨释宋》(见《吴志》本传注）。而陆绩《述玄文》中称，荆州刘表遣梁国成奇修好江东。奇将玄经自随。陆幅写一通，精读之。后奇复来，宋仲子以其《太玄解诂》付奇，寄与张昭。陆氏因此得见仲子之书。可见荆州之学甚盛。而仲子为海内所宗仰，其《太玄》并特为天下所重。夫《太玄》为《易》之辅翼，仲子之《易》，自亦有名于世。虞翻曾见郑玄、宋衷之《易》，而谓衷小差玄。在其同时，《易》学实极盛，马融、郑玄、荀爽、王肃、虞翻、姚信、董遇、李譔均治《周易》。虞翻言“经之大者，莫过于《易》。自汉初以来，海内英才解之率少。至桓灵之际，颍川荀谞（爽）号为知《易》”(本传注）。可见汉末，孔门性道之学，大为学士所探索。因此而《周易》见重，并及《太玄》。亦当时学风之表现。而王弼之《易》，则继承荆州之风，而自有树立者也。

王弼未必曾居荆州。然其家世与荆州颇有关系。山阳刘表受学于同郡王畅。汉末畅孙粲与族兄凯避地至荆州依刘表。表以女妻凯。蔡邕尝赏识粲，末年以数车书与之。粲之二子与宋衷均死于魏讽之难（魏讽之难，实因清谈家反曹氏而起）。邕所与书悉归凯子业。魏文帝因粲子二人被诛，以凯之子业嗣粲。而王弼者乃业之子，宏之弟，亦即粲之孙也（《魏志·钟会传》注）。宏字正宗。张湛《列子注序》谓正宗与弼均好文籍。《列子》有六卷，原为王弼女婿所藏。按《列子》固非先秦原书，然必就旧文补缀成篇。王氏盖自正宗，即好玄言。而其父祖两辈与荆州有关系。粲、凯以及粲之子与业必均熟闻宋仲子之道，“后定”之论。则王弼之家学，上溯荆州，出于宋氏。夫宋氏重性与天道，辅嗣好玄理，其中演变应有相当之连系也。又按王肃从宋衷读《太玄》，而更为之解。张惠言说，王弼注《易》，祖述肃说，特去其比附爻象者。此推论若确，则由首称仲子，再传子雍，终有辅嗣，可谓一脉相传者也（蒙文通《经学抉原》页三八）。

大凡世界圣教演进，如至于烦琐失真，则常生复古之要求。耶稣新教，倡言反求圣经（return to the Bible）。佛教经量部称以庆喜（阿难）为师。均斥后世经师失教祖之原旨，而重寻求其最初之根据也。夫不囿于成说，自由之解释乃可以兴。思想自由，则离拘守经师而进入启明时代矣。汉初经学，繁于传记，略于训说。其后罢传记博士，而章句蔚起。其末流之弊，班固谓“一经说百余万言。说五字之文，至于二三万言”。故有识者尝思救其偏失，于是乃重明文证据。刘歆斥博士为信口说而背传记。许慎诟俗儒鄙夫为怪旧艺而善野言。古文之学遂乘之而起（《经学抉原》页二六、二七）。其后乃必有返寻古远传记之运动。杜元凯分《春秋》之年使与《左氏传》相附，即此项运动之结果。而《周易》新义之兴起，亦得力于轻视章句，反求诸传。荆州“后定”盖已开轻视章句之路，而王弼新《易》之一特点，则在以传证经。盖皆自由精神之表现也。

世传王弼用费氏《易》。《汉书·儒林传》费直治《易》，亡章句（张惠言云：后世所传费氏《易》注伪托不足信），徒以彖象系辞十篇文言解说上下经。是以费氏《易》与古文同，而其学本以传解经，亦与今文家重训说章句者大异其趣。王弼用费氏《易》云者非但因其所用《易》文同于古文，而实亦因其沿袭其以传解经之成规也。

然细按新《易》学反求诸传之运动，其步骤可分为二：（一）则于注文解说时引传证经，经传连合，并为一谈。此费氏学之特色。魏高贵乡公谓郑康成《易》注以彖象与经文相连，乃谓郑氏于《易》注中，以经传合并解说也。史称康成并传费氏《易》，故其注《易》实用费氏之法。（二）则不但注解时经传合说，而且割裂传文，附入经文。其法即杜元凯用之于《春秋左氏经传集解》者。此二步骤，前者以传证经，后者以传附经（实亦即以经附传）。然前者尚只用于注解，后者乃进而改窜经文。二者深浅有别，而其主张反求古传，轻视后师章句，则相同。《易》学至此，汉人旧说乃见衰颓，魏晋新学乃可兴起也。

改窜《周易》以经附传，实颇出于王弼之手。《玉海》朱震曰："王弼以文言附乾坤二卦。"则文言传之附入经文，始于辅嗣。又《正义》云："弼意象本释经，宜相近附，故分爻之象辞，各附当爻下。"则小象传之附入经文亦始于辅嗣。又按《魏志·高贵乡公纪》，帝问《易》博士淳于俊曰："孔子作彖象，郑玄作注，今彖象不与经文相连而注连之，何也？"夫古注单行，康成注《易》，合彖象于经，为之解说。然其于《周易》本文，据高贵乡公之言，实经传未尝混合。是则以彖象附入经文，似非如世人所言出于康成。而读王弼《易略例》，首章即为明彖。其以彖说经之旨，昭然如见。或者以彖象连入经文亦即出于辅嗣。而此久已流行之今本《周易》以经传相附，或即出王弼一人之手也。

今本《周易》因王弼所制定与否，兹姑不详辨。然其注《易》时用传解经之精神实甚显著。此则其明证有四：（一）王《易》相传出于费氏，费氏亡章句，而主以传解经。（二）王氏多于小象下无注，而以小象之义入爻辞中，是为以传解经之实例。（三）孔疏云："辅嗣加乾传泰传字，离为六篇。"盖今本《周易》分六卷，每卷首题周易上经（或下经）某传（乾传、泰传、噬嗑传、咸传、夬传、丰传）云云。于六卷之首，均明言某传，极见其以经附传，用传解经之意。（四）《经典释文·叙录》略云："王注上下经六卷，系辞以下不注。相承以韩康伯注续之。"是王注只及上下经。系辞以下以韩注续，乃"相承"已久之事（《南史·顾欢传》云："顾注王弼《周易》二系"。此当系谓其亦续注王书也）。但辅嗣注《易》，祖述系传（读《略例》可见）。而系反无注者，必王作书原旨只在以传解经。经注已完，系辞以下，自无续注之必要矣。

弼注《易》，摈落爻象，恒为后世所重视。然其以传证经，常费匠心。古人论弼《易》者，如孙盛称其附会之辨（附会字义，参看《文心雕龙·附会篇》，不定为贬辞）。朱子亦尝称其巧。当均指此。夫弼固好《老》，然其于儒经用力甚勤。其言有曰，《易》之"微言精粹，熟习然后存义"（《论语·述而》皇疏引）。弼之于《易》亦拟熟习而解其义欤？儒家经典，《周易》而外弼曾为《论语》作《释疑》。《隋志》《唐志》及《释文·叙录》均著录（三卷或二卷）。按正始玄宗王何均研《论语》，俱重圣人之学行，而其著作之旨不同。平叔等作《集解》，盖以晚近训解不少（《集解》叙），今须择善而从也。辅嗣作《释疑》，则因其中有难关滞义，须为之解答也。疑难者，或文义相违（如问同而答异），或言行费解（如子见南子，佛肸召子欲往），王充《论衡·问孔篇》讥之详矣。王弼于此，皆有解释，亦可谓圣门之功臣欤？尤有进者，王弼之所以好论儒道，盖主孔子之性与天道，本为玄虚之学。夫孔圣言行见之《论语》，而《论语》所载多关人事，与《老》《易》之谈天道者似不相侔。则欲发明圣道，与五千言相通而不相伐者，非对《论语》下新解不可。然则

《论语释疑》之作，其重要又不专在解滞释难，而更在其附会大义使与玄理契合。此下所论，略述王弼之《易》理，而以其释《论语》用新义处附焉。

世之非毁弼《易》者，一非其援老氏入《易》。然汉代自严遵以来，兼治《老》《易》之人固多矣。即若虞仲翔之《易》，世固谓为汉《易》矣。然于乾象引自胜者强，坤象引胜人者有力，屯卦辞引善建者不拔，下系引自知者明。以《老》《庄》入《易》，不论其是否可为诟病，然在汉魏之时，此风已长，王弼用之，并非全为创举也。又世之非毁弼《易》者，亦因其师心自用，不守家法。然弼之注《易》，采取旧说颇不见少。张惠言谓弼祖述王肃，特去其比附爻象者。实则弼注除黜象数外，文义亦尝援用旧说。如观卦卦辞注即用马融之文，泰之初九全引虞氏《易》，革卦巳日乃孚乃用宋衷之注，颐之六二全用王肃之书。凡此均足证辅嗣治《易》，多读世儒作品，于作注时，并有所取材也。

王弼之伟业，固不在因缘时会，受前贤影响。而在其颖悟绝伦，于形上学深有体会。今日取王书比较严遵以至阮籍之《老子》，马融、虞翻之《周易》。王氏之注，不但自成名家，抑且于性道之学有自然拔出之建设。因其深有所会，故于儒道经典之解释，于前人著述之取舍，均随意所适。以合意为归，而不拘拘于文字。虽用老氏之义，而系因其合于一己之卓见。虽用先儒书卷之文，而只因其可证成一己之玄义。其思想之自由不羁，盖因其孤怀独往，自有建树而然也。

《魏志》云，王弼好论儒道，实即因其以二家性道之学同主玄虚，故可并为一谈。《论语》“志于道”，王弼《释疑》曰：“道者，无之称也，无不由也。况之曰道，寂然无体，不可为象。”夫汉代之天道指祸福吉凶，谓一切事象必有所由，顺之则祥，逆之则殃。此与王弼主“一物之动必有其所以然之理”，其原理固相通。然汉代言天文灾异者，以人政上应天道，如客星犯轩辕大星，则主皇后失势；貌之不恭（谓君臣不敬），则有鸡祸。其立言全囿于形器之域。汉人所谓天，所谓道，盖为有体之元气，故其天道未能出乎象外。至若王弼，则识道之无体超象，故能超具体之事象，而进于抽象之理则。夫着眼在形下之器，则以形象相比拟而一事一象。事至繁，而象亦众。夫众不能治众，治众者必由至寡之宗。器不能释器，释器者必因超象之道。王弼以为物虽繁，如能统之有宗，会之有元，则繁而不乱，众而不惑。学而失其宗统，则限于形象，落于言筌。据此说《易》，则必以乾比马，以坤为牛，其立意与轩辕配中宫，不肃应鸡祸，固无异也。不知

> 义苟在健，何必马乎？类若在顺，何必牛乎？义苟合顺，何必坤乃为牛？义苟应健，何必乾乃为马？（《略例·明象》）

夫义类者抽象之简理。马牛者具体之繁象。具体之象生于抽象之义（参看乾文言上九注）。知其义类，何必拘执于马牛。依此原则，而扫除汉人囿于形器之积习，然后玄远虚胜之谈乃有根据也。

王弼用忘象得意之原则以建立玄学。而其发现此原则实因其于体用之理深有所会。王氏之所谓本体，盖为至健之秩序。万象所通所由，而本体则无体而超象。万有事物由真实无妄之本体以始以成。形象有分，而体为无分至完之大全。事物错动，而体为用形制动之宗主。本体超越形象，而孕育万物。万物殊变，俱循至道，而各有其分位。万有之分位固因于本体之大用。然则真识形象之分位者，固亦深知天道之幽赜者也。夫《易》之为书，小之明人事之吉凶，大之则阐天道之变化。圣人观象设卦，无非表示物变之分位。

依分位则能辨其吉凶之由，明其变化之理。故王弼论《易》，最重时位。变化虽繁，然如明其时位，则于万有可各见其情，而变斯尽矣。万有依其在大道中之地位，而以始以成。由其本身言，则谓为其性分（或德）。由始成言之，则谓为其所以然之理。故王氏乾卦文言注有曰："夫识物之动，则其所以然之理，皆可知也。"所谓物之动者，即天道之变化。所以然之理即谓万变在大全中之时位。明其时位，则上可悉其变化之所由，下可推人事之吉凶。夫万有咸得一以成，由道以生。故万有纷繁，运化万变，必有宗统。宗极至健，故万变而不离。统制有序，故纷繁而不乱。王氏《易略例》，首章明象，盖示万变之必有宗主，万物之必由乎道也。而品制万变，因时而易（王注之时略如时势）。于是《易》乃设卦以存时义，又于卦分爻以应时之变。故王氏《略例》乃有《明爻通变》及《明卦适变通爻》之二章。王弼之《易》，反象数，主时位，盖皆本于其本体之学也。

王弼注《易》，旨在发挥其一己于性道之学之真知灼见。故往往改弃旧义，另立新说。而其遗旧创新处，正为其真知所在，极可注意。乾为天，坤为地，为汉儒所奉之古义。然所谓天者，清明无形（郑玄）。地者有九等之差（宋衷）。即所谓上下覆载形气之物，而非王辅嗣所明之象外之本体也。故其乾卦注曰：

> 天也者，形之名也。健也者，用形者也。

坤卦注曰：

> 地也者，形之名也。坤也者，用地者也。

夫《易》之首卦不曰天地，而曰乾坤，则乾坤非即天地，而指能用天地之本体之德也明矣。本体至健，能孕万形。本体至顺，能循理则。本体寂静而统万变，其德则曰乾。本体贞一而顺自然（坤六二注），其德则曰坤。本体为至健之秩序，雷动风行，运化无方，俱为大用必然之流行。所谓盈虚消息为人力之所难挽。故大易所示，时有否泰，爻有变动，君子熟于天地盈虚消息之理，则可以适时应变矣。

复卦向以为一阳始生，主六日七分，当建子之月，为人君失国而还返之象（郑玄、虞翻、荀爽）。至王弼始轻历数之说，而阐明其性道之学。夫万形咸以无为体，由道而得其性。然则苟欲全其性，必当不失其本。如欲不失其本，必当以无为用。以无为用者，即本体之全体大用。故真欲全性葆真者，必当与道合一，体用具备。故复卦注曰："复者，反本之谓也。天地以本为心者也。"天地之心，即本体之大用。反本即反于无，而以无为用，又曰以无为心。若有物安于形器之域，而昧于本源，则分别彼我，争端以起。故王氏又曰："若其以有为心，则异类未获俱存矣。"

王弼之所谓本体，为至健之秩序。万物生成为本体之用，而咸有其必然之分位。秩序者就全体以称。分位者就一物立言。全体之秩序，即所谓道。故道也者无之称也。无不通也，无不由也。一物之分位，根据其所由之理，而各得其性。故曰："物皆不敢妄，然后万物乃得各全其性。"（无妄卦注）夫道真实无妄，故物均不敢妄，而有其所恒有之性，所恒具之德。恒者，常也。物皆有其所恒，言其各反常道也。为显此义，王弼解无妄与恒二卦，乃大异于前修。马、郑、王肃训无妄为无所希望（虞氏云，京房及俗儒以为大旱之卦，训无望当因此）。九家易曰，无有灾妄，虞氏谓为无亡。而王弼解为物不可以妄。其言有曰，天之教命，何可犯乎，何可妄乎。夫不违犯天之教命（即道之秩序），则物有其所恒之德性。郑、虞旧义于恒卦仅训为久。王氏乃进而言所久所恒。其言曰“各得所恒，修其常道……故利有攸往”“道得所久，则常通无咎，而利贞也”“得其所久，则不已也”“言各得其所恒，故皆能长久”“天地万物之情见于所恒也”。此盖有悟于《老子》之所谓常。常者依全体言，即指道；依事物言，则谓其由乎道而有其本然之分位。如物全其分，即得其所恒。全其分者，即不失其本，所谓“修其常道”者也。如失其所恒，则是昧其本源，离其宗极，是即王弼所指旅卦之时也。旅旧或训军旅，此王肃说。张轨释齐斧（资斧）为黄钺斧（参看巽上九荀注），当亦承子雍之说。或训客旅。然所谓客者，举聘客为例（郑玄），亦非王弼所用之义。弼之言曰“旅者大散，物皆失其所居之时也”。然则旅之时，在人事为民失其主，在天道则为物昧其本。物昧其本，则丧其真，失其所恒，必不可久矣。

《易》之戒慎本可合于老氏卑弱之义。王弼注《易》，于此乃反复致意。于《易》之始则有曰：

> 居上不骄，在下不忧，因时而惕，不失其几，虽危而劳，可以无咎。（乾卦注）

于《易》之终亦有曰：

> 夫以柔顺文明之质，居于尊位，付与能而不自役，使武以文，御刚以柔，诚君子之光也。（未济卦注）

盖能戒慎恐惧，则斯能识谦损之德。谦尊而光，履尊以损。旧义巽为命令。王主巽顺，曰巽悌乃能命行，又曰巽顺则可以升（升卦

注）。旧义大壮为伤。王主壮盛（王肃义），曰壮，违礼则凶，凶则失壮。又曰行不违谦，不失其壮。夫老氏卑弱之术，汉初原为刑名所利用，然固亦为慎密惧祸之表现。西汉以来，蜀庄之沉冥，扬雄之守玄，冯衍之显志，刘劭之释争，其持隐退之道者，盖均出于戒慎之意。钟会生母，“特好《易》《老子》，每读《易》孔子说鸣鹤在阴，劳谦君子，借用白茅，不出户庭之义，每使会反复读之”(《魏志》二十八注）。是亦合儒家之戒慎，与道家之卑弱为行己至要。辅嗣注《易》，盖亦如是也。

王弼会合儒道最著之处为圣人观念。此可分四事说之。(一）主儒家之圣人,（二）圣人神明知几,（三）圣人治世,（四）用行舍藏。

（一）王弼学贵虚无，然其所推尊之理想人格为孔子，而非老子。周彦伦曾言，“王何旧说皆云老不及圣”(《弘明集》周颙《重答张长史书》)。此盖汉代以来相承之定论。辅嗣、平叔未能有异言。王氏《论语释疑》《周易注》固常以孔子为圣人（如解《论语》“子温而厉”章,《易·乾卦·文言》注仲尼旅人）。至若何劭《弼传》引其答裴徽之语，则尤见其融会儒道之用心。当时弼以好老氏虚无之旨见称。弱冠诣裴徽：

> 徽一见而异之。问弼曰：“夫无诚万物之所资也。然圣人莫肯致言，而老子申之无已者何?”
>
> 弼曰：“圣人体无，无又不可以训，故不说也。老氏是有者也，故恒言无（据《世说》疑‘其’之误）所不足。”

圣人体无，老子是有，显于其人格上有所轩轾。而圣人所说在于训俗，老书所谈，乃万物所资。则阳尊儒圣，而实阴崇道术也。

（二）《书经》睿作圣，圣人之德，原重明哲。辅嗣《略例》云：

“明夷务暗，丰尚光大。”二卦并举，盖以显圣德之异常。于丰则言其阐弘微细，通夫隐滞。于明夷则称其示人以朴，能“晦其明”。明寻幽微，知人善任，王者以治天下。大智若愚，不用察察为明，以导百姓于争竞。此则一方主儒圣之明哲，一方又重老学之弃智矣。

圣明知人，天下以臻治平，亦名家所常言。圣人藏明，养正以蒙，乃道家之要义。二者余均别有文论之，兹不再赘。然详研王氏所谓明寻幽微者，固不限于知人。而圣智之所以异常者，不只在其有似蒙昧。夫圣人则天之德，神与道会。天道变化，圣人神而明之，与之契合。所谓《易》之知几是也。几者谓变化之至也。至者指恰当至之时，不在事后，亦不在事先也。

圣人神知当机，不识于事之后，故无悔尤。《论语》“佛肸召”章，仲由引夫子曰“亲于其身，为不善者，君子不入也”。王氏《释疑》曰：

> 君子（原作孔子，兹照《论语》本改）机发后应，事形乃视，择地以处身，资教以全度者也，故不入乱人之邦。

事形乃视，是不能当机契合。不能契机，自不能免于悔尤。易称颜子庶几，有过则改。庶几者，殆将侪于圣明契道而稍后者也。颜子亚圣，固可称为君子，而实不及于圣人（君子与圣人有异，见《论语·述而》“圣人不得见”章，王弼曾释之）。圣人则穷神研几，可以无过（《论语》“加我数年”章王注）。盖圣智之体，与道合其变，于物极其情，直自然之流行，夫何悔尤之可有。“佛肸召”章，《释疑》于论君子之后，继而称誉圣人。其言曰：

> 圣人通远虑微，应变神化，浊乱不能污其洁，凶恶不能害其

性。（下略）

又“未可与权”句，《释疑》曰：

> 权者道之变，变无常体，神而明之，存乎其人，不可豫设，尤至难者也。

圣人通变，随其所适，此所谓以道合其变也。知天道之权变者，即明于事物之情伪。《论语·里仁》“夫子之道忠恕而已矣”句下，王氏曰：

> 忠者情之尽也。恕者反情以同物者也。未有反诸其身而不得物之情，未有能全其恕而不尽理之极也。

能尽理极，契神故能即物。此所以圣人知几，于物则极其情也。

然知几者，亦非预识于前也。不但权变无常，不可豫设（此王氏文，见上引），而且圣人神与道会，应若自然。如形影声响，同时而有，不为不造。夫汉人之预言吉凶灾异者，固非圣人之徒也。《老子》云“前识者道之华”，王注于此，似斥常人所谓预言。文曰：

> 前识者，前人而识也。即下德之伦也。竭其聪明，以为前识，……虽德其情，奸巧弥密。

圣人之知，纯无造作。前人而识，则毁自然而自矜其智矣。盖皆大背于老氏之道，而非儒圣之所谓知几矣。（据现存本严遵《老子指归》，王氏此解疑出于君平。盖此本中前识下严注曰：“预设然也。”

其《指归》有曰："先识来事以明得失。"）

（三）圣人法道，德合自然。其治世之方，殆亦可推知矣。道大无名，故君人之德，以中和为美。《释疑》曰：

> 故至和之调，五味不形，大成之乐，五声不分。中和质备，五材无名也。

中和质备，则可役偏至之材，而天下以治。自然无造，故不察察而治。《老子注》云：

> 夫以明察物，物亦竞以其明应之。以不信察物，物亦竞以不信应之。……若乃多其法网，烦其刑罚，塞其径路，攻其幽宅，则万物失其自然，百姓丧其手足。（四十九章注）

故圣人之于天下，歙歙焉心无所主。夫心无所主者，若天之至公；察察为政，则未免于私也。《释疑》称尧之德曰：

> 大爱无私，惠将安在？至美无偏，名将何生？故则天成化，道同自然。不私其子，而君其臣，凶者自罚，善者自功。（下略）

圣王以无名不偏之德，行至公自然之治，无毫末之私，不自有其身，百姓日用而不知，故自成大功，自致太平也。

王弼谈治，以因为主。"因而不为"，《老子注》中之所数言。然其所谓因者，非谓因袭前王，而在顺乎自然也。《周易·鼎卦》注云：

去故取新，圣贤之不可失也。

其所谓因者，因自然之理，以全民之性（亦即民自全其性）。理有大常，道有大致。修其常，顺其理，则得治之方，致治之方。虽顺道家之自然，但不必即毁儒家之名教。名教有礼法之防。然王氏注讼卦，引孔子无讼之言，而申明之曰：

无讼在于谋始，谋始在于作制。……物有其分，职不相滥，争何由兴。

师卦注云：

为师之始，齐师者也。齐众以律，失众则散。

是王氏固未尝毁弃分位法制也。《论语》“林放问礼之本，子曰大哉问”，王氏《释疑》曰：

时人弃本崇末，故大其能寻礼本意也。

考王氏所谓礼之本意，具详于《老子》三十八章注中，谓仁义礼敬均须统以自然无为。然则礼者，如能出乎自然无私，旨在以观感化人，则王道至大者也。观卦注曰：

统说观之为道，不以刑制使物，而以观感化物者也。神则无形者也。不见天之使四时，而四时不忒，不见圣人使百姓，而百姓自服也。

治用观感，实因民之性，以期其自化。积极方面，则任民之自然发展。消极方面，则“除其所以迷，去其所以惑”(所以二字甚重要。见《老子》二十九章注)。故政治之用，既有利导，亦有检制。《论语》“兴于诗，立于礼，成于乐”，王氏《释疑》曰：

> 言有为政之次序也。夫喜惧哀乐，民之自然，感应而动，则发乎声歌。所以陈诗采谣，以知民志风。既见其风，则损益基焉。故因俗立制，以达其礼也。矫俗检刑，民心未化。故必感以声乐，以和其神也。

然则王弼论政，虽奉自然，实未废儒教之礼乐也。引申上文之意，则陈诗以观民风。风俗有良窳。良者任其增胜，窳者必见所以然而为之检制。然后感以乐，以和其神。然则自然之治，固非徒以放纵为事也。

(四)中国社会以士大夫为骨干。士大夫以用世为主要出路。下焉者欲以势力富贵，骄其乡里。上焉者怀璧待价，存愿救世。然得志者入青云，失意者死穷巷。况且庸庸者显赫，高才者沉沦，遇合之难，志士所悲。汉末以来，奇才云兴，而政途坎坷，名士少有全者。得行其道，未必善终。老于沟壑，反为福果。故于天道之兴废，士人之出处，尤为魏晋人士之所留意。孔子曰“知天命”。《易》曰：“天地盈虚，与时消息。”依儒家之义，时势之隆污乃归之于大运之否泰。若更加以道家之说，则天命之兴废，乃自然之推移。因是“用之则行，舍之则藏”，不但合于儒家之明哲保身，亦实即道家之顺乎自然。夫圣人本德足君人，而每不逢时在位。王氏释“子见南子”以为“犹文王之拘于羑里，盖天命之穷会也”。并曰：

否泰有命，我之所屈不用于世者，乃天命厌之，非人事所免也。

天道自然，兴废有期（参看五十知天命句，王氏《释疑》），非人事所能改易。圣人于此，亦顺而安之云耳。

夫盈虚消息之义，清谈人士之所服膺。辅嗣为玄宗之始，于此曾三致意。然其《易》注，于系遁乃曰“遁之为义宜远小人”。于肥遁则曰“超然绝志，心无疑顾”。于观之上九“圣人不在其位”则云“高尚其志，为天下所观”。于泰之九三“时将大变”则曰“居不失其正，故能无咎”。于乾之初九“潜龙勿用”则云“不为世俗所移易”。辅嗣于君子不遇之时，而特重其行义不屈。比于山涛之告嵇绍，不亦胜之远乎。盖玄风之始，虽崇自然，而犹严名教之大防。魏讽死难，汉室随亡。何晏被诛，曹祀将屋。清谈者，原笃于君父之大节，不愿如嵇绍之靦颜事仇也。王弼虽深知否泰有命，而未尝不劝人归于正。然则其形上学，虽属道家，而其于立身行事，实仍赏儒家之风骨也。

授课人：汤用彤

第三章 向郭义之庄周与孔子

《庄子》向秀、郭象二注之异同，近人多有论列。郭抄向注，其例至多。《秋水》《至乐》子期亦似实未注（《秋水篇》《释文》所引，均出于向之《庄子音》）。则《世说》所载，非全诬枉。然据今所考，向、郭所用《庄子》版本，互有不同。而子玄之注不但文字上与向注有出入，其陈义亦有时似较子期圆到。则《晋书·向秀传》所谓郭因向注"述而广之"，固是事实。而向秀作注，自成一家，时人誉为庄周不死（《世说》注），依今所知，郭氏精义，似均源出向之《隐解》。虽尝述而广之，然根本论据，恐无差异。故《世说》曰："向、郭二《庄》，其义一也。"

向、郭二《庄》，美言络绎，兹不能详，唯取其对于孔子、庄子之意见推论之。向秀称"周、孔穷神"。又言，"圣人穷理尽性"（《难嵇叔夜养生论》）。盖以孔子为圣人也。《大宗师》孔子曰："彼游方之外者也。丘游方之内者也。"郭注曰："未有极游外之致，而不冥于内者也。"又曰："圣人常游外以弘内。"则郭亦以孔子为圣人也。《庄子》郭注序文，是否亦曾窃向之文不可知，但其旨似不相违。郭序曰："庄子者可谓知本矣。"又曰，庄生"虽未体之，言则至矣"。此盖仅许其知言，为百家之冠，然而未称之为圣人也。夫《天下篇》言庄子"与造物者游"，而祖尚老、庄者，乃不许其为圣人。庄子绝圣弃智，非尧舜，薄汤武，而向、郭乃持推尊孔子，且为之辩护。不亦甚可异乎？

郭序曰，《庄子》之书"明内圣外王之道"。向、郭之所以尊孔抑庄者，盖由于此。内圣外王之义，郭注论之详矣。圣人无心玄应，唯感之从。会通万物之性，而陶铸天下之化。顺万物之性分而正之，则物咸自正。因人心之所欲亡而亡之，则人心不失。泛乎若不系之舟，东西之非已也，无行而不与百姓共，故无往而不为天下之君。夫与物冥而无不顺，心无为而过于为，天下遂以不治治之（参看《逍遥游》《齐物论》注）。故郭注曰："无心而任乎自化者，应为帝王也。"（《应帝王》注）由此言之，则《庄子》养性之学，即治天下之术也。

然世之读《庄子》者，不知此义，而每多误解。（一）或以为尧舜一日万几，即失性命之情。而不知尧舜"虽在庙堂之上，然其心无异在山林之中。世岂识之哉？徒见其戴黄屋、佩玉玺，便谓足以缨绂其心矣。见其历山川、同民事，便谓足以憔悴其神矣"（《逍遥游》注）。岂知至足者不亏，而圣人之不以外伤内耶？（二）或贵无为之风，遂云"行不如卧"（《马蹄》注）。而不知圣人治天下，顺自然而治，固非真不治也。夫"无为之言，不可不察也。夫用天下者，亦有用之为耳。然自得此为，率性而动，故谓之无为也"（《天道》注）。（三）或闻游乎方外之叹，遂以为外天下者必离人（《人间世》注圣不离人）。不知外天下者，淡然无系，泛然从众耳。卞随、务光以及许由、巢父固不得谓之外天下也（《让王》注）。"若谓拱默乎山林之中，而得称无为者，此庄、老之谈所以见弃于当涂"也（《逍遥游》注)。由此言之，士君子固须宅心玄虚，而不必轻忽人事。《世说》载向子期举郡计入洛，文王引进问曰："闻君有箕山之志，何以在此?"对曰："巢、许狷介之士，不足多慕。"说者谓"向秀甘淡泊"，其入洛当别有理由，兹姑不论。但依郭注观之，子期之言，亦因其平生主张如是也(向氏《难养生论》有寡情欲，抑富贵，未之敢许之言。《难养生论》与《庄子隐解》均作于子期入洛之前)。

内圣外王之义，乃向、郭解《庄》之整个看法，至为重要。且孔子贵名教，老、庄崇自然。名教所以治天下，自然所以养性命。《庄子注》之理想人格，合养性命、治天下为一事，以《逍遥游》《齐物论》与《应帝王》为一贯。于是自然名教乃相通而不相违。谢康乐《辨宗论》云，"向子期以儒道为壹"，其关键或在此欤?(《难养生论》以富贵关之自然，则合名教自然之又一义，兹不赘。)又正心修身为治国平天下之本，黄老原亦为君人南面之术。内圣外王本为中华最流行之政治理想。孟子之对齐王，朱子之告宋帝，千古政论，奉此不坠。庄注所陈，亦非例外。虽其内圣之德不同，治国之术亦有殊，然正陛下之心乃能正天下之心，其说与儒家不异也。夫论自然名教相同，乃晋代之通说；圣王合一，乃我国道德政治之原则。向、郭所论，亦此通说此原则之表现也。

《庄注》内圣外王之说既明，则郭象谓庄生非圣人之言，乃有据。夫圣王穷神而能兼化，以不治治天下。庄子并未兼化，自亦未足以语穷神。庄子既未能化洽天下，自亦未跻于不治。反之，则兼化者穷神，治天下者必已神于不治，则尧、舜、孔子其人矣。郭象对于庄子未以理想人格许之，因依其学说固有所不足也。盖庄子仅知圣知本耳，于为圣人则有所不及。圣人暗与理会，以化为体。身游乎玄冥，而德洽百姓。知圣知本者，言能与理相应，而未体道。只足以知天，而未尝能治人。故郭序评蒙叟曰，"应而非会，则虽当无用。言非物事，则虽高不行"也。

复次，郭序曰，庄子“未始藏其狂言”。盖体道者，则藏其狂言。至道唯在自得，非言之所得。狂言虽为至言，然至道何用言乎？（《知北游》注）向秀曰：“至人其动也天，其静也地。其行也水流，其湛也渊嘿。”（《列子·黄帝篇》注）郭象曰，尧舜“非修之也。万物自无为而治。若天之自高，地之自厚，日月之明，云行雨施而已”（《论语》皇疏卷七，“修己以安百姓尧舜其犹病诸”注）。故圣王“凄然似秋，暖然似春”（《大宗师》）。“暖焉若春阳之自和，故蒙泽者不谢。凄乎若秋霜之自降，故雕落者不怨”（《大宗师》郭注）。“生而非惠，则赏者自得。戮而非怒，则罚者自刑”（支遁《上哀帝书》语，支此意与向、郭同得之于《庄子》）。盖“物有自然，理有至极，循而直往，则冥然自合”，无所用于言也（《齐物论》注）。天无言而四时成，尧无言而天下治。庄子言之，而天下未见其治也。故郭序评庄子又曰：“与夫寂然不动不得已而后起者，固有间矣。”圣人法天之无言，体至一之宅，而会乎必然之符（《人间世》“一宅而寓于不得已”注，又刻意注曰，“任理而起，吾不得已也”）。既任乎必然之极，则天下自安矣（《在宥篇》“君子不得已而临莅天下”注）。若庄子者言虽至矣（郭序），而未能任自然之极。然则何能有君人之德，不得已而临天下，教泽自被于百姓哉？

郭子玄论庄子之人格，与王辅嗣评老、庄之言，实颇相同。《世说》云：

> 王辅嗣弱冠，诣裴徽。徽问曰：“夫无者，诚万物之所资。圣人莫肯致言，而老子申之无已，何邪？”弼曰：“圣人体无，无又不足以训，故言必及有。老、庄未免于有，恒训其所不足。”

此言圣人体无，于无反莫肯致言。老庄于体无则有所不足，乃申之无已，而发为狂言。郭序称，心无为者，则“言唯谨尔”（用《论语》句，本指孔子），未体化者，则“游谈于方外”（《庄子》）。王曰，言及有，乃足以训。郭曰，言非物事，虽高不行。郭说与王弼论圣人与老、庄之不同，实无有异也。又孔子固亦王辅嗣之圣人也。《论语》“子曰，予欲无言。”王弼曰：“子欲无言，盖欲明本，举本统末以示物于极者也。”修本者废言，则天以行化（皇疏九）。圣人无言，亦王与向、郭之所同意。由是观之，则不肯致言，正明孔子之所以为圣。而申之无已，亦直显老、庄之未及于圣也。

复次，汉代儒家已称独尊。班固人表列孔子为圣人，与尧、舜、禹、汤、文、武相同。老子则仅在中人以上。庄子且在中人以下。圣人以儒家之理想为主，而老、庄乃不及圣人。此类品评，几为学术界之公论。及至汉末以后，中华学术渐变，祖尚老、庄。然王辅嗣仍言孔子圣而体无，老、庄未免于有。何晏曰：“鬻庄躯放玄虚，而不周于时变。”（王坦之《废庄论》）《文章叙录》云：“自儒者论以老子非圣人，绝礼弃学，晏说与圣人同。”（《世说》注）盖王、何旧说，皆以为老不及圣（《弘明集》周颙致张融书语）。庄子人格或且下于老子。但依王、何之学，孔子之所以为圣，在于体无。而老子恒言虚无，故与圣学同。留儒家孔子圣人之位，而内容则充以老、庄之学说。学术宗尚，已趋于新义。而人物评价，则仍旧说。向秀、郭象继承王、何之旨，发明外王内圣之论。内圣亦外王，而名教乃合于自然。外王必内圣，而老、庄乃为本，儒家为末矣。故依向、郭之义，圣人之名（如尧、舜等）虽仍承炎汉之旧评，圣人之实则已纯依魏晋之新学也。

虽然，考《庄子》之书，旧评之与新学似有抵牾，不可不察也。老、庄绝圣弃知，鄙薄仁义，毁弃礼乐，而不满于尧、舜、禹、汤、孔子之论，尤常见于庄生之书。然则欲阳存儒家圣人之名，而阴明道家圣人之实者，文义上殊多困难，必须加以解答。依《庄子》郭注，其解有二。一为方法之解答。一为理论之解答。

方法之解答为何？寄言显意之义是矣。魏、晋之际，言意关系问题之讨论甚盛。其说约有三。一、言不尽意（语出《周易·系辞》）。当代之士，“通才达识，咸以为然”（欧阳建《言尽意论》，《艺文类聚）十九）。二、言尽意。欧阳坚石主之，东晋人士，如王茂弘尝道之（《世说》）。三、王辅嗣注《易》反对汉人象数之学，乃申引《庄子·外物篇》之言，称言以尽象，得象则忘言。象以尽意，得意则忘象。因言之所明者象，若已得象，应不存言。象之所表者意，若已得意，应不存象。犹蹄者所以在兔，得兔则忘蹄。筌者所以在鱼，得鱼者忘筌（《易例·明象章》）。此说介乎上二说之中。一方主“尽意莫若象，尽象莫若言”。一方主因言象者象意之代表，故“得意在忘象，得象在忘言”。因此言象非不可用，要唯能得其所表者与否。若滞于文义而不得其所表，则失之远矣。郭象注《庄》，用辅嗣之说。以为意寄于言，寄言所以出意。人宜善会文意，“忘言以寻其所况”（《逍遥游》注）。读《庄子》者最好方法，要当善会其旨归，而不滞文以害意。《庄子》辞多不经，难求其解。然齐谐志怪之言，不必深求。支遁通《逍遥游》曰：“庄子建言大道，而寄旨鹏鷃。”（由此可见，道林注《庄》亦采子玄之法）鹏鷃之状，无须曲与生说。但当录其论大道之意，乃不害其弘旨。至若书中毁圣贤之处，子玄力言均当善会其义，而不必滞于文。故曰：“夫庄子推平于天下，故每寄言以出意，乃毁仲尼，贱老聃，上掊击乎三皇，下痛病其一身也。”（《山木》注，一身谓庄子）按寄言之说郭注用以解书中不经处甚少。而用之以释绝圣弃知处则其例甚多（兹不赘述）。是此种读《庄》方法，谓因欲解答上述圣人名实问题，而子玄乃用之，固亦可也。

理论之解答为何？圣人之迹之义是矣。圣人者有内有外，有本有末。外末者圣人之迹，内本者圣人之所以迹。圣人举本统末，真体起用。废体而存用，则用非其用。忘本而逐末，则本失其真。必不可也。故曰，所以迹为“父”(《天地》注）为“真性”(《天运》注)。迹为“容”(外表也,《天地》注）为“名”(《在宥》注)。徒彰其名，仿佛其容，而忘父，忘真性，必不可也。夫圣人神于齐物，故应为帝王。《齐物论》言无心。循顺自然，玄同彼我。与物无对，任而不助。旷然无累，与物俱化，而无所不应。(一）与物俱化，则任天下之自能，而各当其分，放万物之自尔，而各反其极。所谓圣人无心，与物冥也。(二）无所不应者，因时变不一，故感应无方。无成见，无执着。务自来，而理自应。随其分，故所施无常。所谓圣人无心，随感而应也（上文多出《齐物论》注)。“物有自然，理有至极，循而直往，则冥然自合。”此谓与物冥，则随感而应也。与物冥者，与变化为一。随感应者，因物之自行。与变化为一，则无所不忘，而忘其所以迹（《大宗师》注)。因物之自行，非有心以扇仁义之风，故亦可曰圣人无迹（《让王》注)。虽然，圣人固可谓无迹矣。“顾自然之理，行则影从，言则响随。顺物而遗名迹，而名迹自立”(《德充符》注)。非为仁，而仁迹行。非为义，而义功见(《骈拇》注)。举本统末，固未尝无末。真体起用，而未尝无用。然世人则仅见其外用，而昧于内体。徒见仁义之迹，而忘其所以迹。忘其所以迹，则拘拘于圣人之名，彰扬圣人之迹，以号召天下。弊弊然伤性，哼哼然乱国。而不知其所效法追求者，仅虚影空响耳。今夫圣王以下之治天下也，乃以迹求治，而忘圣人之所以迹也。夫如是，则离体言用。离体之用，则所谓用者非用也，直死物耳，假象耳。与圣人之真性无干也。(一）迹者死物，乃前人所遗留。时移势异，礼法宜变，礼法不适时，则已去之物，非应变之具（《胠箧》注)。由此背今向古，舍己效人。胡能随感而应耶？(参看《释文》

引《胠箧》向秀注首二段，正具此意。)(二）迹者假象，乃事功之可见者。夫与物无对，泯然与天下为一，任物之自明，付人之自得。若不任自然，而画地设禁，使人从己，则胡能与物冥耶？(《人间世》注）夫舍己效人，则逐物而丧真。使人从己，则作伪而好知。日日言法圣人，而忘圣人之所为圣人也。于是仁义之途，是非之端，纷然为大盗所利用。六经之文，古圣之名，俨然为奸雄所表章。此岂真圣人之过哉？用之不得其人耳。《释文》引向子期《胠箧篇》注曰，“苟非其人，虽法无益”，正指此也。

由上所述之义言之，庄子绝圣弃知之言，盖可解矣。庄子毁仲尼，鄙仁义，均斥常人之弃本逐末，舍己芸人者耳。其论及尧、舜、汤、武，固只寄言出义，而未尝有毁之之意也。夫尧、舜、汤、武者，非徒帝王之名，亦必有其神人之实也(《逍遥游》注，参看《在宥》注)。必须内为神人，乃外为圣人。无神人之实，而求法圣人之迹（此即不崇自然，而空谈名教)，则未尝可治天下也。故郭注圣人之迹一义，固与内圣外王说一贯也。

虽然，犹有疑问也。由上所言，尧、舜有神人之实，而天下治，则自为内圣外王。至若孔子有神人之实，而不居帝王之位，则胡能为圣人乎？此难，郭注想必用素王之义以释之。《天道篇》注曰：“有其道为天下所归而无其爵者，所谓素王自贵也。”夫圣人则天行化，与物无不冥(《德充符》注云，仲尼非不冥也)。虽无其爵，而能体化应务，则亦圣王也。郭子玄曰：“圣人常游外以弘内，无心以顺有。故虽终日挥形，而神气无变。俯仰万机，而淡然自若。”此乃陈述内圣外王之道，而意亦指仲尼也。又此注系释孔子答子贡之言，见于《大宗师》。夫大哉孔子，固天下所宗师，而应为帝王者也。

授课人：汤用彤

第四章 南北朝之玄学（上）

何晏、王弼及玄学家之经学

三国时，何晏、王弼，对于道家之学说，颇能做较有系统之讲述。《三国志·曹爽传》曰：

> 晏，何进孙也。（裴注云："晏字平叔。"）母尹氏，为太祖夫人。晏长于宫省，又尚公主。少以才秀知名，好老庄言，作《道德论》及诸文赋著述凡数十篇。（《三国志·魏志》卷九，同文影殿刊本，页二十四）

《晋书·王衍传》曰：

> 魏正始中，何晏、王弼等祖述老庄立论，以为天地万物，皆以无为为本。无也者，开物成务，无往而不存者也。阴阳恃以

化生，万物恃以成形，贤者恃以成德，不肖恃以免身；故无之为用，无爵而贵矣。(《晋书》卷四十三页十四)

何晏《道论》曰：

有之为有，恃无以生；事而为事，由无以成。夫道之而无语，名之而无名，视之而无形，听之而无声，则道之全焉。故能昭音向而出气物，包形神而彰光影。玄以之黑，素以之白，矩以之方，规以之圆。圆方得形而此无形，白黑得名而此无名也。(《列子·天瑞篇》注引，《列子》卷一，《四部丛刊》本，页二)

何晏《无名论》曰：

夫道者，唯无所有者也。自天地以来，皆有所有矣，然犹谓之道者，以其能复用无所有也。……夏侯玄曰："天地以自然运，圣人以自然用。"自然者，道也；道本无名。故老氏曰："强为之名。"仲尼称尧"荡荡无能名焉"，下云"巍巍成功"，则强为之名，取世所知而称耳，岂有名而更当云无能名焉者邪？夫唯无名，故可得遍以天下之名名之，然岂其名也哉？(《列子·仲尼篇》注引，《列子》卷四页二至三)

《老子》言"天地万物生于有，有生于无"，何晏《道论》，即发挥《老子》此言。唯道为"无"，非具体的"有"，故能遍在群"有"，唯道为"无名"，"故可得遍以天下之名名之"。《老子》言："人法地，地法天，天法道，道法自然。"唯其如此，故"天地以自然运，圣人以自然用"。万物皆自然而然，此即"无"之"无为"也。此所以“天地万物，皆以无为为本”也。唯其无为，故能无不为；唯其无不为，故“无”乃“开物成务，无往而不存者也”。

《三国志·钟会传》曰：

> 初会弱冠，与山阳王弼并知名。弼好论儒道，辞才逸辩，注《易》及《老子》，为尚书郎，年二十余卒。(《三国志·魏志》卷二十八页三十七）

裴松之注云：

> 弼字辅嗣，何劭为其传曰：“弼幼而察惠，年十余好老氏，通辩能言。……于时何晏为吏部尚书，甚奇弼，叹之曰：“圣人称后生可畏，若斯人者，可与言天人之际乎?”……何晏以为圣人无喜怒哀乐，其论甚精，钟会等述之，弼与不同。以为圣人茂于人者，神明也；同于人者，五情也。神明茂，故能体冲和以通无；五情同，故不能无哀乐以应物。然则圣人之情，应物而无累于物者也。今以其无累便谓不复应物，失之多矣。弼注《易》，颍川人荀融难弼大衍义，弼答其意白书以戏之曰：“夫明足以寻极幽微，而不能去自然之性。颜子之量，孔父之所预在，然遇之不能无乐，丧之不能无哀。又常狭斯人以为未能以情从理者也，而今乃知自然之不可革。是足下之量虽已定乎胸怀之内，然而隔逾旬朔，何其相思之多乎？故知尼父之于颜子，可以无大过矣。”

庄学主以理化情，所谓“安时而处顺，哀乐不能入也”。“何晏以为圣人无喜怒哀乐”，大约即庄学中此说。此说王弼初亦主之，所谓“以情从理者也”。“颜渊死，子哭之恸”；“安时而处顺”之人，自“理”而观，知“死”为“生”之自然结果，故哀痛之“情”，自然无有，此即所谓以理化情也。然人之有情，亦是“自然之性”；有此“自然之性”，故“不能无哀乐以应物”，故尼父之哭颜子，亦为自然应有之事。不过圣人之情，虽“应物而无累于物”。《庄子》云：“至人之用心若镜，不将不迎，应而不藏，故能胜物而不伤。”（《应帝王》）“胜物而不伤”，即“应物而无累于物者也”。不过庄学对付情感，不用此方法；而王弼更推广此理之应用，以之对付情感。后来宋儒对付情感之方法，俱同于此。

在此点，王弼与何晏之意见虽不同；然《老子》“有生于无”说，王弼与何晏同主张之。王弼《论语释疑》云：

> 道者，无之称也。无不通也，无不由也。况之曰道，寂然无体，不可为象。（邢昺《正义》引，《论语注疏》卷七，南昌府学刊本，页二）

《老子》“无名天地之始，有名万物之母”，王弼注云：

> 凡有皆始于无。故未形无名之时，则为万物之始；及其有形有名之时，则长之育之，亭之毒之，为其母也。言道以无形无名始成，万物以始，以成而不知，其所以玄之又玄也。（《老子》上篇，《武英殿聚珍版丛书》本，页一）

《易·复》彖“复，其见天地之心乎?”，王弼注云：

> 复者，反本之谓也，天地以本为心者也。凡动息则静，静非对动者也；语息则默，默非对语者也。然则天地虽大，富有万

物，雷动风行，运化万变，寂然至无，是其本矣。故动息地中，乃天地之心见也。若其以有为心，则异类未获具存矣。(《周易》卷三,《四部丛刊》本，页四)

复卦䷗坤上震下，故曰“动息地中”。道为无。唯其为无，非事物，故能“无不通也，无不由也”。“有”则有所有，有所有即成事物。事物是此只是此，是彼只是彼，不能为其异类也。故曰“若其以有为心，则异类未获具存矣”。

道之体为“无”，其作用为“无为”。《老子》“天地不仁，以万物为刍狗”，王弼注云：

天地任自然，无为无造，万物自相治理，故不仁也。仁者必造立施化，有恩有为。造立施化，则物失其真；有恩有为，则物不具存。物不具存，则不足以备载矣。地不为兽生刍而兽食刍，不为人生狗而人食狗。无为于万物，而万物各适其所用，则莫不赡矣。若恩由己树，未足任也。(《老子》上篇页五)

“无为于万物，而万物各适其所用”，此道之所以能“无为而无不为”也。

道以“无”为体，以“无为”为用。以“无”为体，故能无不有；以“无为”为用，故能无不为。圣人之行事，亦以此为法。王弼《老子》三十八章注云：

是以天地虽广，以无为心；圣王虽大，以虚为主。……故灭其私而无其身，则四海莫不瞻，远近莫不至；殊其己而有其心，则一体不能自全，肌骨不能相容。(《老子》下篇页一)

《易·损》“六五，或益之十朋之龟，弗克违元吉”。王弼注云：

以柔居尊，而为损道。江海处下，百谷归之。履尊以损，则或益之矣。……阴非先唱，柔非至任。尊以自居，损以守之。故人用其力，事竭其功，智者虑能，明者虑策，弗能违也，则众才之用尽矣。获益而得十朋之龟，足以尽天人之助也。（《周易》卷四页十三）

《老子》四十九章，王弼注云：

夫天地设位，圣人成能。人谋鬼谋，百姓与能者。能者与之，资者取之。能大则大，资贵则贵。物有其宗，事有其主。如此，则可冕旒充目而不惧于欺，黈纩塞耳而无戚于慢；又何为劳一身之聪明，以察百姓之情哉？夫以明察物，物亦竞以其明应之；以不信察物，物亦竞以其不信应之。夫天下之心不必同，其所应不敢异，则莫肯用其情矣。甚矣害之大也，莫大于用其明矣！夫在智则人与之讼，在力则人与之争。智不出于人，而立乎讼地，则穷矣；力不出于人，而立乎争地，则危矣。未有能使人无用其智力乎已者也。如此，则己以一敌人，而人以千万敌己也。若乃多其法网，烦其刑罚，塞其径路，攻其幽宅，则万物失其自然，百姓丧其手足，鸟乱于上，鱼乱于下。是以圣人之于天下，歙歙焉心无所主也；为天下浑心焉，意无所适莫也。无所察焉，百姓何避；无所求焉，百姓何应？无避无应，则莫不用其情矣。人无为舍其所能而为其所不能，舍其所长而为其所短。如此，则言者言其所知，行者行其所能，百姓各皆注其耳目焉，吾皆孩之而已。（《老子》下篇页十四至十五）

圣人法道之“无”，故以“虚”为主；法道之“无为”，故亦以“无为”为主。圣人在上位，“虚”而“无为”，则“人用其力，事竭其功”可以“尽天人之助”。所以“冕旒充目而不惧于欺，黈纩塞耳而无戚于慢”也。若不能虚，而事必自为，则“己以一敌人，而人以千万敌己”，虽“劳一身之聪明”，亦不能有所成矣。《庄子》谓：“无为也，故用天下而有余：有为也，故为天下用而不足。”故唯无为，而后能无不为也。就人民之自身言，“人无为舍其所能而为其所不能，舍其所长而为其所短”。故圣人但任人民之自然，人民自能“自求多福”，勿须乎圣人之代谋也。王弼《易略例》云：

> 物无妄然，必由其理。

《易·损》彖“损益盈虚，与时偕行”，王弼注云：

> 自然之质，各定其分。短者不为不足，长者不为有余。损益将何加焉？非道之常，故必与时偕行也。(《周易》卷四页十二)

《老子》二十章“绝学无忧”，王弼注云：

> 夫燕雀有匹，鸠鸽有仇；寒乡之民，必知旃裘。自然已足，益之则忧。(《老子》上篇页十八)

《老子》二十九章“为者败之，执者失之”，王弼注云：

> 万物以自然为性，故可因而不可为也，可通而不可执也。物有常性，而造为之，故必败也；物有往来，而执之，故必失矣。

（《老子》上篇页三十至三十一）

圣人法道，“虚”而“无为”，则圣人自身之事业，无失而必成；而人民万物，亦可适其性矣。

王弼之《易》注，大开以道家之学注经之风气。何晏《论语集解》中，亦间有采道家学说之处。《论语》“回也其庶乎屡空”，何晏《集解》云：

> 一曰，屡犹每也，空犹虚中也。以圣人之善道，教数子之庶几，犹不至于知道者，各内有此害也。其于庶几每能虚中者，唯回怀道深远。不虚心，不能知道。子贡无数子病，然亦不知道者，虽不穷理而幸中，虽非天命而偶富，亦所以不虚心也。（皇侃《论语义疏》卷六，《知不足斋丛书》本，页十）

此即《庄子》所谓，“唯道集虚；虚者，心斋也”之意也。此后注《论语》者，更益将孔子道家化。如《论语》“导之以德，齐之以礼，有耻且格”，沈居士注云：

> 夫立政以制物，物则矫以从之；用刑以齐物，物则巧以避之。矫则迹从而心不化，巧避则苟免而情不耻。由失其自然之性也。若导之以德，使物各得其性，则皆用心不矫其真，各体其情，则皆知耻而自正也。（同上卷一页十八至十九）

《论语》“六十而耳顺”，孙绰云：

> 耳顺者，废听之理也。朗然自玄悟，不复役而后得，所谓

"不识不知，从帝之则"也。（同上卷一页二十）

《论语》"颜渊死，子哭之恸"，郭象云：

人哭亦哭，人恸亦恸，盖无情者，与物化也。（同上卷六页五）

《论语》"回也其庶乎屡空"，顾欢云：

夫无欲于无欲者，圣人之常也；有欲于无欲者，贤人之分也。二欲同无，故全空以目圣；一有一无，故每虚以称贤。贤人自有观之，则无欲于有欲；自无观之，则有欲于无欲。虚而未尽，非屡如何？（同上卷六页十一）

太史叔明云：

颜子上贤，体具而微则精也。故无进退之事，就义上以立屡名。按其遗仁义，忘礼乐，隳支体，黜聪明，坐忘大通，此忘有之义也。忘有顿尽，非空如何？若以圣人验之，圣人忘忘，大贤不能忘忘。不能忘忘，心复为未尽。一未一空，故屡名生也焉。（同上卷六页十一）

《论语》"修己以安百姓，尧舜其犹病诸"，郭象云：

夫君子者不能索足，故修己者索己。故修己者仅可以内敬其身，外安同己之人耳，岂足安百姓哉？百姓百品，万国殊风，以不治治之，乃得其极。若欲修己以治之，虽尧舜必病，况君子乎！今见尧舜非修之也，万物自无为而治，若天之自高，地之自厚，日月之明，云行雨施而已。故能夷畅条达，曲成不遗，而无病也。（同上卷七页四十五）

以道家之学说，释儒家之经典，此玄学家之经学也。

阮籍、嵇康、刘伶

道家之学既盛，人之行事，亦多以放达不守礼教为高。如阮籍、嵇康、刘伶等，其行事皆一时风尚之代表也。《晋书》曰：

阮籍字嗣宗，陈留尉氏人也。……容貌瑰杰，志气宏放，傲然独得，任性不羁，而喜怒不形于色。或闭户视书，累月不出；或登临山水，经日忘归。博览群籍，尤好庄老。嗜酒能啸，善弹琴。当其得意，忽忘形骸，时人多谓之痴。……景元四年（西历二六三年）冬卒，时年五十四。(《阮籍传》,《晋书》卷四十九页一）

阮籍作《达庄论》曰：

天地生于自然，万物生于天地。自然者无外，故天地名焉；天地者有内，故万物生焉。当其无外，谁谓异乎？当其有内，谁谓殊乎？……是以重阴雷电，非异出也；天地日月，非殊物也。故曰："自其异者视之，则肝胆楚越也；自其同者视之，则万物一体也。"人生天地之中，体自然之形。身者，阴阳之精气也；

性者，五行之正性也；情者，游魂之变欲也；神者，天地之所以驭者也。以生言之，则物无不寿；推之以死，则物无不夭。自小视之，则万物莫不小；由大观之，则万物莫不大。殇子为寿，彭祖为夭；秋毫为大，泰山为小。故以死生为一贯，是非为一条也。别而言之，则须眉异名；合而说之，则体之一毛也。……凡耳目之官，名分之施，处官不易司，举奉其身，非以绝手足，裂肢体也。然后世之好异者，不顾其本，各言我而已矣，何待于彼？残生害性，还为仇敌，断割肢体，不以为痛。目视色而不顾耳之所闻，耳所听而不待心之所思，心奔欲而不适性之所安。故疾疢萌，则生意尽；祸乱作，则万物残矣。夫至人者，恬于生而静于死。生恬则情不惑，死静则神不离；故能与阴阳化而不易，从天地变而不移。生究其寿，死循其宜，心气平治，消息不亏。（《阮步兵集》，《汉魏六朝百三家集》，光绪乙卯信述堂重刊本，页三十八至四十）

此亦即《庄子》所谓“天地与我并生，而万物与我为一”之意。唯《庄子》立论，多就认识论逻辑方面言之，此则专就形上学方面言之。以为天地万物，俱为一体，“重阴雷电，非异出也；天地日月，非殊物也”。所谓个体，均此全体之部分。如一人之身有须眉，“别而言之，则须眉异名；合而说之，则体之一毛也”。世之人多执个体以为我者，此犹人之手自以其自身为我，人之足自以其自身为我也。所谓“世之好异者，不顾其本，各言我而已矣，何待于彼？残生害性，还为仇敌，断割肢体，不以为痛”。阮籍如此立论，又与庄学不同。

阮籍又作《大人先生传》曰：

或遗大人先生书曰：“天下之贵，莫贵于君子。服有常色，貌有常则，言有常度，行有常式。……”于是大人先生乃逌然而叹，假云霓而应之曰：“若之云尚何通哉？夫大人者，乃与造物同体，天地并生。逍遥浮世，与道俱成。变化散聚，不常其形。天地制域于内，而浮明开达于外。天地之永固，非世俗之所及也。……且汝独不见夫虱之处于裈中？逃乎深缝，匿乎坏絮，自以为吉宅也。行不敢离缝际，动不敢出裈裆，自以为得绳墨也。饥则啮人，自以为无穷食也。然炎斤火流，焦邑灭都，群虱死于裈中而不能出。汝君子之处区内，亦何异夫虱之处裈中乎？……昔者天地开辟，万物并生。大者恬其性，细者静其形。……夫无贵则贱者不怨，无富则贫者不争，各足于身而无所求也。恩泽无所归，则死败无所仇。奇声不作，则耳不易听；淫色不显，则目不改视。耳目不相易改，则无以乱其神矣，此先世之所至止也。今汝尊贤以相高，竞能以相尚，争势以相君，宠贵以相加，驱天下以趣之，此所以上下相残也。竭天地万物之至，以奉声色无穷之欲，此非所以养百姓也。于是惧民之知其然，故重赏以喜之，严刑以威之。财匮而赏不供，刑尽而罚不行，乃始有亡国戮君溃散之祸。此非汝君子之为乎？汝君子之礼法，诚天下残贼乱危死亡之术耳，而乃目以为美行不易之道，不亦过乎！今吾乃飘摇于天地之外，与造化为友。朝餐汤谷，夕饮西海。将变化迁易，与道周始。此之于万物，岂不厚哉？故不通于自然者，不足以言道；暗于昭昭者，不足与达明，子之谓也。”（《阮步兵集》页四十五至四十九）

此攻击“君子之礼法”，亦《老》庄之言。

同时又有嵇康。《晋书》曰：

稽康字叔夜，谯国铚人也。……早孤，有奇才，远迈不群。身长七尺八寸，美词气，有风仪。而土木形骸，不自藻饰，人以为龙章凤姿，天质自然。恬静寡欲，含垢匿瑕，宽简有大量。学不师受，博览无不该通。长好老庄。(《嵇康传》,《晋书》卷四十九页十一)

嵇康作《释私论》曰：

夫称君子者，心无措乎是非，而行不违乎道者也。何以言之？夫气静神虚者，心不存于矜尚；体亮心达者，情不系于所欲。矜尚不存乎心，故能越名教而任自然；情不系于所欲，故能审贵贱而通物情。物情顺通，故大道无违；越名任心，故是非无措也。是故言君子，则以无措为主，以通物为美；言小人，则以匿情为非，以违道为阙。何者？匿情矜吝，小人之至恶；虚心无措，君子之笃行也。是以大道言："及吾无身，吾又何患？无以生为贵者，是贤于贵生也。"由斯而言，夫至人之用心，固不存有措矣。……君子之行贤也，不察于有度而后行也；仁心无邪，不议于善而后正也；显情无措，不论于是而后为也。是故傲然忘贤，而贤与度会；忽然任心，而心与善遇；傥然无措，而事与是俱也。(《嵇中散集》卷六,《四部丛刊》本，页一)

君子不以是非为念，但虚心率性而行，自然不违道，此亦《老》庄之言。

同时又有刘伶。《晋书》曰：

刘伶字伯伦，沛国人也。身长六尺，容貌甚陋。放情肆志，常以细宇宙，齐万物为心。澹默少言，不妄交游。与阮籍嵇康相遇，欣然神解，携手入林，初不以家产有无介意。常乘鹿车，携一壶酒，使人荷锸而随之，谓曰："死便埋我。"其遗形骸如此。(《刘伶传》,《晋书》卷四十九页十七)

刘伶作《酒德颂》曰：

有大人先生，以天地为一朝，万期为须臾，日月为扃牖，八荒为庭衢。行无辙迹，居无室庐，幕天席地，纵意所如。止则操卮执觚，动则挈榼提壶。唯酒是务，焉知其余。有贵介公子，搢绅处士，闻吾风声，议其所以。乃奋袂攘襟，怒目切齿，陈说礼法，是非蜂起。先生于是方捧罂承槽，衔杯漱醪，奋髯箕踞，枕曲藉糟。无思无虑，其乐陶陶。兀然而醉，豁尔而醒。静听不闻雷霆之声，熟视不睹泰山之形。不觉寒暑之切肌，利欲之感情。俯观万物扰扰焉，若江海之载浮萍；二豪侍侧焉，如蜾蠃之与螟蛉。(《晋书》卷四十九页十八)

此当时一般放情肆志之人之人生观也。

授课人：冯友兰

第五章 南北朝之玄学（下）

放情肆志之人生观，虽亦可谓为道家之支流余裔，然道家之老学庄学，固不主张此也。老学庄学中，虽亦有自然主义，然亦非如一部分《列子》中所主张之为极端机械论的，决定论的。《庄子》书中，又有神秘主义之成分。合自然主义与神秘主义，成为一一贯之哲学，如西洋哲学史中之斯宾诺沙（Spinoza）然，乃庄学之特色也。

魏晋时，道家之学盛行。在此时期中，郭象之《庄子注》，为一极有价值之著作。此注不但能引申发挥《庄子》书中之思想，且亦自有若干新见解；故此注实乃一独立的著作，道家哲学中一重要典籍也。

向秀与郭象

此注虽标郭象名，但有谓系向秀所作者。《晋书·向秀传》曰：

向秀字子期，河内怀人也。清悟有远识，少为山涛所知。雅好老庄之学。庄周著内外数十篇，历世方士，虽有观者，莫适论其旨统也。秀乃为之隐解，发明奇趣，振起玄风，读之者超然心悟，莫不自足一时也。惠帝之世，郭象又述而广之，儒墨之迹见鄙，道家之言遂盛焉。(《晋书》卷四十九，同文影殿刊本，页十六）

《郭象传》曰：

郭象字子玄，少有才理，好老庄，能清言。……永嘉（西历三〇七至三一二年）末年卒。……先是注《庄子》者数十家，莫能究其旨统。向秀于旧注外而为解义，妙演奇致，大畅玄风。唯《秋水》《至乐》二篇未竟而秀卒。秀子幼，其义零落，然颇有别本迁流。象为人行薄，以秀义不传于世，遂窃以为己注。乃自注《秋水》《至乐》二篇，又易《马蹄》一篇，其余众篇，或点定文句而已。其后秀义别本出，故今有向郭二《庄》，其义一也。(《晋书》卷五十页八至九）

此二传所说不同。若依《向秀传》，则郭象取向秀《庄子注》，“述而广之”。依《郭象传》，则郭象直“窃”向秀《庄子注》“为己注”，但“点定文句而已”。“述而广之”与“点定文句”，固大不相同也。今按《列子》张湛注，于《列子》引《庄子》文处，多采用向秀注或郭象注。其所引向秀注，固多与今《庄子》郭象注略同。然张湛亦屡直引郭象注，不及向秀。或者向秀于此无注，而郭象有之；或者向秀此处之注不及郭象，故张舍向而取郭欤？张湛之祖父，乃王弼从弟之甥。张湛时代，距郭象甚近，犹及见向秀注而常引之。则其不引向而引郭之处，其所以当不外上述二种理由。再按张湛所引郭象注，皆不在《庄子》之《秋水》《至乐》《马蹄》三篇之内，则《晋书·郭象传》所谓，郭象仅“自注《秋水》《至乐》二篇，又易《马蹄》一篇，其余众篇，或点定文句而已”，实不足信也。然就张湛所引向秀注观之，则郭象注《庄子》，对于向秀注，尽量采用，似系事实。由此而言，则今之郭象《庄子注》，实向秀郭象二人之混合作品，《晋书·向秀传》所说，似近于事实也。故此混合作品，下文但以《庄子注》称之。

“独化”

何晏王弼，以道为“无”；但所谓“无”之意义，二人均未详细言及。《庄子》注则直谓“无”即是数学上之零。万物之所以如此如此，正因其自然即是这般这般。《庄子·大宗师》“神鬼神帝，生天生地”注云：

> 无也，岂能生神哉？不神鬼帝而鬼帝自神，斯乃不神之神也；不生天地而天地自生，斯乃不生之生也。（《庄子注疏》卷三，《古逸丛书》覆宋本，页十四）

“在太极之先而不为高……”注云：

> 言道之无所不在也。故在高为无高，在深为无深，在久为无久，在老为无老。无所不在，而所在皆无也。（《庄子注疏》卷三页十五）

《庄子·知北游》“有先天地生者，物耶？”注云：

> 谁得先物者乎哉？吾以阴阳为先物，而阴阳者即所谓物耳。谁又先阴阳者乎？吾以自然为先之，而自然即物之自尔耳。吾以至道为先之矣；而至道者，乃至无也；既以无矣，又奚为先？然则先物者谁乎哉？而犹有物无已。明物之自然，非有使然也。（《庄子注疏》卷七页七十八至七十九）

《齐物论》“夫吹万不同而使其自己也”注云：

> 无既无矣，则不能生有。有之未生，又不能为生。然则生生者谁哉？块然而自生耳。自生耳，非我生也。我既不能生物，物亦不能生我，则我自然矣。自己而然，谓之天然。天然耳，非为也。……故物各自生而无所出焉，此天道也。（《庄子注疏》卷一页二十五）

由此言之，则所谓道者，即指此“物各自生而无所出焉”之事实耳。此说“有之未生，又不能为生”，不过欲以明凡物皆“块然而自生”之理。其实“有”永久是有，更无“未生”之时。个体底物可以有未生之时，而包括一切之“有”，则永久存在也。《知北游》“无古无今，无始无终”注云：

> 非唯无不得化而为有也；有亦不得化而为无矣。是以有之为物（原作“无有之为物”，依《四部丛刊·庄子》本改），虽千变万化，而不得一为无也。不得一为无，故自古无未有之时而常存也。（《庄子注疏》卷七页七十八）

此种理论，可谓与希腊哲学家巴门尼底斯（Parmenides）之理论极相似。

《庄子注》之所以主张“物各自生而无所出焉”者，因无论吾人之知识若何扩大，吾人若尽问所以生物之原因，吾人最后总须立一“块然而自生”者，名之或为上帝，或为道，或为原子，或为电子。《天运》“天有六极五常”注云：

> 夫事物之近，或知其故；然寻其原以至乎极，则无故而自尔也。自尔则无所稍问其故也，但当顺之。（《庄子注疏》卷五页五十七）

事物终究是“无故而自尔”，所以《庄子注》开始即说“物之自尔”。他开始即以为物皆自然而然，更无所待。此名为“独化”。《齐物论》“吾所待又有待而然者耶？”注云：

> 若责其所待，而寻其所由，则寻责无极，而至于无待，而独化之理明矣。（《庄子注疏》卷一页六十三）

又“恶识所以不然”注云：

> 世或谓罔两待影，影待形，形待造物者。请问夫造物者有耶？无耶？无也，则胡能造物哉？有也，则不足以物众形。故明众形之自物，而后始可与言造物耳。是以涉有物之域，虽复罔两，未有不独化于玄冥者也。故造物者无主，而物各自造；物各自造，而无所待焉；此天地之正也。（《庄子注疏》卷一页六十三）

"造物无主，而物各自造"，即"独化之理"也。

宇宙间事物之关系

所谓"物各自造，而无所待焉"者，不过谓吾人不能指定某特殊事物是某特殊事物之原因，并非谓各事物，彼此之间，皆无关系。依《庄子注》，事物彼此之间，有关系而且有必要的关系。《秋水》"以功观之……"注云：

> 天下莫不相与为彼我，而彼我皆欲自为，斯东西之相反也。然彼我相与为唇齿；唇齿者，未尝相为，而唇亡则齿寒。故彼之自为，济我之功宏矣。斯相反而不可以相无者也。（《庄子注疏》卷六页二十六）

《大宗师》"孰能相与于无相与……"注云：

> 手足异任，五藏殊官。未尝相与，而百节同和，斯相与于无相与也。未尝相为，而表里俱济，斯相为于无相为也。（《庄子注疏》卷三页二十五）

又"知人之所为者……"注云：

> 人之生也，形虽七尺，而五常必具。故虽区区之身，乃举天地以奉之。故天地万物，凡所有者，不可一日而相无也。一物不具，则生者无由得生；一理不至，则天年无缘得终。（《庄子注

疏》卷三页一至二）

人之所以如此如此，是因宇宙之是如此如此。严格言之，宇宙间之任何事物，皆与其间之其他任何事物有关系。所以说："区区之身，乃举天地以奉之。故天地万物，凡所有者，不可一日而相无也。"

即在人事中，"治""乱"之代谢，亦是自然的，必然的。《大宗师》"庸讵知吾所谓天之非人乎……"注云：

> 人皆自然，则治乱成败，遇与不遇，非人为也，皆自然耳。（《庄子注疏》卷三页二至三）

《天运》"人自为种而天下耳"注云：

> 不能大齐万物，而人人自别，斯人自为种也。承百代之流，而会乎当今之变；其弊至于斯者，非禹也，故曰天下耳。言圣知之迹，非乱天下，而天下必有斯乱。（《庄子注疏》卷五页七十八）

"承百代之流，而会乎当今之变"，在此种整个的情形之下，必有某情形、某事物发生；此是必然。但吾人不能指定某情形、某事物，是某情形、某事物的原因；此是独化。此见解与所谓唯物史观之历史哲学，颇有相同之处。例如俄国革命，依唯物史观之历史哲学言之，乃在其时整个客观环境之下，必有之产物，非列宁个人所能使之有也。上之所引"相反而不可以相无"之言，如附会之，亦可谓系讲辩证法。

天然及人事之变化

《庄子注》之理论，颇似巴门尼底斯。但在别一方面，其理论又颇似海拉克利塔斯（Heraclitus）。《庄子注》以为宇宙间各事物是常变的。《大宗师》“然而夜半有力者负之而走……”注云：

> 夫无力之力，莫大于变化者也。故乃揭天地以趋新，负山岳以舍故。故不暂停，忽已涉新；则天地万物，无时而不移也。世皆新矣，而自以为故；舟日易矣，而视之若旧；山日更矣，而视之若前。今交一臂而失之，皆在冥中去矣。故向者之我，非复今我也。我与今俱往，岂常守故哉？而世莫之觉，横谓今之所遇，可系而在，岂不昧哉？（《庄子注疏》卷三页十二）

巴门尼底斯与海拉克利塔斯之哲学，极端相反。《庄子注》所以对于二人之哲学，有皆似之之处者，盖《庄子注》言有只是有，乃就宇宙之全体言。言万物是常变的，乃就宇宙间之各个事物言。例如长江之水，时刻变迁，而长江之为长江则自若也。

社会亦常在变迁之中。社会中之制度，皆所以为一时之用，时过即有弊而成为废物。《天运》“其作始有伦而今乎妇女”注云：

> 今之以女为妇而上下悖逆者，非作始之无理；但至理之弊，遂至于此。（《庄子注疏》卷五页七十八）

《天运》“彼知矉美而不知矉之所以美……”注云：

> 夫礼义，当其时而用之，则西施也。时过而不弃，则丑人

也。(《庄子注疏》卷五页七十)

《天运》"围于陈蔡之间……"注云：

> 夫先王典礼，所以适时用也。时过而不弃，即为民妖，所以兴矫效之端也。(《庄子注疏》卷五页六十八)

《天运》"止可以一宿而不可久处，觏而多责"注云：

> 夫仁义者，人之性也；人性有变，古今不同也。故游寄而过去则冥；若滞而系于一方则见。见则伪生，伪生而责多矣。(《庄子注疏》卷五页七十二)

社会因必然之势而变，变则旧办法、旧制度即为"丑"、为"妖"。若时变而仍执持"丑""妖"，则即是不能顺自然，即是"矫效"，即是"伪"。《胠箧》"然而田成子一旦杀齐君而盗其国"注云：

> 法圣人者，法其迹耳。夫迹者，已去之物，非应变之具也。奚足尚而执之哉？执成迹以御乎无方；无方至而迹滞矣。(《庄子注疏》卷四页二十一)

时变则需要新办法、新制度。圣人以新办法、新制度，应新时变，正是顺自然。《秋水》"默默乎河伯……"注云：

> 俗之所贵，有时而贱；物之所大，世或小之。故顺物之迹，不得不殊。斯五帝三王之所以不同也。(《庄子注疏》卷六页

三十）

《天地》“天下均治而有虞氏治之耶？……”注云：

> 言二圣俱以乱故治之，则揖让之于用师，直是时异耳。未有胜负于其间也。（《庄子注疏》卷五页二十六）

圣人因时“顺物”，因“时异”故其“顺物之迹”，“不得不殊”；要皆系“顺物”，故无“胜负于其间”。由此言之，《庄子注》并不反对道德制度，但反对不合时宜的道德制度。

“无为”

有新时势，人自然有新办法、新制度，以应之。此乃势之必然，此乃人之自为。能任人之自为，即可无为而无不为。《大宗师》“以知为时者，不得已于事也”注云：

> 夫高下相受，不可逆之流也。小大相群，不得已之势也。旷然无情，群知之府也。承百流之会，居师人之极者，奚为哉？任时世之知，委必然之事，付之天下而已。（《庄子注疏》卷三页九）

“奚为哉？”无为而已。无为而已即无不为矣。

《在宥》“故君子不得已而临莅天下，莫若无为”注云：

> 无为者，非拱默之谓也。直各任其自为，则性命安矣。不得已者，非迫于威刑也，直抱道怀朴，任乎必然之极，而天下自宾也。（《庄子注疏》卷四页三十六）

“无为”即是“任乎必然之极”“各任其自为”。《天道》“以此进为而抚世……”注云：

> 夫无为之体大矣，天下何所不无为哉？故主上不为冢宰之任，则伊吕静而司尹矣。冢宰不为百官之所执，则百官静而御事矣。百官不为万民之所务，则万民静而安其业矣。万民不易彼我之所能，则天下之彼我静而自得矣。故自天子以下至于庶人，下及昆虫，孰能有为而成哉？是故弥无为而弥尊也。（《庄子注疏》卷五页三十六）

《天道》“故古之人贵夫无为也”注云：

> 夫工人无为于刻木，而有为于用斧。主上无为于亲事，而有为于用臣。臣能亲事，主能用臣。斧能刻木，而工能用斧。各当其能，则天理自然，非有为也。……故各司其任，则上下咸得，而无为之理至矣。（《庄子注疏》卷五页三十九）

《天道》“上必无为而用天下”注云：

> 故对上下则君静而臣动，比古今则尧舜无为而汤武有事。然各用其性而天机玄发，则古今上下无为，谁有为也？（《庄子注疏》卷五页四十）

以古比今，则今之事业活动为多矣。然今之事业活动，亦系因时势之必然而自然生出。今之人亦系“各用其性而天机玄发”，所以亦是无为。以上比下，亦是“各当其能”。普通所说之消极的，“开倒车”的“无为”，正《庄子注》所反对。《马蹄》“而马之死者已过半矣”注云：

> 夫善御者，将以尽其能也。尽能在于自任，而乃走作驰步，求其过能之用，故有不堪而多死焉。若乃任驽骥之力，适迟疾之分，虽则足迹接乎八荒之表，而众马之性全矣。而惑者闻任马之性，乃谓放而不乘；闻无为之风，遂云行不如卧，何其往而不返哉？斯失乎庄生之旨远矣。(《庄子注疏》卷四页十五)

《逍遥游》“子治天下，天下既已治也”注云：

> 夫治之由乎不治，为之出乎无为也，取于尧而足，岂借之许由哉？若谓拱默乎山林之中，而后得称无为者，此老庄之谈所以见弃于当涂，当涂者自必于有为之域而不反者，斯之由也。(《庄子注疏》卷一页十二)

普通所谓之“返朴还淳”，亦《庄子注》所反对者。《刻意》“故素也者，谓其无所与杂也”注云：

> 苟以不亏为纯，则虽百行同举，万变参备，乃至纯也。苟以不杂为素，则虽龙章凤姿，倩乎有非常之观，乃至素也。若不能保其自然之质，而杂乎外饰，则虽犬羊之鞹，庸得谓之纯素哉？(《庄子注疏》卷六页八)

"龙章凤姿"，皆系"自然之质"，故虽有"非常之观"，而亦为至素至朴。必杂有矫饰之物，始不为素朴，而应"返朴还淳"也。

圣智

《老子》云："绝圣弃智，民利百倍。"(《老子》十九章)据上所引，吾人可知《庄子注》并不反对圣智。《庄子注》不反对圣智，而只反对学圣智。《马蹄》"及至圣人……"注云：

> 圣人者，民得性之迹耳，非所以迹也。……夫圣迹既彰，则仁义不真，而礼乐离性，徒得形表而已矣。有圣人即有斯弊，吾若是何哉？(《庄子注疏》卷四页十七)

《天道》"古之人与其不可传也死矣……"注云：

> 当古之事，已灭于古矣。虽或传之，岂能使古在今哉？古不在今，今事已变；故绝学任性，与时变化，而后至焉。(《庄子注疏》卷五页五十六)

圣智之所以为圣智，亦系天机之自然，其"龙章凤姿"，"乃至素也"。但学之者仅能学其"迹"，学其"形表"，"形表"不真；而已往之"迹"，亦无所用于今，故反对学圣智也。

《胠箧》"彼曾，史，杨，墨，师旷，工倕，离朱……"注云：

> 此数人者，所禀多方，故使天下跃而效之。效之则失我，我

失由彼，则彼为乱主矣。夫天下之大患者，失我也。(《庄子注疏》卷四页二十九)

《胠箧》“擢乱六律……”注云：

> 夫声色离旷，有耳目者之所贵也。受生有分，而以所贵引之，则性命丧矣。若乃毁其所贵，弃彼任我，则聪明各全，人含其真也。(《庄子注疏》卷四页二十八)

又“故曰大巧若拙”注云：

> 夫以蜘蛛蛣蜣之陋，而布网转丸，不求之于工匠，则万物各有能也。所能虽不同，而所习不敢异，则若巧而拙矣。故善用人者，使能方者为方，能圆者为圆。各任其所能，人安其性。不责万民以工倕之巧，故众技以不相能似拙，而天下皆自能，则大巧矣。夫用其自能，则规矩可弃，而妙匠之指可攦也。(同上)

人各有其性，各有所能。圣智之所以为圣智，亦不过顺其性，展其能而已。若别人弃己之所能，而妄学圣智，“则性命丧矣”。李白生来即是李白，不能不是李白。无李白之“性”，而妄学李白，则“未得国能，又失故步”，必成为《儒林外史》中之诗人矣。圣智既亦不过自展其能，故使人“各任其能”者，无废圣智之理。不过无圣智之资者，不可失我从彼，不安其性耳。此云“规矩可弃，而妙匠之指可攦”，乃注《庄子》“弃规矩，攦工倕之指”之文，非谓别人可任其能，而工倕不可任其能也。《养生主》“吾生也有涯而知也无涯”注云：

夫举重携轻，而神气自若，此力之所限也。而尚名好胜者，虽复绝膂，犹未足以慊其愿，此知之无涯也。故知之为名，生于失当，而灭于冥极。冥极者，任其至分，而无毫铢之加。是故虽负万钧，苟当其所能，则忽然不知重之在身，虽应万机，泯然不觉事之在己。此养生之主也。（《庄子注疏》卷二页一）

《齐物论》“五者圆而几向方矣”注云：

此五者皆以有为伤当者也。不能止乎本性，而求外无已。夫外不可求而求之，譬犹以圆学方，以鱼慕鸟耳。虽希翼鸾凤，拟规日月，此愈近，彼愈远，实学弥得而性弥失。故齐物而偏尚之累去矣。（《庄子注疏》卷一页四十九）

可见《庄子注》并不以为吾人应使“负万钧”者皆负十钧，应使鸾凤皆改为燕雀。不过燕雀鸾凤，皆应“止乎本性”，而不“求外”，“任其至分”，而“无毫铢之加”。“知之为名，生于失当”，圣智之知，皆在其“至分”之内。世之天才，皆行乎其所不得不行，止乎其所不得不止，皆是无为；故虽有莫大之知识，亦不名为“知”。若《儒林外史》中之诗人，皆出于勉强，皆是有为，其一知半解，亦是“知”也。

《人间世》“福轻乎羽，莫之知载。……”注云：

足能行而放之，手能执而任之，听耳之所闻，视目之所见；知止其所不知，能止其所不能；用其自用，为其自为；恣其性内，而无纤介于分外：此无为之至易也。无为而性命不全者，未之有也。性命全而非福者，理未闻也。故夫福者，即向之所谓

> 全耳，非假物也，岂有寄鸿毛之重哉？率性而动，动不过分，天下之至易者也。举其自举，载其自载，天下之至轻者也。……举其性内，则虽负万钧而不觉其重也。外物寄之，虽重不盈锱铢，有不胜任者矣。为内，福也；故福至轻。为外，祸也；故祸至重。祸至重而莫之知避，此世之大迷也。(《庄子注疏》卷二页三十九)

“恣其性内”，即是无为；有“纤介于分外”，即是有为。所谓“足能行而放之”等，并非反对圣智。因人之足所能行，手所能执，耳所能闻，目所能视，知所能知，能所能为，天然不同。圣智自是圣智，特无圣智之资者，必欲学圣智，则“释此无为之至易，而行彼有为之至难”(同上)，必有所困矣。

《德充符》“道与之貌天与之形”注云：

> 人之生也，非情之所生也。生之所知，岂情之所知哉？故有情于为离旷而弗能也，然离旷以无情而聪明矣。有情于为贤圣而弗能也，然贤圣以无情而贤圣矣。岂直贤圣绝远而离旷难慕哉？虽下愚聋瞽，及鸡鸣狗吠，其有情于为之，亦终不能也。(《庄子注疏》卷二页六十二)

“有情于为之”即有意于为之之意。人之生也，非有意于生而始生。人之所知所能，亦非有意学习所能得也。庸人固不能学为天才；天才亦不能学为庸人。犹之犬固不能学人；人亦不能学犬也。

“逍遥”

圣智之必为大人物，必有大事业，普通人之必为小人物，必有小事业，亦犹庄子所说大鹏之必为大鸟，学鸠之必为小鸟也。《逍遥游》“是鸟也，海运则将徙于南冥”注云：

> 非冥海不足以运其身，非九万里不足以负其翼；此岂好奇哉？直以大物必自生于大处，大处亦必自生此大物。理固自然，不患其失，又何厝心于其间哉？（《庄子注疏》卷一页二）

“抟扶摇而上者九万里”注云：

> 夫翼大则难举，故抟扶摇而后能上，九万里乃足自胜耳。既有斯翼，岂得决然而起，数仞而下哉？此皆不得不然，非乐然也。（同上）

“之二虫又何知？”注云：

> 二虫谓鹏蜩也。对大于小，所以均异趣也。夫趣之所以异，岂知异而异哉？皆不知所以然而自然耳。自然耳，不为也；此逍遥之大意。（《庄子注疏》卷一页五）

大鹏之举动必大，小鸟之举动必小，皆系“理固自然”“不得不然”“不知其所以然而然”。天然界人事界中之大小区别，皆是如此。亚力山大之必立其帝业，柏拉图之必写其“对话”，皆各顺其性，“不得不然”“不知所以然而然”耳。

物虽如此不同，然苟顺其性，则皆逍遥。《逍遥游》“去以六月息者也”注云：

夫大鸟一去半岁，至天池而息；小鸟一飞半朝，抢榆枋而止。此比所能，则有间矣；其于适性一也。(《庄子注疏》卷一页二)

又“且夫水之积也不厚……”注云：

此皆明鹏之所以高飞者，翼大故耳。夫质小者所资不得大，则质大者所用不得小矣。故理有至分，物有定极，各足称事，其济一也。若乃失乎忘生之主，而营生于至当之外，事不任力，动不称情。则虽垂天之翼，不能无穷；决起之飞，不能无困矣。(《庄子注疏》卷一页三)

又“蜩与学鸠笑之曰……”注云：

苟足于其性，则虽大鹏无以自贵于小鸟，小鸟无羡于天池，而荣愿有余矣。故小大虽殊，逍遥一也。(《庄子注疏》卷一页四)

又“上古有大椿者，以八千岁为春，八千岁为秋”注云：

夫年知不相及，若此之悬也。比于众人之所悲，亦可悲矣。而众人未尝悲此者，以其性各有极也。苟知其极，则毫分不可以相跂，天下又何所悲乎哉？夫物未尝以大欲小，而必以小羡大。故举小大之殊，各有定分，非羡欲所及；则羡欲之累，可以绝

矣。夫悲生于累，累绝则悲去；悲去而性命不安者，未之有也。（《庄子注疏》卷一页六）

凡物之性，即其“至当”。若于其“至当”之外，另有所羡欲，则必有“累”而“悲”。人之苦痛，多起于此。

“齐物”

然人之所患，正在于不能安其性，不能绝“羡欲之累”。小者慕大，卑者慕尊，愚者慕智，“事不任力，动不称情”，故“虽垂天之翼，不能无穷；决起之飞，不能无困”。欲使人免“羡欲之累”，则莫如使人知“齐物”之义。《齐物论》“女闻人籁而未闻地籁……”注云：

> 夫箫管参差，宫商异律，故有短长高下万殊之声；声虽万殊，而所禀之度一也。然则优劣无所错其间矣。（《庄子注疏》卷一页二十三）

又“乐出虚，蒸成菌”注云：

> 物各自然，不知所以然而然，则形虽弥异，其然弥同也。（《庄子注疏》卷一页二十八）

天然界人事界中诸事物，虽万殊不齐，然皆是其是。如人是人，狗是狗；人狗虽不同，然其是则一；所谓“形虽弥异，其然弥同也”。既皆是其是，岂人独优而狗独劣？知此则优劣齐矣。

《齐物论》“如是皆有为臣妾乎？”注云：

> 臣妾之才，而不安臣妾之任，则失矣。故知君臣上下，手足外内，乃天理自然，岂真人之所为哉？……夫臣妾但各当其分耳，未为不足以相治也。相治者，若手足，耳目，四肢，百体，各有所司，而更相御用也。……夫时之所贤者为君，才不应世者为臣。若天之自高，地之自卑，首自在上，足自在下，……虽无错于当而必当也。(《庄子注疏》卷一页二十九至三十)

才大者为君，才小者为臣。皆“天理自然”也。虽“各有所司”，而互相为用。知此则尊卑齐矣。

《齐物论》“天地一指也，万物一马也”注云：

> 夫自是而非彼，彼我之常情也。……将明无是无非，莫若反复相喻。反复相喻，则彼之与我，既同于自是，又均于相非。均于相非，则天下无是；同于自是，则天下无非。何以明其然耶？是若果是，则天下不得复有非之者也。非若果非，亦不得复有是之者也。今是非无主，纷然淆乱，明此区区者，各信其偏见，而同于一致耳。仰观俯察，莫不皆然。是以至人知天地一指也，万物一马也；故浩然大宁，而天地万物，各当其分，同于自得，而无是无非也。(《庄子注疏》卷一页三十七)

知此则是非齐矣。

《齐物论》“天下莫大于秋毫之末……”注云：

夫以形相对，则大山大于秋毫也。若各据其性分，物冥其极，则形大未为有余，形小不为不足。苟各足于其性，则秋毫不独小其小，而大山不独大其大矣。若以性足为大，则天下之足，未有过于秋毫也。若其性足者非大（原作“为大”，据《四部丛刊》本《庄子》注改），则虽大山亦可称小矣。故曰，天下莫大于秋毫之末，而泰山为小。大山为小，则天下无大矣。秋毫为大，则天下无小也。无小无大，无寿无夭。是以蟪蛄不羡大椿，而欣然自得；斥鷃不贵天池，而荣愿以足。苟足于天然而安其性命，故虽天地未足为寿，而与我并生；万物未足为异，而与我同得。则天地之生，又何不并？而万物之得，又何不一哉？（《庄子注疏》卷一页四十五至四十六）

知此则大小寿夭齐矣。

《齐物论》“彼是方生之说也……”注云：

夫死生之变，犹春秋冬夏，四时行耳。故死生之状虽异，其于各安所遇一也。今生者方自谓生为生，而死者方自谓生为死，则无生矣。生者方自谓死为死，而死者方自谓死为生，则无死矣。无死无生，无可无不可。……（《庄子注疏》卷一页三十五）

又“此之谓物化”注云：

夫时不暂停，而今不遂存，故昨日之梦，于今化矣。死生之变，岂异于此，而劳心于其间哉？（《庄子注疏》卷一页六十五）

《大宗师》“其为乐可胜计耶？”注云：

本非人而化为人，化为人失于故矣。失故而喜，喜所遇也。变化无穷，何所不遇？所遇而乐，乐岂有极乎？(《庄子注疏》卷三页十三)

知此则死生齐矣。

《齐物论》“夫三子者犹存乎蓬艾之间……”注云：

夫物之所安无陋也，则蓬艾乃三子之妙处也。……而今欲夺蓬艾之愿，而伐使从己，于至道岂宏哉？故不释然神解耳。若乃物畅其性，各安其所安，无远迩幽深，付之自若，皆得其极，则彼无不当，而我无不怡也。(《庄子注疏》卷一页五十一)

凡“物之所安”，皆其所以自足之道；故皆“无陋”也。野蛮之人，自安于蓬艾，则蓬艾即其“妙处”。故亦宜听其“自若”，不可“伐使从己”。知此则智愚文野齐矣。

知万物之皆齐，死生之一贯，则“无执”“无我”。《齐物论》“是故滑疑之耀……”注云：

夫圣人，无我者也。故滑疑之耀，则图而域之；恢恑憰怪，则通而一之。使群异各安其所安，众人不失其所是，则己不用于物，而万物之用用矣。物皆自用，则孰是孰非哉？故虽放荡之变，屈奇之异，曲而从之，寄之自用，则用虽万殊，历然自明。(《庄子注疏》卷一页四十三)

又“参万岁而一成纯”注云：

> 唯大圣无执，故芚然直往，而与变化为一，一变化而常游于独者也。故虽参糅亿载，千殊万异，“道行之而成”，则古今一成也；“物谓之而然”，则万物一然也。无物不然，无时不成，斯可谓纯也。……积是于万岁，则万岁一是也。积然于万物，则万物尽然也。故不知死生先后之所在，彼我胜负之所如也。（《庄子注疏》卷一页五十七）

“不知死生先后之所在，彼我胜负之所如。”故忘生死，忘彼我，忘是非。“忘年忘义，振于无竟，故寓诸无竟。”（《庄子·齐物论》）注云：

> 夫忘年故玄同死生，忘义故弥贯是非；是非死生，荡而为一，斯至理也。至理畅于无极，故寄之者不得有穷也。（《庄子注疏》卷一页六十二）

至此境界，则一切分别，皆已忘去，更不仅知“齐物”而已。

“至人”

至此境界之人，谓之至人、圣人、“无待之人”。《逍遥游》“小知不及大知……”注云：

> 物各有性，性各有极，皆如年知，岂跂尚之所及哉？自此以下，至于列子，历举年知之大小，各信其一方，未有足以相倾

者也。然后统以无待之人，遗彼忘我，冥此群异。异方同得，而我无功名。是故统小大者，无小无大者也。苟有乎小大，则虽大鹏之于斥鷃，宰官之于御风，同为物累耳。齐死生者，无死无生者也。苟有乎死生，则虽大椿之于蟪蛄，彭祖之于朝菌，均于短折耳。故游于无小无大者，无穷者也。冥乎不死不生者，无极者也。若夫逍遥而系于有方，则虽放之使游，而有所穷矣。未能无待也。(《庄子注疏》卷一页五至六)

一物即能“自足于其性”，然若不知齐物，不能“玄同死生”“弥贯是非”，则在此能“自足”，在彼或不能“自足”。乐生者未必能乐死，安于得者未必能安于失。此所谓“逍遥而系于有方”，其逍遥是有限的。其必得之而后可以自足者，即是其“所待”。必得其“所待”，然后可以逍遥；故其逍遥即为其“所待”所限制。失其“所待”，即不自足；故“虽放之使游，而有所穷矣”。“无待之人”则不然。《逍遥游》“若夫乘天地之正……”注云：

天地者，万物之总名也。天地以万物为体，而万物必以自然为正。自然者，不为而自然者也。故大鹏之能高，斥鷃之能下，椿木之能长，朝菌之能短，凡此皆自然之所能，非为之所能也。不为而自能，所以为正也。故“乘天地之正”者，即是顺万物之性也；“御六气之辩”者，即是游变化之涂也。如斯以往，则何往而有穷哉？所遇斯乘，又将恶乎待哉？此乃至德之人，玄同彼我者，之逍遥也。(《庄子注疏》卷一页十)

《大宗师》“若夫藏天下于天下而不得所遁”注云：

无所藏而都任之，则与物无不冥，与化无不一。故无内无外，无死无生，体天地而合变化，索所遁而不得矣。此乃常存之大情，非一曲之小意。(《庄子注疏》卷三页十三)

至人既已忘一切区别而“与物冥”，故能“体天地而合变化”，随宇宙万变；宇宙无穷，至人亦无穷矣。如此之人，则能合内外，合动静。《大宗师》“彼游方之外者也……”注云：

夫理有至极，外内相冥。未有极游外之致而不冥于内者也，未有能冥于内而不游于外者也。故圣人常游外以弘内，无心以顺有。故虽终日挥形，而神气无变；俯仰万机，而淡然自若。(《庄子注疏》卷三页二十七)

《应帝王》“乡吾示之以地文……”注云：

夫至人，其动也天，其静也地，其行也水流，其止也渊默。渊默之于水流，天行之于地止，其于不为而自尔一也。……诚应不以心，而理自玄符，与变化升降，而以世为量，然后足为物主而顺时无极。(《庄子注疏》卷三页四十五)

“鲵桓之审为渊……”注云：

夫至人用之则行，舍之则止。行止虽异，而玄默一焉。……虽波流九变，治乱纷如，居其极者，常淡然自得，泊乎忘为也。(《庄子注疏》卷三页四十七)

此《庄子注》之理想人格。其哲学之此方面，亦即其中之神秘主义也。

授课人：冯友兰

第四部分

隋唐佛学

隋唐佛教之传布

隋唐佛教势力之消长

第一章 隋唐佛教之传布

佛法之东来，先由西渐，而迦湿弥罗（大月氏）诸地首被其泽。其后转而东渐，于是于阗、龟兹诸地亦为重镇。由此传入中原，至南北朝广被全境，因而中华亦为传法之中心，迨隋唐而传布甚广。唯其布教之史实，常阙不能详考。今分四事述之，一西方之突厥（回纥）、西藏；二东方之朝鲜、日本。

突厥民族起自西北。在突厥强大以前，西北一带以柔然为最强大，来自北方占领西域，并侵入于阗，但亦染佛化。南齐沙门法瑗之兄法爱，解经论，兼数术，为芮芮（柔然）国师，俸以三千户，可见奉佛法之虔敬（见《高僧传》卷八《法瑗传》内）。至魏永平四年（511）九月，蠕蠕（柔然）可汗遣沙门洪宣奉献珠像，其时突厥已渐强大。至魏废帝元年（552），突厥主大破茹茹（柔然），后有其地，自立为伊利可汗。其后突厥民族势力广被西北，西至罗马，北出沙漠，东与中原接壤，今新疆、青海、蒙古皆属之，其原信宗教不详，或为二元宗教。然其民族既散居西域各地，于阗、龟兹等均为佛国，突厥自亦同化。据我国史籍所传，则其与佛法之交涉，始自佗钵可汗时。(一)《隋书》谓北齐有沙门惠琳，被掠入突厥，劝佗钵可汗信佛，遂立寺求经（见卷八十四《突厥传》）。(二)《北齐书·斛律羌举传》，谓刘世清能通四夷语，为当时第一。后主（565）命之作突厥语，翻《涅槃经》以遗可汗，敕中书侍郎李德林为之序。即此二事，可见突厥族原不信佛教，至此因与中原交涉而渐知尊仰。约在同时（约在周保定四年，即565）沙门道判结伴西行，先至高昌，谓是小蕃，附庸突厥。又请国书至西面可汗所。彼土不识众僧，将欲加害，增人防卫，不给粮食，又不许出拾掇薪菜，但令饿死。有周国使人谏可汗曰："此佛弟子也。本国天子、大臣敬重供养，所行之处能令羊马滋多。"可汗欢喜，日给羊四口，以充恒食。判等放之，而自煮菜进啖。然竟不令西去，遣人送还。(见《续僧传》卷十四《道判传》）可见当时突厥不信佛法。又北天竺那连提黎耶舍东来，到芮芮国，逢彼国为突厥所破（552—555），乃北至泥海，南距突厥七千余里。复以北齐天保七年（556）至邺京，译经行化。并住突厥客馆，劝持六斋，羊料放生，受行素食。(见《续僧传》卷二）此亦可见突厥当时之尤未信佛法也。然周武毁法（574）以后，北天竺阇那崛多与其师避难西行，为突厥所留。其师灭度，崛多只身寄居。赖北狄君民，颇弘福利。因斯飘寓，随方利物。时有北齐僧宝暹等十人取经东归，回至突厥而齐亡，亦投彼国，因与同处讲道。(见《续僧传》卷二）可见突厥在此年中，渐信佛法。及至唐初，中天竺沙门波颇闻北狄（突厥）贪勇，未识义方，法藉人弘，敢欲传化，乃与道俗十人辗转北行，达西突厥叶护（统叶护）所，以法训勖。曾未浃旬，特为戎主深所信伏。日给二十人料，旦夕祇奉。同侣道俗，咸被珍遇。生福增敬，日倍于前。(见《续僧传》卷三）然在唐玄奘西游至突厥，其王叶护可汗仍未见其大兴佛法。盖突厥民族信仰颇杂，景教、摩尼教、回教、佛教均有徒众，而其大部当仍信突厥固有之宗教。乃至唐朝中叶，回纥之势张，继领西域土地。其民族盛行摩尼教，然后亦奉佛法。近来在新疆各地发见一种佛典文字，为突厥语言，以回纥字母书写。此类回纥经典，常自汉文佛经重译，如其《金光明经》之大乘作 Taising 等。盖唐时中印交通大开，印度、唐朝僧人均传教西域而有影响。就新发现之文字及建筑遗迹，均可证明，兹不详叙。

西藏佛教谓始于弃宗弄赞。此王自印度传入佛教，然亦受唐朝之影响。盖唐太宗时，尚文成公主，公主劝王信佛。唐有玄照法师往西域，到吐蕃国，蒙文成公主送往北天（见《求法高僧传》）。至唐玄宗时，弃隶蹜赞又大兴佛教，实奠西藏佛教之基础。且传谓此王尚唐宗室女金城公主，故悔武事弘佛法云。约在唐时至宋初，西藏佛典盖有译自汉文者，如法成翻圆测法师之《解深密经疏》，其最著者也。但西方诸族，因地近印度，其佛教自以受印度之影响为多。而朝鲜、日本则因在极东，故恒由中华传法焉。

今日辽东、朝鲜一带，相传在西汉时分为新罗、高丽、百济三国。高丽领有辽河流域。我国佛教于西晋时流行河北，高丽壤地接近，当亦渐沾法雨。《高僧传》谓晋沙门支遁有与高丽道人书，称道名僧竺法深。此为高丽有佛法之我国最早记载（时约在 374 年以前）。据《三国遗事》，则谓高丽小兽林王即位二年（即晋咸安二年，372），苻坚遣使及僧顺送来经像。又二年僧阿道来自晋，其明年创肖门寺置顺道，伊弗兰寺置阿道。是为高丽有佛法之始。而百济枕流王即位时，即晋太元九年（384），胡僧摩罗难陀至自晋。明年为之创寺度僧，是为百济有佛法之始。而新罗佛法，则谓始于纳袛王时（417 年以后）。此项记载多杂许多神话，确否难定。而《高僧传》又曰："释昙始在晋孝武太元之末（396）赍经律数十部，往辽东宣化，显授三乘，立以归戒，盖高句骊闻道之始也”云云。此昙始者即《魏书·释老志》之惠始，《魏书》不记此事。且高句骊在支遁时已有道人（僧人也），其始传佛法或早于此也。唯三国佛教系在我国两晋时传入，应无可疑也。

唯新罗佛法之盛，当归功法兴大王（梁天监十三年即位，514），《三国遗事》及《海东高僧传》详叙之。法兴王之后为真兴王（法号法云，《海东高僧传》记其事），有僧觉德入梁求法，是为入学之始。于真兴王十年（549）与梁使赍舍利还。《海东金石苑》载真兴王《巡狩碑文》，有曰："随驾沙门道人法藏、慧思"云云，亦可证其弘法（时在陈光大二年，568）。辽僧僧朗三论宗大师，则系高丽人。而在北齐武平七年（576），高丽王深怀正法，崇重大乘，欲播释风，被于海曲。然莫测教法始末缘由，遣僧向邺，启所未闻事，沙门法上答之（见《续僧传》卷八）。梁大同七年（541），百济遣使取《涅槃》等经（见《南史》卷七十九《百济传》）。在隋开皇时，百济王禁杀，谓亦弘法之名王（见《遗事》卷三）。至唐初，高丽王弘道抑佛，然不久而唐灭百济并及高丽（在高宗时）。后新罗强大，遂占有三国之地。

新罗于觉德入华求法之后，我国陈时又有智明及明观前后来求法。明观与陈使刘思俱还，送经论一千七百余卷。又有圆光者，入陈听庄严旻公弟子讲，广研三藏数论，习《成实》《涅槃》。住苏州虎丘山，讲《成实》及《般若》。陈亡后入长安，研《摄论》。后归国行化，卒于贞观四年。有弟子圆安求法北方。（二人均见《续僧传》卷十四）在隋时，有昙育、安含（亦作宏）来学。育居隋七年。含与天竺乌苌国僧毗摩罗真谛及农伽陀、摩足罗国佛陀僧伽偕至新罗，西域胡僧直至鸡林（据云为新罗王朝之名），盖自兹始也。（见《海东高僧传》卷二）而在唐时，据义净《求法高僧传》，新罗之西行者，有阿离耶跋摩及慧业学于那烂陀寺，玄太、玄恪在大觉寺，又有慧轮在印度学《俱舍》，又有新罗僧二人航海西行中途疾卒。《三国遗事》及《海东高僧传》谓另有玄游西游，唯不见义净书中。可见唐时彼土求法之盛。

但新罗佛法，仍得自我国，事繁不能详也。唯最要者则为传中国之宗派，其可考者有四：

（一）天台宗。南岳慧思有弟子玄光，受《法华安乐行门》，证法华三昧，后归国行化。而高丽释波若，亦曾入天台山受智者教。至五代时高丽义通，为天台宗羲寂弟子，弘其教，推为第十六祖。宋初天台典籍散失，而高丽谛观乃反送其国所存者来华也。

（二）法相宗。玄奘弟子新罗人有圆测、元晓，又有顺憬，亦深服玄奘之学。圆测为法相一大家，然未返国。顺憬善因明，元晓亦善华严，并归国弘教。其后新罗有太贤者，著述甚多，颇重圆测之学。可见东海法相宗固流行也。

（三）华严宗。此以唐初义湘为中心，元晓与之偕来，至长安，晓学于玄奘，湘学于智俨。智俨华严宗之大师，居于终南山，海东人当闻其名。义湘以外，有慈藏大师，贞观十二年（《三国遗事》卷三作十年）与门人僧实等受敕入唐，谒五台至终南，十七年携藏经一部还国；有崇济，曾遇导善，后入五台受戒；有真定，就终南山义湘学；有胜铨，受学贤首，均似此宗人。盖因均多到终南五台也。唯慈藏弘律，或学于道宣耶？义湘归国后，讲《华严》于锥洞（门人智通作《锥洞记》），弟子有十大德。贤首国师曾致书曰："如来灭后，光辉佛日，再转法轮，令法久住者，其唯师乎。"（见《三国遗事》，并《圆宗文类》）

可见其深为时所重。及至宋时，高丽王子义天偏弘此宗。可见其流行悠久，兹不具详。

（四）禅宗。在唐玄宗时，新罗无相禅师学于智诜及其弟子处寂。诜五祖弘忍之弟子也。晚唐、五代以及宋朝，海东来传法者甚多。兹就《金石苑》所载，知有神行（北宗普寂弟子）、道仪（受学江西宗马祖道一弟子西堂智藏）、慧昭（从江西宗神鉴）、无染（马祖门下如满之弟子）、圆鉴（？）、审希（南岳马祖之后裔）、利严（曹洞宗）、丽严（曹洞宗）等。宋初，高丽遣三十六僧学于永明寺禅师，法眼一宗流传海外，而我国反中绝云。（见《佛祖统纪》卷四十三）

此外密宗亦传海东，据海云《血脉》，新罗之传真言为阇黎者亦有数人，语焉不详，兹不能详。

中国佛法之传布，最重要者为日本。日本佛教最早或由百济传入。其与我国在佛教上之关系，最初之记载有二：（一）继体天皇十六年（梁普通三年，522），司马达等至自南梁，即结草堂，安置本尊，归依礼拜；（二）继体天皇二十五年（梁武帝中大通三年，北魏普泰元年，531），开山善正大师谓为后魏孝庄帝之皇子，与僧老百十余人渡海前来。此二事信否，不可考。其后在钦明天皇时（540—571），百济常献经像。故日本佛教之初兴，约在我国梁代。其时朝臣对于西来之宗教，赞否不一，因而起两党政争。至敏达天皇十四年（585）下敕断佛法，至用明天皇二年（587）又复之，两党之争益亟。推古天皇元年（593），圣德天子摄政，奖励佛法，唱说调和神（日本固有之宗教）、儒、佛三派，用平争执。日本佛教由是奠定。推古天皇十五年，太子遣小野妹子等入隋，是年为炀帝大业三年（607）。明年小野妹子归，同年再入隋，携有僧人就学，是为敕遣入华学佛之始。其后唐时日本僧人来传法炽甚，圣德太子实前导也。太子之师为北魏僧人慧慈，谓为三论宗人。又有观勒僧正者，来自百济，确为三论宗人。其后高丽僧慧灌僧正到日，弘八不之说，三论之学大盛。灌乃嘉祥大师吉藏之弟子也。而其时日本亦输入成实之学，称为三论之附庸云。

自隋至唐末，日本努力输入华化，敕遣入华使共十六次（外有三次未成行。详木宫泰彦《日支交通史》卷上），随使求学巡礼之僧人极多，而私人之往来尤多。举凡庙宇之建筑，僧伽之组织，均取法唐人。如国分寺之设立，系仿隋文帝之立舍利塔，唐则天后之立大云寺。而日本东大寺之大佛，则取法唐天后之白马阪大像。天平十六年（唐天宝三年，744），道慈（三论宗人，曾入唐）撰《愚志》，《续日本记》载之，并曰：

> 著述《愚志》一卷，论僧尼之事。其略曰：今察日本素缁，行佛法轨模，全异大唐。道俗传圣教法则，若顺经典，能护国土，如违宪章，不利人民。

可见摹仿唐人为日本当时之要务也。

奈良朝（710—794）有所谓古京六宗，全自中华传入。（一）三论宗为高丽僧观勒及慧灌（吉藏弟子）所唱。（二）成实宗系附于三论宗。（三）为法相宗。而（四）俱舍宗附之。在齐明天皇时（655—662），日本僧人道昭入唐，受学于玄奘，并传禅教，归国行化。其后智通、智达二僧，西航从玄奘、窥基学。后又有智凤、智鸾、智雄等，奉敕入唐传法相宗智周之学。而沙门玄昉在唐十八年，亦学于智周。唐玄宗爱其才学，赐紫袈裟。赍藏经归国，大弘法相之学。（五）为华严宗。日本僧人审祥为华严法藏弟子，归国宣传。而唐僧道璿赍《华严》至日，授之良辩，此宗大行。（六）为律宗。天平五年（开元二十一年，734），日僧荣叡、普照二人随入唐使达扬州，其地有鉴真者，本南山宗人，而兼习相部、东塔二家，日僧力请其东渡，随行者有僧人十四、尼三人并俗人共二十四人（详《宋僧传》卷十四《鉴真传》及《唐大和上东征记》）。在日讲《四分律》并疏，又讲《玄义》《文句》《止观》（天台三大部）等。日人号之为东征和上。即日本佛教艺术，亦为之一新云。

平安朝入唐求法之风极盛，归国携去经典极多，为一特色。兹列所谓入唐八大家请去经典于下（详见《日支交通史》卷上）：

最澄　二百三十部，四百六十卷，多系天台章疏。

空海　二百十六部，四百六十一卷，多系真言宗典籍。

常晓　三十一部，六十三卷，同前。

圆行　六十九部，一百二十三卷，同前。

圆仁　五百八十四部，七百九十四卷，密教经典杂以他宗章疏。

惠运　一百八十卷，多系密教。

圆珍　四百四十一部，一千卷，同前。

宗叡　一百三十四部，一百四十三卷，同前。

古京之佛教深受皇室之宠遇，势力极盛，遂甚紊乱，为害滋大。及桓武帝迁都平安新京（794年迁），而恰有最澄弘法，反对古京之佛教，风气遂变。最澄于桓武天皇延历二十三年（唐德宗贞元二十年，804）入唐，先在天台从道邃（天台第十祖）传教，后在越州就龙兴寺顺晓学密教。明年赍经论归，力辟南都下劣之各宗，提倡天台圆顿之旨。著述甚多，授大乘戒，法门极盛，号曰传教大师（现存有道邃之《付法文》证明传授)。其后日僧圆仁，系天台宗人，来华学密教。后遂根据天台宗义唱圆密一致之论，是曰台密。圆仁归国，在会昌毁法时，前已言之。

平安朝与最澄大师并称者，则有僧人空海，亦于延历二十三年与最澄同来我国。空海在长安青龙寺遇慧果阿阇黎，授以金刚界、胎藏界两部大法，兼从天竺般若三藏学悉昙。留二年，于唐元和初年归国，大弘密教，设坛灌顶。嵯峨天皇弘仁七年，敕许在高野山创金刚峰寺，为日本真言宗最有名之道场，至今犹为其教徒所宗仰。空海所传，后流为东密。世人称空海曰弘法大师。自弘法与传教二大师各传真言、天台二宗，一新日本佛教之局面。其后教理极张，而渐趋于仅得糟粕。僧侣又至把持政事，蓄僧兵，致起战祸。而自桓武天皇藤原氏专政以后，日本祸乱相继，渐生厌世之祈祷佛教。久附于各宗之净土念佛说，遂独立为融通念佛宗、净土宗。另又有真宗、日莲宗、时宗之建立，虽或凭借中土之章疏，然实均为日本僧人所自创。此外尚有禅宗，则系直接自中华传入。盖南宋光宗绍熙二年(1191)，日本荣西自宋返国，唱临济禅。其后弟子道元与同学明全入华(1223)，得天童山如净传授，曹洞宗遂流入日本。计日本佛教所有宗派，泰半乃由我国僧人之直接传授也，不亦盛欤!(以上多据土屋诠教之《日本宗教史》与木宫泰彦之《日支交通史》)

授课人：汤用彤

第二章 隋唐佛教势力之消长

隋朝

北周武帝于建德三年（574）毁灭佛法，其祸及于关内及长江上游。后四年（578）灭齐，而大河南北之寺像悉夷。江南自侯景作乱以后叠生变故，陈代佛法亦未有梁时势力之盛。佛教之再张，实有赖于隋之高祖。盖杨坚之诞生，传言有尼名智仙者护持之，故早信佛法。[1]北周静帝大象二年（580）下诏复兴佛、道二教，则坚之力也。[2]及受周禅（581），即奖挹佛法。故《龙藏寺碑》[3]有曰：

往者四魔毁圣，六师谤法。……慧殿仙宫，寂寥安在。珠台

---

1 《金石续编》卷三《栖岩道场舍利塔碑》；《广弘明集》卷十七王劭《舍利感应记》；《法苑珠林》卷四。

2 《资治通鉴》卷一四七；又见《佛祖统纪》卷三八及《佛祖历代通载》卷十。

3 《金石萃编》卷三八，碑为“开皇六年十二月五日题写”。

银阁，荒凉无处。……大隋……上应帝命，下顺民心。……澍兹法雨，使润道身。烧此戒香，令薰佛慧。修第一之果，建取胜之幢。拯既灭之文，匡已坠之典。

高祖文皇帝即位之年（开皇元年）即普诏天下，任听出家，仍令计口出钱，营造经像。而京师及并州、相州、洛州诸大都邑，并官写一切经，置于寺内，又别写藏于秘阁。天下之人，从风景慕，民间佛经，多于六经数十百倍。[1] 又因沙门智周等自西城赍经论至，敕付有司翻译。[2] 又下诏度千余人，从僧人昙延之请也。[3] 开皇元年闰三月，诏于五岳之下各立一寺。七月又诏在其父建功之处襄阳、隋郡、江陵、晋阳各立寺一所，建碑颂德。又当文帝为相，辅周攻破邺城，故七月（《房录》为“八月”）敕于相州战地，建伽蓝一所，立碑记事。[4] 三年又诏每年正月、五月、九月，自八日至十五日，凡京州诸寺均令行道，行道之日，悉不得杀。[5] 四年敕天下凡北周已入官而未毁之像再行安置。[6] 五年受戒大赦，召僧入宫讲经。[7] 十一年令天下之寺应无分公私，混同施造。[8] 同年令天下州县各立僧尼二寺。[9] 十三年发露忏悔，参与者日十万人。[10] 十五年敕撰《众经法式》十卷，约束

1 《隋书》卷三五《经籍志》四。

2 《历代三宝记》卷三。

3 《续高僧传》卷八《昙延传》，用“大正藏”本，下同。《佛祖统纪》卷三九。

4 上均见《历代三宝记》卷十二；又《广弘明集》卷二十八上《隋文帝为太祖武元皇帝行幸四处立寺建碑诏》，“隋郡”作“隋州”；同上《于相州战场立寺诏》。

5 《历代三宝记》卷十二。

6 同上。

7 法琳《辩正论》卷三。

8 《历代三宝记》卷十二。

9 《金石萃编》卷三八《诏立僧尼二寺记》。

10 《历代三宝记》卷十二。

僧尼。[1]十九年十二月下诏禁毁佛、道等像。[2]又曾二次敕撰《众经目录》。[3]又因少时得尼智仙之养育，及即帝位，每谓群臣曰：我兴由佛法。命史臣王劭为尼作传。其潜龙所经四十五州，皆同为大兴国寺。[4]仁寿元年以后，立舍利塔，普及天下（下详）。佛教之广被，盖可见矣。

隋炀帝为晋王时，于平陈之日，深虑灵像尊经多同灰烬，是以远命各军，随方收聚。未及期月，轻舟总至，乃命学士高僧整理。在王邸中，立宝台经藏，共四藏，将十万轴。宝台正藏，躬自受持。次藏以下，则在慧日、法云道场，日严、弘善灵刹。此外京都寺塔，诸方精舍，并斟酌分付。[5]炀帝在藩时，尝因沙门智果，令守宝台经藏。[6]及即位命沙门慧觉掌之，又于其中图高僧形像。[7]又尝立四道场（疑即前文之慧日等），由晋国司供给。[8]改称佛寺曰道场，道观曰玄坛。[9]又曾于智者大师受戒，法名总持，而称萧后曰庄严。对于智者，礼意优渥，不能详述。[10]又常度人，[11]建寺造像。最著者为文帝造西禅定寺，于高阳造隆圣寺，于并州造弘善寺，扬州造慧日道

1 同上。

2 《隋书》卷二。

3 《历代三宝记》卷十二“《众经目录》七卷，沙门释法经等奉敕撰”；《开元录》卷十“隋《众经目录》五卷，仁寿二年敕请兴善寺大德与翻经沙门及学士等撰”。

4 《广弘明集》卷十七王劭《舍利感应记》；《续高僧传》卷二十六《道密传》。

5 《广弘明集》卷二二《宝台经藏愿文》。

6 《续高僧传》卷三十《智果传》。

7 《续高僧传》卷九《智脱传》，卷十一《吉藏传》，卷十二《慧觉传》。

8 《续高僧传》卷十一《智矩传》《吉藏传》。

9 《隋书》卷二八《百官志》下：“郡县佛寺，改为道场，道观改为玄坛，各置监、丞。”

10 《隋天台智者大师别传》，“大正藏”第五十卷；《国清百录》卷二，“大正藏”第四十六卷；《广弘明集》卷二七上《天台山颤禅师所受菩萨戒文》。

11 《广弘明集》卷二八上《行道度人天下敕》。

场（隋时两京亦有慧日寺），京师造清禅寺、日严寺、香台寺。[1]又令智果（想即前守藏者）于东内道场（想系慧日）撰诸经目录。分别条贯，为十一项。经、律、论各分为大乘、小乘、杂三类，而于经后列疑经录，于末列记一项（所学者录其当时行事，名为记，共二十部，四百六十四卷），都一千九百五十部，六千一百九十八卷，内收经、律、论疏九十五部，六百六十三卷，亦可谓大备矣。[2]炀帝虽于大业三年（607）令沙门致敬王者，但此令因明瞻抗议不行。[3]五年（609）诏汰僧道，因大志抗议不行。[4]然炀帝始终对佛法甚致敬礼。又尝遣韦节、杜行满使西蕃，虽意在开边，而于王舍城得佛经还。隋亡后五十一年唐僧道世总计隋朝兴佛之功行如下：

> 隋文帝开皇三年周朝废寺，咸乃兴立之。名山之下，各为立寺。一百余州，立舍利塔。度僧尼二十三万人，立寺三千七百九十二所，写经四十六藏，十三万二千另八十六卷，修故经三千八百五十三部，造像十万六千五百八十区。自余别造不可具知之矣。
>
> 隋炀帝于长安造二禅定，并二木塔，并立别寺十所，官供十年。修故经六百一十二藏，二万九千一百七十二部，治故像十万另一千区，造新像三千八百五十区，度僧六千二百人。
>
> 右隋代二君四十七年，寺有三千九百八十五所，度僧尼二十三万六千二百人，译经八十二部。

---

1 法琳《辩正论》卷三。

2 疑此即宝台经藏之目录，见《隋书》卷三十五《经籍志》四。

3 炀帝令见彦琮《福田论》题目下小注。明瞻事见《续高僧传》卷二四《明瞻传》，“大业三年”作“大业二年”。

4《续高僧传》卷二七《大志传》。

此总计是否夸大不可知之矣。但隋代佛史上之最大事件有二：一关中兴佛法，一舍利塔之建立。

隋文帝提倡佛教，名僧大集长安，遂成重镇。而因晋王（炀帝）之弘法，江都为南方僧人北游驻锡之地。及大业时营东都，洛阳亦为佛教中心。然究以西京为最要。开皇二年徙都于龙首原，名城曰大兴城，殿曰大兴殿，门曰大兴门，园曰大兴园，以文帝初封大兴公故名。而尽以靖善坊立寺，寺本名遵善，文帝乃取城名二字坊名一字，名为大兴善寺。寺殿崇广，为京城之最，号曰大兴佛殿。制度与太庙同，名僧之住其中者甚多。并所翻新经及维旧本合七十五部四百六十二卷经为《皇隋大兴录目》。[1]而日严、胜光、延兴、禅定、真寂、净影亦为名刹。日严，仁寿元年晋王所立。胜光，为蜀王所立。文帝移都之始，于广恩坊给地为昙延立寺，开皇四年敕名延兴。面对通衢，京城之东西二门改名延兴、延平，均取延名也。[2]而永阳坊之禅定寺，乃文帝为献后立。据僧传所载，中住名僧之多，不亚于大兴善寺。[3]真寂寺者，高颎舍宅造，三阶教祖信行住此，唐为化度寺，则三阶教寺之最大者也。隋时慧远，僧中硕望，初居大兴善寺，后以其寺法会实繁，置寺别居，名为净影。海内慕风，名僧居此者亦多。计京城内有寺百二十所。而都城附近之寺亦不少，如常见于僧传者有终南山之至相寺。炀帝营东都，其寺院想亦甚壮丽。唯唐太宗入洛，焚隋宫殿，废诸道场，记载湮灭，亦不可考矣。

---

1 《隋书》卷二九《地理志》上；《续高僧传》卷二《阇那崛多传》；《历代三宝记》卷十二。

2 《金石萃编》卷一一八《万寿寺记》，延兴寺唐改为永泰万寿寺。

3 《续高僧传》卷十《靖玄传》《智凝传》《灵璨传》《僧朗传》，卷十一《智梵传》，卷十二《童真传》《灵干传》，卷十八《昙迁传》《慧瓒传》《静端传》《慧欢传》，卷二一《觉朗传》，卷二四《明瞻传》，卷二九《智兴传》，等。

文帝于京师大兴善寺，炀帝于洛都上林园，请达摩笈多、彦琮等译经。[1]而长安自罗什以后，洛阳自流支以后，译事再盛。至若义学沙门，尤来自四方。夫刘宋以后，南北佛理，多不相参，至此而聚于一堂。其促进思想之发达，盖更可注意。开皇时，敕立五众主，又立二十五众主。[2]其名之可考见者，有讲律众主洪遵，十地众主慧迁，涅槃众主童真、法总、善胄，大论众主法彦、宝袭等。而讲筵法会，尤无虚日。各方名德，互相辩论，如智脱之与吉藏、吉藏之与僧粲，当惠启后学不少。开皇七年（587）召六大德入关，洛阳慧远、魏郡慧藏、清河僧休、济阳宝镇、汲郡洪遵、太原昙迁是也。随慧远、洪遵、昙迁入关者各有弟子名僧十人，随慧藏入关者有智隐，文帝之意自在聚远方之英华。[3]而江都智脱，在邺习华严、十地于颖法师，在江都学成实、毗昙于强法师，在金陵习成实于嚼法师。晋王延居江都，复随入京，住日严寺，大业之初复随驾洛邑。建业道庄听成实于彭城宝琼，听四论于兴皇法朗，亦为晋王所重，征入京师，后亦随驾入洛。陈留僧粲游学河北、江南、东西关陇，涉历三国，备齐陈周，开皇十年，迎住兴善寺。豫州智凝学于彭城靖嵩，后亦入隋京。靖嵩者北人学于北，而亦学于南者也。嘉祥大师吉藏为兴皇上首，亦为晋王所致礼，后入京师。太原昙迁初学于北，而复得摄论于南，开皇七年召六大德入关，迁其一也。其余受学南方而入关者，见之僧传尚不乏人，不能尽述。

---

1 《续高僧传》卷二《达摩笈多传》《彦琮传》。

2 《续高僧传》卷十二《慧迁传》："开皇十七年，敕立五众，请迁为十地众主。"《续高僧传》卷九《僧粲传》："（开皇）十七年下敕，补为二十五众第一摩诃衍匠。"又见《历代三宝记》卷十二。又按，文帝立众主早在开皇十七年以前，如《续传》卷十《法彦传》："开皇十六年，下敕以彦为大论众主。"

3 《续高僧传》卷十八《昙迁传》。

而北人游南，多由于周武毁法，避难南渡。及晋王平陈，征选精英，在南者复群北趣。由是而关中复为佛法之中心，且融会南北之异说也。

隋文帝极好瑞应，《历代三宝记》记载数事，如群鹿来驯仁寿宫门，因为之下诏。[1]帝昔在潜龙，得舍利一裹。仁寿元年（601）令于三十一州立舍利塔藏之。[2]二年又于五十余州立塔。[3]四年又下敕造塔，送舍利往博、绛等三十余州。[4]盖前后共立塔于百余州。分送舍利者，均选名僧。据王劭所记，仁寿元年天下各塔于十月十五日午时安入塔内石函；据安德王雄等记，二年于四月八日午时入函，礼式均极隆重。令总管刺史以下县尉以上废常务七日。因是远近争献舍利。[5]安舍利后，各地均以当时瑞应闻。诸塔中有一在岐州凤泉寺，而舍利塔工尤壮丽。其后唐代诸帝，常迎佛骨，即在凤泉乡之法门寺，未知二者是一否。又法门寺后改名重真，不悉是否有二真身，故得此名。[6]又今在摄山栖霞寺之舍利塔，谓犹是仁寿元年所造之旧基也。[7]

---

1 《历代三宝记》卷十二。

2 《广弘明集》卷十七《舍利感应记》；《法苑珠林》卷四十。

3 《广弘明集》卷十七《庆舍利感应表》；《法苑珠林》卷四十。

4 《续高僧传》卷二一《洪遵传》载文帝仁寿四年于三十余州起塔之诏书，又见《释氏稽古略》第二；又《法苑珠林》卷四十："有国兴塔无胜隋代，一代之内百有余所。"故仁寿四年建塔三十余所当可信。

5 《法苑珠林》卷四十。

6 《法苑珠林》卷三八；《广弘明集》卷十七；又参看《金石萃编》卷一〇一《大唐圣朝无忧王寺大圣真身宝塔铭》，《续编》卷十三《法门寺浴室院灵异记》《重真寺田庄记》。

7 详见《东方杂志》二三卷八号向达《摄山佛教石刻小记》，二六卷六号向达《摄山佛教石刻补记》。

唐高祖、唐太宗

唐高祖早年亦信佛法。隋炀帝大业初，尝为子世民祈疾造像，时太宗年九岁。[1]高祖起义之初，曾在华阴祀佛求福。及即帝位，立寺造像，设斋行道。[2]武德二年，于京师立十大德，统摄僧尼，其见于僧传可考者有保恭、慧因、海藏等。[3]秦王平王世充，稍借嵩山少林寺僧之威力。[4]武德七年，敕许僧法雅发京寺骁悍千僧用充军伍[5]，则僧人亦为帝王所利用。

时有太史令傅奕者，数上疏请除去释教。前此隋朝佛道之争，文帝时李世谦有三教优劣之论，炀帝时有惠净、余永通之问答，不一而足。[6]武德七年奕上疏亟言佛法害国，谓六朝祚短，悉因信佛，梁武、齐襄，足为明镜。奕好老庄，且尊儒学，疏中亦致意华夷之辩，疏有曰：

> 佛在西域，言妖路远。汉译胡书，恣其假托。故使不忠不孝，削发而揖君亲。游手游食，易服以逃租赋。演其妖书，述其邪法，伪启三涂，谬张六道，恐吓愚夫，诈欺庸品。凡百黎庶，通识者稀，不察根源，信其矫诈。乃追既往之罪，虚规将来之

---

1 《金石萃编》卷四十《大海寺唐高祖造像记》；《旧唐书》卷一七一《张仲方传》载碑像为张仲方等重修。

2 《法苑珠林》卷一百；法琳《辩正论》卷四。

3 《续高僧传》卷十一《保恭传》："武德二年，下敕召还依旧检校，仍改禅定为大庄严，乃举十大德统摄僧尼。"又卷十三《慧固传》，卷二十一《觉朗传》附《海藏传》。

4 《金石萃编》卷四一《秦王告少林寺主教碑》。

5 《续高僧传》卷二四《智实传》。

6 《佛祖统纪》卷三九；《佛祖历代通载》卷十；《续高僧传》卷三《慧净传》。

福。布施一钱，希万倍之报；持斋一日，冀百日之粮。遂使愚迷妄求功德，不惮科禁，轻犯宪章。其有造作恶逆，身坠刑网，方乃狱中礼佛，口诵佛经，昼夜忘疲，规免其罪。且生死寿夭，由于自然；刑德威福，关之人主。乃谓贫富贵贱，功业所招，而愚僧矫诈，皆云由佛。窃人主之权，擅造化之力。其为害政，良可悲矣！[1]

武德至贞观间，傅奕于反佛至为尽力。曾上书十一条于高祖[2]，又集魏晋以来，驳佛教者为《高识传》十卷，行于世。[3]助之者有道士李仲卿、刘进喜等。言论想颇倾动一时，故佛教徒亦谓当时，"秃丁之诮，闾里盛传；胡鬼之谣，昌言酒席"[4]。其时护法之首领，则称法琳，作《破邪论》以弹奕疏。[5]附和者有沙门普应、慧乘等。[6]双方辩论，至为激烈。故高祖于武德九年春，下诏询皇太子曰：

朕唯佛教之兴，其来自昔。但僧尼入道，本断俗缘，调课不输，丁役俱免，理应尽形寺观，履德居真，没命释门，清身养

1 《旧唐书》卷七九《傅奕传》。

2 傅奕上书之十一条事见于《广弘明集》卷十一《上废省佛僧表》及法琳《破邪论》等，事在武德四年。又《傅奕传》事似在七年后。

3 傅奕《高识传》已佚，《广弘明集》卷六《叙列代王臣滞惑解》载《高识传》大略。传共二十五人，君始自刘宋世祖终唐高祖，臣始自王度终傅奕，分废除（十四人）和毁灭（十一人）二项。

4 《法琳别传》卷上。又"秃丁""胡鬼"均傅奕语。

5 《旧唐书·傅奕传》曰："（武德）七年，奕上疏请除去释教。"《破邪论》当作于七年后，并文中有武德八年论老释先后事。

6 《续高僧传》卷二四《慧乘传》载武德八年慧乘与李仲卿论难事。普应作《破邪论》二卷，又前扶沟令李师政撰《内德论》（见《广弘明集》卷十四）、《正邪论》（已佚），明概有《决对傅奕废佛事》（见《广弘明集》卷十二）。

素。比年沙门，乃多有愆过，违条犯章，干烦正术。未能益国利化，翻乃左道是修。佛戒虽有严科，违者都无惧犯。以此详之，似非诚谛。今欲散除形像，废毁僧尼，辄尔为之，恐骇凡听。伫子明言，可乎不可。[1]

诏下，朝臣赞否不一。揣高祖本意，实欲从傅奕之议，全灭佛法。唯一因恐骇凡听，二因帝起义之初，曾凭借佛法。裴寂进谏略云："陛下昔创义师，志凭三宝，云安九五，誓启玄门。今陛下……欲……毁废佛僧，……理不可也。"[2]且太宗亦以为不可（详下）。又因道士败检与佛徒同，遂下诏沙汰僧尼，并及道士。诏曰：

朕膺期驭宇，兴隆教法。深思利益，情在护持。欲使玉石区分，薰莸有辨，长存妙道，永固福田，正本澄源，宜从沙汰。诸僧尼道士女冠等，有精勤练行，遵戒律者，并令就大寺观居住，官给衣食，勿令乏短。其不能精进，戒行有阙者，不堪供养，并令罢道，各还桑梓。所司明为条式，务依法教。违制之事，悉宜停断。京城留寺三所，观二所，其余天下诸州，各皆一所，余悉罢之。[3]

时武德九年（626）五月也。[4]六月高祖退位，太宗摄政，大赦天下，事竟不行。

太宗虽未行武德毁法之诏，但贞观初年，叠有检校。《续高僧

1 《法琳别传》卷上。

2 同上。

3 《旧唐书》卷一。

4 此据《旧唐书》,《新唐书》作"四月"。

传·明导传》谓，贞观初导行达陈州，逢敕简僧，唯留三十。导以德声久被，遂应斯举。[1]又《智实传》谓，贞观元年遣治书侍御史杜正伦，检校佛法，清肃非滥。[2]又《法冲传》谓，贞观初年下敕，有私度者，处以极刑。时峄阳山多有逃僧避难，资给告穷云云。[3]又《法向传》谓，贞观三年天下大括义宁（隋恭帝年号）私度，不出者斩，闻此咸畏。得头巾者并依还俗，其不得者现今出家。[4]观此则太宗即位之初，禁令仍严峻也。

自武德九年，清虚观道士李仲卿、刘进喜猜忌佛法，恒加讪谤。卿作《十异九迷论》，喜著《显正论》。贞观中，释法琳乃作《辩正论》八卷以驳之。有太子中舍人辛谞著《齐物论》，破难释宗。慧净、法琳，又复作答。当时唐帝自谓为老子之后，故道士之气甚张。而常因定佛、道之先后，致生二教争执。贞观十三年，道士秦世英指斥《辩正论》，谓实谤皇室。[5]帝下诏汰沙门，并下琳于狱按问。琳辩答往复，语极质直，其言有曰：

> 窃以拓拔元魏，北代神君，达阇达系，阴山贵种。经云，以金易鍮石，以绢易褛褐，如舍宝女与婢交通，陛下即其人也。弃北代而认陇西，陛下即其事也。

后太宗降敕，谓汝所著论，言念观音者，临刃不伤，朕赦汝七日，

1 《续高僧传》卷二二。

2 《续高僧传》卷二四。

3 《续高僧传》卷二五。

4 《续高僧传》卷二十。

5 据《集古今佛道论衡》卷三，事在贞观十四年，而《续高僧传·法琳传》及《法琳别传》均在十三年。

尔其念哉。七日旦，复敕问。法琳答曰，七日以来，未念观音，唯念陛下。并曰：

> 琳所著《辩正》，爰与书史符同。一句参差，甘从斧钺。陛下若顺忠顺正，琳则不损一毛。陛下若刑滥无辜，琳有伏尸之痛。

后太宗卒免其死，放之蜀部，于道中卒，年六十九。[1]

傅奕在贞观朝仍极力反佛。贞观六年，奕上疏，令僧吹螺，不合击钟。又言佛法妖伪。[2]太宗常临朝谓傅奕曰：

> 佛道玄妙，圣迹可师，且报应显然，屡有征验，卿独不悟其理，何也？

奕对曰：

> 佛是胡中桀黠，欺诳夷狄，初止西域，渐流中国。遵尚其教，皆是邪僻小人。模写老庄玄言，文饰妖幻之教耳。于百姓无补，于国家有害。

太宗颇然其言。[3]

近世颇有谓太宗弘赞释教者，即欧阳永叔亦惜其牵于多爱，复

---

1 上见《法琳别传》卷中及卷下。

2 《广弘明集》卷七。

3 上见《旧唐书》卷七九《傅奕传》。

立浮屠，评此为“中材庸主之常为”[1]。但唐太宗实不以信佛见称，如睿宗时辛替否反佛之疏及武宗毁法之诏均引太宗为法式（详下）。上文谓太宗颇然傅奕之言，实亦其乏笃信之明征。太宗讨王世充，虽常用少林寺僧人，然及破洛阳，乃废隋朝寺院，大沙汰僧人。[2]武德中，法琳著《破邪论》，上书太子建成，有曰：“殿下往借三归，久资十善。”而上秦主书中，则仅颂其文德，未言信佛，是亦太宗本不信佛之证。及即皇帝位，所修功德，多别有用心。贞观三年之设斋，忧五谷之不登也。[3]为太武皇帝造龙田寺，为穆太后造弘福寺，申孺慕之怀也。[4]为战亡人设斋行道，于战场置伽蓝十有余寺。今所知者，破薛举于豳州，立昭仁寺；破宋老生于吕州，立普济寺；破宋金刚于晋州，立慈云寺；破刘武周于汾州，立弘济寺；破王世充于邙山，立昭觉寺；破窦建德于郑州，立等慈寺；破刘黑闼于洺州，立招福寺；征高丽后，于幽州立悯忠寺，均为阵亡将士造福也。[5]至若曾下诏度僧，想因祈雨而酬德也。[6]贞观初年，延波颇于大兴善寺译经，或仅为圣朝点缀，但似亦有政治关系（说见下）。综计太宗一生，并未诚心奖挹佛法，仅于晚年或稍有改变。此或在僧人之败德，道士

1 《新唐书》卷二。

2 《资治通鉴》卷一八九“武德四年”。又《续高僧传》卷二四《慧乘传》，谓此事出于高祖敕旨。

3 《法苑珠林》卷一百；《续高僧传》卷二〇《明净传》。

4 《法苑珠林》卷一百；《唐会要》卷四八。

5 《唐会要》卷四八；《广弘明集》卷二八《于行阵所立七寺诏》；《续高僧传》卷二四《明赡传》：“贞观初，以赡善识治方有闻朝府。召入内殿，躬升御床，食讫对诏。广列自古以来明君昏主制御之术，兼陈释门大极以慈救为宗。帝大悦，因即下敕，年三月六普断屠杀，行阵之所皆置佛寺，登即一时七处同建。”

6 《广弘明集》卷二八《度僧于天下诏》；《续高僧传》卷二十《明净传》，事在贞观三年，计度三千人。

如秦世英之进谗。[1]但太宗所以抑佛者，亦更有其理由。

一曰，帝崇文治，认佛法无益于平天下。贞观二年，太宗语谓侍臣，梁武父子好释老，致使国破家亡，足为鉴戒。曰：

> 朕今所好者，唯在尧、舜之道，周、孔之教。以为如鸟有翼，如鱼依水，失之必死，不可暂无耳。[2]

故贞观五年，诏僧道致拜父母，则仍以礼教为先。[3]贞观二十年，太宗手诏斥萧瑀曰：

> 朕以无明于元首，期托德于股肱。思欲去伪归真，除浇反朴。至于佛教，非意所遵。虽有国之常经，固弊俗之虚术。何则？求其道者，未验福于将来；修其教者，翻受辜于既往。至若梁武穷心于释氏，简文锐意于法门，倾帑藏以给僧祇，殚人力以供塔庙。及乎三淮沸浪，五岭腾烟，假余息于熊蹯，引残魂于雀鷇。子孙覆亡而不暇，社稷俄倾而为墟。报施之征，何其缪也。而太子太保宋国公瑀践覆车之余轨，袭亡国之遗风。（按：瑀为梁武后人）弃公就私，未明隐显之际。身俗口道，莫辩邪正之心。修累叶之殃源，祈一躬之福本。上以违忤君主，下则扇习浮华。[4]

---

1 见《法琳别传》卷中。又据宋敏求《长安志》曰：龙兴观本名西华观。《唐会要》卷五十云："贞观五年，太子承乾有疾，敕道士秦英祈祷，得愈，遂立西华观。"秦英想即秦世英，避太宗讳，除世字。《集古今佛道论衡》卷三，谓有西华观秦世英者，挟方术以自媚，因程器于储贰云云。太宗想颇信任此道士。

2 《贞观政要》卷六。

3 《佛祖统纪》卷三九。

4 《旧唐书》卷六三。

二曰，帝自以为系李老君之后，故尝先道后佛。亦自谓不好老庄玄谈，神仙方术。贞观二年，谓侍臣曰："神仙事本虚无，空有其名。"又云："至如梁武帝父子，志尚浮华，唯好释氏老氏之教。……孝元帝在于江陵，为万纽于谨所围，帝犹讲《老子》不辍，百寮皆戎服以听。俄而城陷，君臣俱被囚絷。"[1]然敦本系、尊祖宗，其有益于治化，自不待言。故贞观十一年诏有曰：

> 至如佛教之兴，基于西域。爰自东汉，方被中华。神变之理多方，报应之缘匪一。暨乎近世，崇信滋深。人冀当年之福，家惧来生之祸。由是滞俗者，闻玄宗而大笑；好异者，望真谛而争归。始波涌于闾里，终风靡于朝廷。……遂使殊俗之典，郁为众妙之先；诸夏之教，翻居一乘之后。流遁忘返，于兹累代。朕夙夜夤畏，缅唯至道，思革前弊，纳诸轨物。况朕之本系，出自柱下。……宜有解张，阐兹玄化。自今已后，斋供行立至于讲论，道士女冠可在僧尼之前。庶敦本系之化，畅于九有，尊祖宗之风，贻诸万叶。[2]

总之太宗所为，如为阵亡者立寺，为高祖、太穆皇后造福，盖皆具有政治作用。《佛道论衡》载贞观十五年，太宗躬幸弘福寺，与僧人论佛道先后，有曰："今李家据国，李老在前；释家治化，则释门居上"云云，此皆从其政治需要出发也。[3]故其于佛法，虽"非意所遵"，但仍未为傅奕、秦世英言论所动，而毁法者，盖一则视

1 《贞观政要》卷六。

2 《法琳别传》卷中。

3 《集古今佛道论衡》卷三。

佛法为“国之常经”，明主以不扰民为务，二则帝留心学问，旁及释典，亦常与义学僧接。如慧休、慧乘、明瞻、智实等。[1]瞻“内通大小，外综丘坟，子史书素，情所欣狎”。贞观初召入内殿对诏，广列自古以来明君昏主制御之术，兼陈释门大极以慈救为宗。太宗之重明瞻，非仅因其为高僧，实亦因其为大学问家也。其余慧乘等，皆博通内外，涉猎子史，故为太宗所接纳。然最为其所敬重者，则为玄奘法师。

贞观十九年春，玄奘法师归自西域。凭绝人之毅力，博得西域各国之隆礼。其学问，其事功，其令誉，其风仪，均足欣动人君。[2]然奘师初到，请立译场，搜擢贤明。太宗曰：“法师唐梵俱瞻，词理通敏，将恐徒扬仄陋，终亏圣典。”玄奘固请乃许。[3]夫翻译佛典，六朝视为国之大事，遑论二秦之译，门徒三千。太宗知之已熟。而隋朝兴善、上林之规式，犹近在人耳目。太宗果有心提倡，必不至拒奘所请。据此可知其对于译经，非有热诚。按贞观初年，波颇至自西突厥，朝廷曾为之立译场。审波颇初至，太宗适欲远交近攻，思联西突厥。波颇深得叶护信伏，或因此为太宗所垂青。而其译经时，僧传虽言礼意优厚，然时沙门灵佳即论其事曰：“昔苻、姚两代，翻经学士乃有三千，今大唐译人不过二十。”[4]而道宣于《波颇传》亦一则曰：“其本志颓然，雅怀莫诉，因而构疾。”再则曰：“人丧法崩，归傃斯及，伊我东鄙，匪咎西贤。”吾人观乎波颇译经之萧索，而应恍然于太宗谢绝奘师之请之故。

太宗自征辽之后，气力不如平昔，有忧生之虑，遂颇留心佛法。

1 均见《续高僧传》之有关传。

2 见《金石萃编》卷四九《大唐三藏圣教序》。

3 见《续高僧传》卷五《玄奘传》。

4 《续高僧传》卷三《波颇传》。

亲制《圣教序》，敕令天下度僧尼，计一万八千五十人，均从玄奘之请也。又曾共师听瑜伽大意，论金刚般若，其兴趣似首在学问。崩御之年，数告法师曰："朕共师相逢晚，不得广兴佛事。"[1] 可知太宗晚年，因遭遇奘师，或较前信佛。但察其对于奘师所以特加优礼，实亦由于爱才，故曾两次请法师还俗，共谋朝政。此则劝人弃缁还素，与梁武帝之舍身归佛者，自迥不相侔也。

玄奘法师

玄奘法师（602—664）俗姓陈，名祎。隋仁寿二年生于缑氏之陈堡谷，即在嵩山少林寺之西北。兄弟四人，法师最幼。其第二兄长捷先出家，住于东都净土寺。因其奖劝，法师十三岁出家于洛。好学不倦，跋涉陕、蜀，就学名师。武德五年（623），法师二十一岁，于成都受具后，东下荆州，止天皇寺，讲摄论、毗昙各三遍，深为汉阳王所敬礼。后又往相州、赵州，复至长安问学。法师既遍谒诸师，备餐众说，详考其义，各擅宗途，验之圣典，亦隐显有异，莫知适从。乃誓游西方，以问所惑，并取《十七地论》(即《瑜伽师地论》)，以释众疑。常言昔法显、智严亦一时之士，皆能求法，导利群生，岂使高迹无追，清风绝后，大丈夫会当继之。遂结侣陈表。有诏不许。诸人咸退，唯法师不屈。乃于唐太宗贞观三年（629）秋首途，时年二十八也。[2]

---

1 均见慧立《大慈恩寺三藏法师传》；又参见《续高僧传》卷五《玄奘传》。

2 玄奘法师年岁均据《东方杂志》二一卷十九号陈垣《书慈恩传后》。慧立《大慈恩寺三藏法师传》卷一"时年二十八"作"时年二十六"，《续高僧传》卷五《玄奘传》作"时年二十九"。

时有秦州僧孝达在京学涅槃经，功毕还乡，遂与俱去。至秦州，停一宿。逢兰州伴，又偕至兰州。一宿，遇凉州人送官马归，又随至彼。时国政尚新，疆场未远，禁约百姓，不许出蕃。凉州都督李大亮，因止不听行。有慧威法师，遣其弟子慧琳、道整二人，潜送向西。不敢公出，昼伏夜行，乃达瓜州。刺史独孤达优礼之。居月余，凉州访牒至，候捉玄奘。州吏李昌密促早去。幸访得一胡人相引渡玉门关。又得一胡老翁赠一瘦老赤马，马极谙西路，来去伊吾凡十五度。未至玉门关，胡人即生异心，引还，法师自是孑然孤游沙漠矣。唯望骨聚马粪等渐进。经过烽候四处，几中箭射。唯得校尉王祥之维护，得安然西去。再前即渡莫贺延碛，古曰沙河，长八百余里。上无飞鸟，下无走兽，复无水草。是时顾影，唯一心但念观音菩萨及般若心经。四顾茫然，人马俱绝。中经四夜五日无滴水沾喉，几死。忽遇水得救，后遂得到伊吾，止一寺。寺有汉僧三人，中有一老者，衣不及带，跣足出迎。抱法师号哭曰："岂期今日，重见乡人。"

适高昌王麴文泰闻法师至伊吾，特远迎住高昌王城。夜半到，王及妃嫔出宫亲致敬礼，其供养极盛。并言曰："朕与先王（按：文泰父伯雅于隋时入朝，尚华容公主）游大国，从隋帝历东西二京，及燕、代、汾、晋之间，多见名僧，心无所慕。自承法师名，身心欢喜，手舞足蹈。拟师至止，受弟子供养以终一身，令一国人皆为师弟子。望师讲授，僧徒虽少，亦有数千，并使执经充师听众。伏愿察纳微心，不以西游为念。"法师再四谢之。后王竟欲强力相当，法师乃绝食四日，以死自誓。文泰深生愧悔，稽首礼谢。共入道场礼佛，对母张太妃共法师约为兄弟。仍屈停一月，讲《仁王般若经》。讲讫，为法师度四沙弥，以充给侍。制法衣三十具。以西土多寒，又造面衣手衣靴袜等各数事。黄金一百两，银钱三万，绫及绢等五百匹，充法师往返二十年所用之资。给马三十匹，手力二十五人，并遣殿中侍御史欢信送至叶护可汗衙。又作二十四封书，通屈支等二十四国。每一封书，附大绫一匹为信。又以绫绢五百匹，果味两车，献叶护可汗。并书称：法师者是奴弟，欲求法于婆罗门国，愿可汗怜师如怜奴。仍请敕以西诸国给邬落马，递送出境。盖大雪山北六十余国，皆其部统故。后玄奘于素叶城逢叶护可汗，可汗重其贿赂，遣骑前告所部诸国，但有名僧胜地，必令玄奘到。于是连骑数十，盛若皇华。中途经国，道次参候，供给顿具，倍胜于初。

玄奘法师自高昌西行，因须见突厥可汗，乃经大清池迂回过中亚细亚达印度，此中路程最为艰险。然前因高昌王之护送，后因叶护可汗之通告，屈支国、活国、缚喝国、梵衍那国、迦毕试国诸王均优礼之。而其间过大雪山之险，则有磔迦国慧性法师同行，慧性有声印度。奘师至迦湿弥罗国，王礼遇隆重。自后周游印度本土，广礼圣迹，于贞观十七年首途归国。因高昌王有重见之约，故仍遵陆北行（后玄奘并未至高昌，当系因麴文泰已死），计前后所见所闻百三十八国，中所闻者二十八国。于贞观十九年（645）至长安，前后经十七载。而在印度时其声誉之隆，千古一人。时有戒日王者，于隋大业二年（606）为王，在位四十一年，威力震全印，版图极大。王为玄奘在其都城（曲女城）设大会，备极庄严，集五印度沙门、婆罗门、外道等六千余人，到有东印度鸠摩罗王及其他十八国王，请法师坐为论主。称扬大乘，立真唯识量，序作论意，示一切人。若其间有一字无理能破者，请斩首相谢。竟十八日，无敢论者。王命施与极厚，法师一皆不受。王命侍臣庄严一大象施幢，请法师乘，令贵臣陪卫，巡众告唱，表立义无屈。西国法凡论得胜如此。僧众竞为法师立义名，大乘众号曰，摩诃耶那提婆（大乘天）；小乘众号曰，木叉提婆（解脱天）。后又因定于钵罗耶伽国立施场七十五日，请师随喜。戒日王、鸠摩罗王及十八国王皆参与，道俗到者五十余万人。会毕，法师辞众归国。王及诸众相饯数十里。戒日王仍以素氎作红泥封印，遣达官四人名摩诃怛罗（注：类此散官也）送法师。所经诸国令发乘递送，终至汉境，亦可谓盛矣。唯法师在印时学问之勤奋，之广博，其造诣之深，尤为难能可贵。

玄奘法师归至于阗，即上表太宗。住七八月得敕，降使迎劳曰：

> 闻师访道殊域，今得归还，欢喜无量。可即速来，与朕相见。其国僧解梵语及经义者，亦任将来。朕已敕于阗等道使诸国送师，人力鞍乘应不少乏。令敦煌官司于流沙迎接，鄯鄯于沮洙迎接。

法师奉敕即进发。贞观十九年正月二十四日至京城，时法师年四十四岁，迎者数十万众，如值下生。翌日大会于朱雀街之南，凡数百件，部伍陈列，安置法师于西域所得如来舍利一百五十粒，金檀佛像七躯。又安置所得经论五百二十夹，六百五十七部，以二十匹马负而至。自朱雀街至弘福寺数十里间，道傍瞻仰者，烧香散花不断。时太宗将征辽，已至洛阳。法师东出谒见，相见大悦。帝谓侍臣曰：

> 昔苻坚称释道安为神器，举朝尊之。朕今观法师词论典雅，风节贞峻，非唯不愧古人，亦乃出之更远。

是后即命翻译，国司供给，并许召大德为时推重者襄助。是后法师译经不辍，至高宗麟德元年（664）法师卒于玉华宫，计所翻经论合七十四部，一千三百三十五卷。[1]

综考僧传，长安寺庙名僧之最多者，当推慈恩、西明、弘福诸寺，则均玄奘之住寺也。大慈恩寺者，高宗为太子时所造，有屋一千八百九十七间，中有翻经院，奘师大弟子窥基、普光、法宝、嘉尚等为其中僧。西明寺者，高宗为孝敬太子病愈立，有十院，屋四千余间，藏经当最富，[2]奘师上首圆测、道世所在地，而道宣亦其寺僧也。弘福寺者，太宗为太穆皇后立，玄奘居时较短，则智首、灵润所住寺也。

综计奘师相从之人物，非唯集一时海内之硕彦，且可谓历代佛徒之英华。兹未能详述，略举其要者。按圆测法师，奘之神足，乃新罗国王孙。门人利涉法师，护法名僧，后圆照为之作传十卷，乃西域人也。元晓法师亦曾受学，乃华严大家，亦新罗人。此外尚有新罗顺憬、义湘，高昌玄觉等。是法师之教，声及外国矣。而南山道宣为之证义，是律宗之元匠。康居法藏为华严宗主，略与法师有一度因缘。东塔怀素是奘师门人，后为新疏之主。此外其翻译证义十二大德，缀文九大德，字学一人（玄应），证梵一人（玄謩，贞观初原为波颇译语者），俱时辈所推。由此可见其法会之盛。至若奘师开法相唯识、俱舍、因明之学，其弟子之以义学称者，指不胜屈。如窥基、圆测、神昉、嘉尚、普光，法相之名宿也，而窥基尤为元匠。如普光、法宝、神泰，则称为俱舍之三大家。窥基、神泰、顺憬，又以因明见称。而玄应者字学之大德，亦谓为奘师之门人。至若玄奘入印，声振五天。其后西行者数十辈，而义净亦因少慕其风

1　此数据慧立《大慈恩寺三藏法师传》。《续高僧传》作“七十三部一千三百三十卷”；《大唐故三藏玄奘法师行状》作“七十五部一千三百四十一卷”；《开元释教录》作“七十六部一千三百四十七卷”。或因有《大唐西域记》计与不计故。

2　《开元释教录》卷八：“大唐内典录十卷”，注云：“麟德元年于西明寺撰。”

而卒往天竺者也（详见义净《西域求法高僧传》）。玄奘法师促进佛教势力之功效，岂不大矣哉。

会昌法难

穆宗、敬宗、文宗俱循例作佛事，白香山、元微之与僧人交游，宰臣裴休尤为笃信。唯敬宗已酷信道教，道士赵归真已出入禁中。文宗已有毁法之议，大和五年禁度僧营建。杜牧《杭州新造南亭子记》曰：

> 文宗皇帝尝语宰相曰：古者三人共食一农人，今加兵、佛，……其间吾民尤困于佛。帝念其本牢根大，不能果去之。[1]

李训亦请罢大内道场及沙汰僧尼，文宗许之。及至武宗，佛教经最大之厄难。帝未即位时，已好道术，及登帝位，召道士入禁中，信其所言。又雄谋勇断，决革积弊，因而会昌五年（845）之毁法至为严酷。日本有僧人圆仁者，于仁明天皇承和年中三次渡海求法，首二次遇风不果，第三次于承和五年六月十三日首涂，七月二日到扬州海陵县（今泰县）。是后数经转折游江南河北，于承和七年到长安，即开成五年（840）八月二十三日，时武帝已登帝位。再五年，圆仁因毁法还俗，冒险回国，著有《入唐求法巡礼记》四卷。身遭法难，所述极详。今据其文，参以他书，略述于下。

---

1 《全唐文》卷七五三。

武帝于开成五年正月十四日即位。四月中书奏以帝诞日为庆阳节（圆仁记作“德阳”，《僧史略》中亦作“德阳”），是日设斋行香。[1]会昌元年正月四日国忌，敕行香设千僧斋，正月九日敕开讲，其时尚奉行故事，未着手毁法也。但在六月十一日（《旧唐书》作十二日）圣诞日于大内设斋，两街供养大德及道士四对论议，二道士赐紫，释门大德均不得着。南天竺三藏宝月入朝，不先谘开府，从怀中拔出表进上，请许归国，因犯越官罪收禁。宝月弟子三人各决七棒，通事僧决十棒，未打三藏，但不放归国。盖武帝在藩时颇好道术修摄之事，开成末年秋，已召道士赵归真等八十一人入禁中，于三殿修金箓道场，帝亲受法箓。[2]本年六月又召衡山道士刘玄靖入内，与归真同修法箓。事盖与圆仁所述佛道辩论，及宝月被禁同时，武帝痛恶释氏，已甚显著。或因此，八月七日圆仁上表请归本国，但未得许。

会昌二年三月三日，因宰相李德裕奏，敕下发遣保外无名僧，又不许置童子沙弥，是毁法已见其端倪。五月二十五日使牒勘问外国僧艺业。五月二十九日，敕停内供奉大德、两街各二十员。六月十一日值圣诞，敕僧道御前论议，道士二人得紫，僧门仍不得着紫。十月九日敕下，天下所有僧尼解烧练、咒术、禁气，背军身上杖痕乌文，杂工巧，曾犯淫、养妻、不修戒行者，并勒还俗。若僧尼有钱谷田地，应收纳入官。如惜钱财，情愿还俗，亦勒还俗，充入两税徭役。后左街功德使奏，准敕条疏僧尼除年老及戒行精确者外，其爱惜资财还俗者一千二百三十二人。右街功德使奏同此，还俗者二千二百五十九人。诸道亦奉敕同此处分。所蓄奴婢，僧许留奴一

---

1 《唐会要》卷二九。

2 《旧唐书》卷十八上。

人，尼许留婢二人，余并任本家收管，无家者官为货卖。

会昌三年正月十八日，前项僧尼还俗讫。二十七日军容使仇士良有帖，唤京内当街诸外国僧。明日俱至，计青龙寺南天竺三藏宝月等五人，兴善寺北天竺三藏难陀一人，慈恩寺狮子国僧一人，资圣寺日本国僧圆仁及其弟子唯正、唯晓等三人，诸寺新罗僧等，更有龟兹国僧共二十一人，仇士良亲慰安存。盖仇乃信佛者也。二月一日功德使牒云，僧尼已还俗者辄不得入寺及停止。又发遣保外僧尼不许住京入镇内。四月中旬，敕下杀天下摩尼师，剃发令着袈裟作沙门形而杀之。[1]五月二十五日勘问诸寺外国僧来由。六月十一日圣诞，僧道入内论议，道士二人赐紫，而僧则否。时太子詹事韦宗卿进《涅槃经疏》二十卷，《大圆伊字镜略》二十卷，帝敕焚之，并毁其稿。敕书有曰：

> 韦宗卿参列崇班，合遵儒业，溺于邪说，是扇妖风。既开眩惑之端，全戾典坟之旨。簪缨之内，颓靡何深。况非圣之言，尚宜禁斥；外方之教，安可流传。

敕又斥佛本西戎人，经疏为胡书。又谓韦宗卿不知共遏迷聋，使其反朴，而乃集妖妄，转惑愚人，左迁为成都府尹。按《全唐文》云：韦宗卿元和中官侍御史、户部员外郎，出为益州刺史，敬宗时作《隐山大峒记》。又《义天录》著录有韦宗卿《金刚般若经注》二卷。又前有敕焚宫内佛经，埋佛、菩萨并天王像等。九月闻潞府奸人匿

---

1 《入唐求法巡礼记》卷三原文如此。《旧唐书》卷十八上曰："（会昌三年）二月，制曰：……其回纥及摩尼寺庄宅、钱物等，并委功德使与御史台及京兆府各差官点检收抽。"

京城寺中，敕令两街功德使疏理城中僧人，公案无名者尽勒还俗，递归本贯。诸道州府皆同斯例。近住寺僧，不委来由者，尽捉按问。投新裹头僧于府中，打杀至三百余人。自本年起两街讲说绝。凡此均见武宗毁法之愈亟。圆仁前后求归国者百有余次，不许。

会昌四年正月，中书奏定断屠日。[1]遂敕曰：

> 斋月断屠，出于释氏，国家创业，犹近梁、隋，卿相大臣，或沿兹弊。鼓刀者既获厚利，纠察者潜受请求。正月以万物生植之初，宜断三日，列圣忌断一日。仍准开元二十二年敕三元日各断三日，余月不禁。[2]

据圆仁所记，唐朝原于三长月（正、五、九月）不杀生，兹依道教于三元日（正、六、十月之十五日）断屠。[3]

三月敕不许供养佛牙。又敕代州五台山、泗州普光王寺、终南五台、凤翔法门寺等处有佛指亦不许供养。如有违者，送一钱者脊杖二十；如有僧尼在前件处，受一钱者脊杖二十。诸道州县送供养者，捉获脊杖同前数。因此四处绝人往来，无人送供。准敕勘责彼处僧人无公验者，并当处打杀，具姓名奏闻。此盖恐潞府留后押衙作僧潜在彼处也。向例长生殿内道场，安置佛像经教，抽两街诸寺解持念僧三七人，更番入内持念。武帝令焚烧经教，毁拆佛像，起出僧众各归本寺，于道场内安置天尊老君之像。本年又于诞日不召僧入内论议，并敕僧尼不许街里行、犯钟声，如有外出者，须于钟

1 奏文见《唐会要》卷四十一。

2 《旧唐书》卷十八上。

3 《唐大诏令集》卷一一三云：武德二年正月诏，“自今以后，每年正月、五月、九月，凡关屠宰杀戮，网捕畋猎，并全禁止。”又见《佛祖统纪》卷三九。

声未动前归。又不许别寺宿，违者敕罪。七月又敕以供养佛者，尽入兴唐观祭天尊。是年圣诞日，道士奏略云：孔子言黑衣继十八子为天子。黑衣者，僧人；十八子者，李氏。而武宗为唐第十八代[1]，故深信之，憎佛愈甚。此圆仁当时所闻，未悉确否。但《旧唐书·武帝本纪》亦载本年以赵归真为左右街教授先生，时帝志学神仙，师归真。归真乘宠排毁释氏，言非中国之教，蠹害生灵，宜尽除去，帝颇信之。因是自此年七、八月起，法难起矣。

是年约在七月或闰七月，敕下令毁拆天下山房、兰若、普通佛堂、义井、村邑、斋堂等未满二百间不入寺额者，其僧尼等尽勒还俗。按《通鉴考异》曰：《会要》元和二年薛平奏请赐中条山兰若额为大和寺。盖官赐额者为寺，私造者为招提、兰若。[2]此即上文之不入寺额者也。故杜牧《南亭子记》曰："武宗皇帝始即位，……去其山台野邑四万所，冠其徒几至十万人。"[3]又《旧唐书·李德裕传》云："（长庆四年）罢私邑山房一千四百六十所。"所谓"山台野邑""私邑山房"等，盖皆招提、兰若之类也。然据圆仁所记，是役长安城坊佛堂亦毁三百余所，天下无数，则所毁之招提、兰若，固有在都内者，非限于"山台野邑"也。同时天下尊胜石幢、僧墓塔等，有敕皆令毁拆。十月又敕令毁拆天下小寺，经佛移入大寺，钟送道观。其被拆寺僧尼，不依戒行者，不论老少尽敕还俗，递归本贯。年老身有戒行者配大寺，虽有戒行而是年少者尽敕还俗，归本贯。长安城中因又毁拆小寺三十三所。其时，道士赵归真等奏曰："佛生西戎，教说不生，夫不生者，只是死也"云云。又谓炼丹服之，乃可

1　按高祖至武宗为十五代，加光皇帝、景太祖、元世祖共十八代。

2 《资治通鉴》卷二四八。

3 《全唐文》卷七五三。

长生，广列神府，利益无疆，遂于禁内筑仙台。

《巡礼记》又称八月中，太后郭氏信佛法，每条疏僧尼时皆有词谏，帝进药酒杀之。又太后萧氏貌美，帝欲纳为妃，不从，遂射杀之。按郭后当即宪宗懿安皇后，系死于大中二年[1]；萧后当指穆宗贞献皇后，《新唐书》载其卒于大中元年[2]，此均在武宗死后也。又据《新唐书》，武宗对于太皇太后、皇太后均甚敬重，圆仁所记，乃僧人之谣传也。[3]

会昌五年三月，敕不许天下寺置庄园，又令勘检天下寺舍奴婢多少，并及财物。[4]令都中诸寺由两军中尉勘检，诸州府寺舍委中书门下检勘。并分城中寺舍奴婢为三等，分别收遣（详圆仁记）。约在三月，敕令天下诸寺僧年四十以下尽勒还俗，递归本贯。又登仙台，责道士何以无一人登仙。道士委过于释道之并行，于是又敕令僧尼五十岁以下还俗。其后下诏日益严切，因此依年岁、戒行及祠部牒之有无，分为数起，准敕令僧尼次第还俗。自四月一日起，年四十以下僧尼尽勒还俗，递归本贯。每日三百僧还俗，十五日方讫。自十六日起，令僧尼五十以下还俗，至五月十日方尽。十一日起，无牒者还俗，最后有牒者亦须还俗。五月终，长安僧尼尽。寺唯留三纲检理财物，讫，再还俗。外国无祠部牒者，亦须还俗，送归本国，因此天竺僧人难陀、宝月等因无牒，均准敕办，日本僧人圆仁亦无祠部牒，功德使准敕，配入还俗例。又帖诸寺牒云：如有僧尼不伏

1 《新唐书》卷七七。

2 同上。

3 同上。

4 《佛祖统纪》卷四二云："（会昌五年）四月诏检校天下寺院僧尼数。"《资治通鉴》卷四八云："（会昌五年）五月，祠部奏括天下寺四千六百，兰若四万，僧尼二十六万五百。"

还俗者，科违敕罪，当时决杀（详圆仁记）。以上当是都城内处分之年月及情形，天下州道当推后若干日，而据圆仁记情形则相同也。

据《通鉴》载云：

> 秋七月，……敕上都、东都两街各留二寺，每寺留僧三十人；天下节度、观察使治所及同、华、商、汝州各留一寺，分为三等：上等留僧二十人，中等留十人，下等五人。余僧及尼并大秦穆护、祆僧皆敕还俗。寺非应留者，立期令所在毁撤，仍遣御史分道督之。财货田产并没官，寺材以葺公廨驿舍，铜像、钟磬以铸钱。[1]

又诏僧尼改隶鸿胪寺。[2] 八月壬午下诏，略曰：

> 朕闻三代已前，未尝言佛，魏晋之后，像教浸兴。是逢季时，传此异俗，因缘染习，蔓衍滋多。以至于耗蠹国风，而渐不觉；以至于诱惑人心，而众益迷。洎乎九州山原，两京城阙，僧徒日广，佛寺日崇，劳人力于工木之功，夺人力为金宝之饰，遗君亲于师资之际，违配偶于戒律之间，坏法害人，莫过于此。且一夫不田，有受其馁者；一妇不织，有受其寒者。今天下僧尼不可胜数，皆待农而食，待蚕而衣。寺宇招提，莫知纪极，皆云构藻饰，僭拟宫殿。晋、宋、齐、梁，物力凋瘵，风俗浇诈，莫不由是而致也。况我高祖、太宗以武定祸乱，以文理华夏，执此二

---

1 《资治通鉴》卷二四八，所载每寺留僧数目各不相同，详见《考异》。又《唐会要》卷四八载有会昌五年七月中书门下之毁寺奏。

2 《唐会要》卷四九。

柄，足以经邦。岂可以区区西方之教，与我抗衡哉。……于戏！前古未行，似将有待，及今尽去，岂谓无时。驱游惰不业之徒，已逾千万；废丹雘无用之居，何啻亿千。自此清净训人，慕无为之理；简易齐政，成一俗之功。将使六合黔黎，同归皇化，尚以革弊之始，日用不知。下制朝廷，宜体予意；宜布中外，咸使知闻。

此诏书中并言，天下所拆寺四千六百余所，还俗僧尼二十六万余人，收充两税户，拆招提兰若四万余所，收膏腴上田数千万顷，收奴婢为两税户十五万人。[1] 据《旧唐书·食货志》云：腴田鬻钱送户部，中下田给寺家奴婢丁壮者，为两税户，人十亩。[2] 后又诏东都止留僧二十人，诸道留二十人者减其半，留十人者减三人，留五人者更不留。据《通鉴》，此诏在前诏之后，果尔则僧尼减去更多。[3]

时宰臣执政者为李德裕，卫公不信佛教，敬宗时任浙西观察使，表奏王智兴在泗州立戒坛之不当。[4] 宝历二年亳州言出圣水，饮之者愈疾，德裕奏谓为妖僧用以敛钱，请塞之。先在浙西，罢私邑山房一千四百六十，以清寇盗；后在蜀，毁属下浮屠私庐数千，以地予农。蜀先主祠旁有猱村，其民剃发若浮屠者，畜妻子自如，德裕下令禁止，蜀风大变。[5] 凡此可证卫公早恶佛法。按孟蜀何光远《鉴戒

1 《唐会要》卷四七。

2 《旧唐书》卷四八《食货志》上所载还俗僧尼人数为“二十六万五千人”。

3 会昌五年毁法，所拆毁寺院数目及僧尼还俗数目等各书记载不尽相同，上列数目或亦嫌夸大，不能详考。可参看李德裕《贺废毁诸寺德音表》(《全唐文》卷七〇〇)，杜牧《杭州新造南亭子记》(《全唐文》卷七五三)，牟锴《修方山证明功德记》(《全唐文》卷七九一)。

4 《旧唐书》卷一七四《李德裕传》。

5 《旧唐书》卷一七四及《新唐书》一八〇《李德裕传》。

录》谓，卫公信道教，常冠褐，修房中术，求茅君点化，沙汰缁徒，超升术士，未知全确否。德裕虽于敬宗、武宗时上表，谏言方士，唯据其所作《方士论》，则并非谓方士均欺诈，不过真方士乃习静者为之，不必妄入朝市，自衒其术，面欺明主。[1]而其《黄冶论》，则谓炼丹之术必有精理，应可成就。[2]且在《李文饶集》中有《伤茅山尊师诗》，又有《三圣记》，中有曰：

> 有唐宝历二年，岁次丙午，八月丙申朔十五日庚戌，玉清玄都大洞三道弟子正议大夫使持节润州诸军事守润州刺史兼御史大夫充浙西道都团练观察处置等使上柱国赞皇县开国男食邑三百户赐紫金鱼袋李德裕，上为九庙圣主，次为七代先灵，下为一切含识，于茅山崇元观南，敬造老君殿院，及造老君、孔子、尹真人像三躯，皆按史籍遗文，庶垂不朽。

据此则何光远之言，非全虚妄也。总之，武宗信道毁佛，卫公亦不喜释氏，宜其毁法至酷烈也。

将毁法时，两街僧录灵宴、辩章同推玄畅为首，上表论谏，遂著《历代帝王录》，奏而弗听。[3]时朝臣未闻有谏者，僧人抗议亦不如周武时之甚，佛教势力之已衰，可知也。杜牧《杭州新造南亭子记》，谓其时毁寺减僧，出四御史屡行天下以督之，而御史乘驿未出关，天下寺至于屋基耕而刓之。且圆仁所记亦为明证。是年六月，圆仁目击泗州普光王寺，庄园钱物奴婢尽被官家收检，寺里寂寥，

---

1 《全唐文》卷七〇九。

2 《全唐文》卷七一〇。

3 《宋高僧传》卷十七。

无人来往。月底到扬州，见城内僧尼正裹头，递归本贯，拟将寺金钱财物庄园钟等入官收检。又闻有敕令尽碎天下铜佛铁佛，称量斤两，委盐铁司收管。七月在楚州，圆仁不敢将佛教像随身行，恐科违敕罪。八月到登州，闻有敕令，天下金铜佛像，当州县司剥取其金，称量进上。登州虽远离京师，地处海边，然“条疏僧尼，毁拆寺舍，禁经毁像，收检寺物，与京城无异”。同月到文登县，又知另有敕天下还俗僧尼缁服，各仰本州县尽收焚烧。恐私家隐藏僧服，窃自披着，故须切加收检，尽行焚讫，奏闻。焚讫后有藏者，查出须处分。又有敕令天下寺舍奇异宝珮、珠玉金银，仰本州县收检进上。又敕天下寺舍僧尼所用银器钟磬釜铛等，委诸道盐铁使，收入官库。时文登县寺院已拆尽，圆仁无寺可住。十一月又闻有敕令边州还俗僧，并仰所在知存亡，且不令东西。又据《百岩寺重建法堂记》叙法难曰：

> 明敦既□（疑是降字），莫不遵行，官吏颁选，敢不从命。[1]

又如颜鲁公《八关斋报德记》后宋州刺史崔倬石幢亦有曰：

> 会昌中有诏大除佛寺，凡熔塑□刻堂阁室宇关于佛祠者，焚灭销破，一无遗余。分遣御史复视之，州县□（疑是震字）畏，至于碑幢铭镂赞述之类，亦皆毁而瘗藏之。[2]

此外《重建圆觉大师塔志》《大云寺残幢》及《方山证明功德记》均

---

1 《金石续编》卷十一。

2 《金石萃编》卷九八。

记有毁法事。[1]而《语石》曰：

> 余所藏唐幢，往往有大中重建题字，五代宋初尚有发地得之而再立者，皆因会昌之劫也。

而《金石苑》载有《重修北岩寺记》，其寺亦系毁后再修，此则在蜀之资中也。而浙之天台名刹，亦竟破毁，事见于沈懽之《国清寺止观堂记》[2]。日本僧人敬光《唐房行履录》，谓圆珍于台州国清寺毁后到台，建止观堂，此毁法之事诚遍天下也。但据圆仁言，则大河以北法难似未波及。圆仁记曰：

> 三四年已来，天下州县准敕条疏僧尼，还俗已尽；又天下毁拆佛堂兰若寺舍已尽；又天下焚烧经像僧服罄尽；又天下剥佛身上金已毕；天下打碎铜铁佛，称斤两收检讫；天下州县收纳寺家钱物庄园，收家人奴婢已讫。唯黄河已北镇、幽、魏、路等四节度，元来敬重佛法，不毁拆佛寺，不条疏僧尼，佛法之事一切不动之。频有敕使勘罚，云："天子自来毁拆焚烧即可然矣，臣等不能作此事也。"

《佛祖统纪》卷四十二载，宣宗八年潭州岳麓寺僧往太原求大藏经事，中云河东节度巡官为之记，言潭州僧因天下经典武宗严旨毁灭几尽，乃往太原求藏经五千四十八卷以归。此亦可见会昌毁法至严厉，但河北幸免也。

---

1 《金石萃编》卷一一四，《八琼室金石补正》卷七五，叶昌炽《语石》卷四。

2 日本僧人敬光《唐房行履录》卷上载有此记。

武宗毁法后，向日游手坐食之僧人必多困乏缺衣食，是以天下不但有拆寺除僧之扰乱，而且徒增生计无著之许多人民，社会之秩序当益因之摇动。僧人为救济贫困，向有悲田院之设，自僧尼还俗后，无人主领。因是李德裕乃奏请改悲田院为养病坊，于乡闾中选人主之。[1]寺院奴婢之处分，会昌五年四月、八月均有中书门下奏，敕旨依奏。[2]据《旧唐书·食货志》，毁寺后所收中下田均与奴婢丁壮，人十亩。但僧人老弱未知如何谋生计。李卫公《请淮南等五道置游弈船》，状文有曰：

> 自有还僧以来，江西劫杀，比常年尤甚。自上元至宣池地界，商旅绝行，缘所在长吏掩闭道路，颇甚嗟怨。[3]

圆仁《巡礼记》亦曰：

> 唐国僧尼本来贫，天下僧尼尽令还俗，乍作俗形，无衣可著，无物可吃，艰穷至甚，冻饿不彻，便入乡村劫夺人物，触处甚多。州县捉获者皆是还俗僧，因此更条疏已还俗僧尼，勘责更甚（“甚”字原文无，今依高楠氏考证加）。

按唐末王仙芝、黄巢相继起义，山东江淮之民于短期间从之者数万，是必社会人民之困乏，有以致之。[4]而武宗之毁法，未详为僧人谋生

1 《旧唐书》卷一七四《李德裕传》。

2 《唐会要》卷八六。

3 《全唐文》卷七〇四。

4 《唐会要》卷八六云：“会昌五年四月，中书门下奏：天下诸寺奴婢，江淮人数至多，其间有寺已破废，全无僧众，奴婢既无衣食，皆自营生……。”

计，亦或其一因欤？

武宗灭佛后一年而薨。宣宗即位，诛道士赵归真、刘玄靖等，因其惑武宗，排毁释教也。[1]李德裕亦因事谪配朱崖，宣宗遂大复佛寺。据大中五年孙樵上疏，谓因诏复营废寺，“自元年正月洎今年五月，斤斧之声不绝天下，而工未以讫闻。陛下即复之不休，臣恐数年之间天下十七万髡如故矣”[2]。是可知武宗诏令，天下实已奉行，然佛教势力犹在，故稍纵复竞事佛矣。又圆仁记并言宣宗初复佛教事，文曰：

> （会昌六年）五月中大赦，兼有敕天下每州造两寺，节度府许造三所寺。每寺置五十僧，去年还俗僧年五十以上者，许依旧出家，其中年登八十者，国家赐五贯文。还定三长月，依旧断屠。

武宗会昌六年三月二十三日崩，宣宗五月即敕复佛寺，故可知佛教势力仍甚强也。

自会昌五年至唐亡凡七十年，中亦经诸镇之倾轧，黄巢起义之战乱，民生凋敝，佛教之势力亦受其影响。后之诸帝多亦信佛，而尤以懿宗为甚，遇八斋日，必内中饭僧，数盈万计。帝因法集，躬为赞呗，大安国寺僧彻升台朗咏。帝于彻宠锡繁博，敕造栴檀木讲座以赐之。《旧唐书·李蔚传》记其豪侈曰：

---

1 《旧唐书》卷十八下。

2 《全唐文》卷七九四。此云“十七万髡”与《旧唐书》不合。据《佛祖统纪》卷四十二知为“二十七万”之误。

始，懿宗成安国祠，赐宝坐二，度高二丈，构以沈檀，涂髹，镂龙凤葩藟，金扣之，上施复坐，陈经几其前，四隅立瑞鸟神人，高数尺，磴道以升，前被绣囊锦襜，珍丽精绝。

懿宗又敕两街四寺行方等忏法，戒坛度僧各三七日。别宣僧尼大德二十人，入咸泰殿，置坛度内福寿寺尼。缮写大藏经，每藏计五千四百六十一卷，雕造真檀像一千躯。咸通十一年十一月十四日圣诞，僧道奉召入宫讲论，僧彻述皇猷，辞辩浏亮，帝深称许。彻又恢张佛理，旁慑黄冠，当时许为法将，赐号净光大师。[1] 咸通十四年之迎佛骨，至极奢华（见前）。未几帝崩，僖宗即位，诏归佛骨于法门寺，仪事简略。时京城耆耇士女，争相送别，执手相谓曰：六十年一度迎真身，不知再见复在何时。即伏首于前，呜咽流涕。所在香刹，诏悉铲除，近旬百无一二焉。[2] 想僖宗力谋反懿宗所为。僖宗、昭宗之世，虽常召僧人谈论，当只系奉行故事也。

授课人：汤用彤

1 《宋高僧传》卷六。

2 《杜阳杂编》卷下。

第五部分

宋明理学

宋儒的新评价 / 陆象山与王安石

王安石的哲学思想 / 王船山的历史哲学

第一章 宋儒的新评价

我所以要讨论这个题目，是由于最近与一个朋友谈论引起来的。他说中国周、秦、汉、唐的文化都相当健康，宋以后就有了病态。他特别提到周、秦、汉、唐都是文武合一的文化，宋以后文武分离，且有重文轻武之弊，我也很同意他的看法。我觉得孔孟的生活态度淳厚朴茂，有栖遑救世热忱，程朱的生活态度严酷冷峻，山林道气很重，两相比较，前者要康健而近于人情多了。又觉得先秦、汉、唐似都有春夏温厚之气。而宋儒的态度便带有秋冬肃杀之气。我那位朋友，也与许多人一样，尤其抨击程伊川"饿死事小，失节事大"一句话。他痛斥这话不合理，压迫女性，刻薄不近人情，提倡片面贞操，害死不少人，等等。对于这点，我却认为应当分别论列了。伊川的错误，似乎不在于提出"饿死事小，失节事大"这一概括的伦理原则，只在于误认妇女当夫死后再嫁为失节。近代西洋观念固不以夫死妻再嫁为失节（美国某一知名的女作家，曾嫁三次，著书立说，各处演讲，作者曾亲聆其宏论。德国一女文学家，亦曾两次离婚，第三次嫁与一少年哲学家。但伊人格高尚，被德国人尊为女中圣贤）。中国即在唐以前，似亦不以夫死妻再嫁为失节，为违反礼教，不过伊川个人的话无论如何有力量，亦必不能形成宋以后的风俗礼教。他的“饿死事小，失节事大”一语，只不过为当时的礼俗加一层护符，奠一个理论基础罢了。至于他所提出的“饿死事小，失节事大”这个有普遍性的原则，并不只限于贞操一事，若单就其为伦理原则而论，恐怕是四海皆准、百世不惑的原则，我们似乎仍不能根本否认。因为人人都有其立身处世而不可夺的大节，大节一亏，人格扫地。故凡忠臣义士、烈女贞夫、英雄豪杰、矢志不二的学者，大都愿牺牲性命以保持节操，亦即所以保持其人格。伊川此语之意，亦不过是孟子“舍生取义，贫贱不能移”的另一说法。因为“舍生取义”实即“舍生守节”，“贫贱不能移”实即“贫贱或饿死不能移其节操”之意。今日很多爱国之士，宁饿死甚至宁被敌人迫害死而不失其爱国之节，今日许多穷教授，宁贫病致死，而不失其忠于教育和学术之节，可以说是都在有意无意间遵循着伊川“饿死事小，失节事大”的遗训。当然凡事以两全为最好，不饿死，也不失节，最为美满，但当二者不可得兼之时，当然宁饿死而不愿失节，宁牺牲性命而不愿失掉人格，这亦是孟子舍鱼而取熊掌之通义。

因为只承认伊川那句最为世诟病的话，在应用方面虽有错误，而在原则上却有永久性与普遍性，且含有深义，所以我就想进一步对于整个宋儒思想学术，加以总检讨、总评价，当然我在这里所谓整个，也只是指宋儒的主潮——程朱的思想，附带包括陆王，也就兼包一部分明儒的思想。

普通批评宋儒的人，大都把宋朝国势的衰弱，和宋明之亡于异族归罪于宋明儒，说宋人议论未毕而金兵已渡江，说宋儒只知道“平日袖手谈心性，临危一死报君王”。甚至于说宋学盛行时期，就是民族衰亡时期。宋明理学，好像是不祥之物似的。在我们看来，这都是只就表面立论，似是而非的说法。宋朝之受制于异族，似乎主要的应该向军事和政治方面去求解释。宋惩于唐朝藩镇之祸，自宋太祖杯酒释兵权以来，立国的大策略就是要削弱将臣的兵力。而且宋开国之初，统一中国，但始终没有平定东北幽燕形胜之区，国都又建在汴京，不在东北或西北，不便控制异族。而且摧残猜忌有功的武将，又成为传统的政策。如狄青、岳飞、刘锜，这般有恢复中原勇略的人，皆或被诬陷，或被屈死。开国时的大政方针有了错误，致国势积弱不振，到了中期和南宋以后，以格物穷理为职志的道学家出来，有什么办法呢？他们没有政权，更没有兵权，而且他们所专门研究的问题，也只是宇宙、人生、文化、心性方面的根本问题，对于军事、政治、财政并没有直接关系。把由开国时国策错误所引起的危机，大政治家如范仲淹、王安石尚无法挽救的危机，强要程伊川、朱晦庵这些道学家负责，恐怕走错了门道吧。

集宋明儒之大成的人王船山，在他的《宋论》一书中，曾痛切论述此点。他把猜忌并贬抑武臣的罪，归在赵普身上。他指出赵普徒侈言“半部《论语》可以治天下”，然而他对于孔孟之道，并不能身体力行，应用来致修齐治平之功，他只凭阴险猜忌的权谋智术以取相位。他竭力夺削武臣的兵权，思以文臣而居开国的首功，致演成宋代猜忌功臣，武力不竞，幽燕不下，而贻数百年的边患，卒致坏华夷之大防。船山并且进而主张宁可容许权臣篡位，切不可使国家亡于夷狄与盗贼。因此他对于曹操和刘裕相当表示褒扬。因为他们当初崛起民间之时，动机尚相当单纯，颇有英雄本色，而他们平乱御侮之武功，亦足以掩其篡夺之罪。总之，船山指出宋代重文轻武，贬抑武臣，致酿成靖康之祸，追溯均开国时国策有误，而与道学无关，这似乎是很正确平允的看法。今欲以宋代数百年祸患，而归罪这几位道学家，不仅诬枉贤哲，而且太不合事实，太缺乏历史眼光了。

平心而论，这些宋明道学家当国家衰亡之时，他们并不似犹太学者，不顾祖国存亡，只知讲学。他们尚在那里提倡民族气节，愿意为祖国而死，以保个人节操和民族正气。且于他们思想学说里，暗寓尊王攘夷的春秋大义，散布恢复民族、复兴文化的种子。试看宋以后义烈彪炳民族史上的大贤，如文天祥、方孝孺、史可法，皆是宋儒熏陶培植的人才（《宋元学案》列有文天祥的学案，《明儒学案》中有方正学的学案）。

即当国运昌盛之时，这些宋明的道学家，虽有少数受贤明君相的推尊礼遇，但有时也并非他们的本意（如汉武崇儒术，明清两代尊崇朱学，因出于政治利用者多，基于真知灼见者少，孔孟程朱有知，恐亦并不以为欣幸）。至于大多数的道学家，即在盛世，亦是过的山林清简的生活。但一遇专制君主或权奸在位，他们就成了有权势者的眼中钉。他们处处受逼害、受贬谪。如韩侂胄之禁伪书，如魏忠贤之害东林。这些道学家的力量虽弱，但却是唯一足以代表民意的呼声，反抗奸邪的潜力。他们在政治上自居于忠而见谤，信而见疑的孤臣孽子的地位。他们没有享受过国家给予他们的什么恩惠或权利，他们虽在田野里讲学论道，但他们纯全为尽名分，为实践春秋大义，为实现治国平天下的王道理想起见，他们决没有忘记过对民族的责任。他们对民族复兴和民族文化复兴有着很大的功绩和贡献。哪能像一般浅视忘本的人，反加他们以使国族衰亡的罪名呢？

说宋儒的学问不能挽救国族的衰亡，甚或反有以促进国家的衰亡，大概系根本由于认为程朱陆王之学为虚玄，为空疏，为不切实用。说这话的人，如果意思是说程朱陆王之学，只是道学或哲学，不是军事、政治、经济、工程等实用科学，我们可以相当承认。因为他们不是万能的人，用现代分工分科的看法，他们只是哲学专家，谁都知道，哲学的用处是有限度的。同时我们须要记得，程朱陆王四人中，除伊川纯粹是使师道尊严的老师宿儒，只是与少年哲宗讲了几次经，大概因教授法欠佳，无何影响外，朱子曾先后任潭州及浙东提刑，颇有声威；办社仓，亦惠及人民。陆象山曾做过“知荆门军”，治绩颇佳。他若不死在任内，在政治上当有更大的建树。至于王阳明平边患、定内乱，皆有军功。所以，说宋儒虚玄空疏不切实用，从创学派这几位大师的学行看来，就不甚切当。在我们用现代眼光看来，以专讲格物穷理、身心性命之学的哲学家，而会有“政绩”、有“军功”，较之西洋哲人如柏拉图、亚里士多德、康德、黑格尔之流，已经可称有着惊人的实用了。

试再就宋儒对几百年来中国文化、教育、政治、社会、人心、风俗各方面的实际影响而论，真可说大得惊人（这些影响之好坏，又是另一问题）。中国文化自宋儒起，可以说是划一新时代，加一新烙印，走一新方向。中国边境上的异族，所受中国文化的影响，大都得自汉文化或“汉化”。日本所受中国文化的影响，大都以唐文化或“唐化”为多。而宋文化对于异族虽少影响，但对于国内政治、社会、人民生活的影响，却异常深刻久远。宋儒影响所以会如此之大，因为宋儒掌握了中国近千年的“教权”——包括礼教上的权威和教育上的权威两方面。程朱哲学不仅是影响中国人思想的正统哲学，他们又成为支配中国人信仰和道德礼仪生活的礼教上或宗教上的正统权威，其权威之大，只有西洋旧教的圣阿奎那可以相比。违反程朱的《语录》和注解，不仅得不到科名，受礼教中人的指责，甚至有人相信将遭天神的谴责而得恶报。譬如，清代攻击程朱最力的人如毛西河、程绵庄、颜习斋等人碰巧皆子嗣断绝，大家都相信这是诋毁程朱的报应。其权威之大，可想而知。在教育方面，朱子所编注的书籍，在明清两代都被政府正式颁布作为教科书，他注的四书五经，特别是《四书集注》，成了全民族的《圣经》。他编的《近思录》，不仅成为哲学概论教本，而且成了精神修养的指针。他纂的《通鉴纲目》，不仅成为标准的历史教科书，而且提供一种论人评事、察往知来的历史哲学。他还编有一种小学教科书，叫作《小学》，一种女子教科书，叫作《女诫》。此外还编了一种《朱子家礼》，以规定家庭冠婚丧祭各项礼仪。我们试想，在现时，一本教科书能为全国各学校采用二三十年，已可算得影响很大很大的了。而朱子编著了许多教科书，每种都被全国采用数百年之久，其影响之大、之深、之久，可以想见了。

试问宋儒之学如果是虚玄空疏无用之学，如何会有如此大的实际影响呢？以叶水心之重功利，陈同甫之倡霸道，总可谓最切实际、最有实用了，然而他们的学说反不如被斥为虚玄空疏无用的程朱学说较切实际、较有实际影响，这又是什么原因呢？何以最重功利、最切实际的学说，反少实际影响，而最空疏虚玄的学说，反有极大影响呢？我们可以这样解释：凡源远者流必长，根深者叶必茂。程朱之学，凡事必推究至天人心性，而求其究竟至极之理，其理论基础深厚，犹源远根深，而其影响之远大，犹如流之长，枝叶之茂。彼重功利的实用主义，根基浅薄，眼光近小，理论基础不固，不能予人以精神上的最高满足，故流不长，枝叶不茂，影响反不甚大。由此足见，凡说功利主义切实用，凡说程朱之学虚玄空疏不切实用者，皆只是表面上的看法。（附注：西洋近代的功利主义，理论基础较之永嘉学派，远为深厚，其影响亦较佳较大。反之，近代西洋的理学或心学，较之程朱陆王亦较虚玄，其影响亦较健康。）

现在试总结并补充一下我们上面所讨论的几点：（一）宋以后的

中国文化有些病态，宋儒思想中有不健康的成分，我相当承认。须校正宋儒的偏蔽，发扬先秦汉唐的精神，尤为我们所应努力。（二）程伊川的错处仅在于误认夫死妻再嫁为失节，与近代人对夫妇及贞操的看法不同。假如伊川生在现代，他也许不再固执那种旧贞操观念。伊川所提出的“饿死事小，失节事大”的根本原则，至今仍有效准。在饥饿线上尚在为教育、为学术守节操的学者们，已经在实行并证实伊川的原则了，更无法去反对他。（三）宋代之衰弱不振，亡于异族，主因是开国时国策有错，宋儒责任甚轻。宋儒哲学中寓有爱民族，爱民族文化的思想，在某意义下，宋明儒之学，可称为民族哲学，为发扬民族、复兴民族所须发挥光大之学。（四）宋儒格物穷理，凡事必深究其本源，理论基础甚深厚，虽表面上似虚玄空疏，而实有大用，故发生极大的影响，说宋儒不切实用，大都是只就表面论，而不明程朱学说之全体大用者。

以上只是消极地对于最常听见的攻击宋儒的言论，略加驳复。至于从积极方面评估宋儒在哲学上以及在一般文化学术上的贡献，只有待于另篇讨论了。

授课人：贺麟

第二章 陆象山与王安石

一九四四年的夏天美国副总统华莱士先生来访中国，发表了不少有深远意义的宏论（希望他的言论尚没有完全为健忘的招待他只图敷衍场面的人所忘记）。最有兴味的一点是他特别赞扬我国宋代厉行新法的大政治家王安石。我们除对他异国异代去尚友千古的风度表示钦佩外，想借此来谈一谈王安石的思想。因为他在政治上的措施是植基于他的学术思想的。此外附带还引起我们关于文化交流的一点感想。华莱士先生似乎隐约感觉着王安石之行新法与他和罗斯福总统之行新政，有了精神上的契合，他赞扬王安石，不啻于异国异代求知己、找同志。换言之，他推尊王安石不是鄙弃自己，舍己从人，而是自己卓然有以自立，进而虚怀求友以赞助自己。因此我感觉得到我们之学习西洋文化，也不外是在异国异代去求友声、寻知己，去找先得我心，精神上与我契合者而研究之、表扬之、绍述之而已。假如自己没有个性，没有一番精神，没有卓然可以自立之处，读古书便做古人的奴隶，学习西洋文化便做西化的奴隶。所以顽固泥古与盲从西化，都不过是文化上不自立、无个性的不同的表现而已。我不相信无自立自主的精神与个性的人，读古书时会得到古人的真意，治西学时会得到西学的精华。

本文的目的不在讨论王安石的新法与华莱士所倡导的新政的比较，也不在讨论中西文化问题，而是借华莱士之推尊王安石作引子，欲进一步去探究一下王安石的基本思想。这种基本思想是他的政治上的措施，以及他的德行文章的基本出发点。因为他的基本思想在哲学上和陆象山最接近，而且在中国所有哲学家中也只有陆象山对于王荆公的人品与思想，较有同情而持平的评价。所以我就把陆（象山）王（荆公）二人，在思想史上第一次加以相提并论。因为他们的关系，最为人所忽视。

《朱子语类》上载有一个人问："万世之下，王临川当作何品评？"朱子答道："陆象山尝记之矣，何待他人说？"足见朱子与陆象山学术虽有不少的异同，但于象山对荆公的品评，却推许为可以代表万世之下的公平议论。朱子所指的，就是陆象山所作的《荆国王文公祠堂记》中的话。在这篇《祠堂记》之中，象山感于"是非不明，议论不公"，特地出来替王荆公说几句公道话。他指出当时反对新法的人，大都意气用事，攻击个人私德，不能"折之以理"，不能使安石心服，所以他们与荆公应平分其罪。他很持平地说："熙宁排公者，大抵极诋訾之言，而不折之以至理。平者未一二，而激者居八九。上不足以取信于裕陵（指神宗），下不足以解公（指荆公）之蔽，反以固其意成其事。新法之罪，诸君子固分之矣。"批评政治家最忌个人攻击，而象山首先排斥个人攻击而提出纯从政见和根本思想上着眼，去加以评价，足见他能见其大，识解自是不同。他指斥当时攻击荆公的人道："而排公者，或谓容悦，或谓迎合，或谓变其所守，或谓乖其所学，是尚得为知公者乎？"他根本认定荆公之受知于神宗和政治上的事业，完全是他的人格、思想、志趣一贯的表现，并非出于偶然。他很同情地表扬荆公道："英特迈往，不屑于流俗。声色利达之习，介然无毫毛得以入其心。洁白之操，寒于冰霜，公之质也。扫俗学之凡陋，振弊端之因循。道术必为孔孟，勋绩必为伊周，公之志也。不祈人之知，而声光烨奕一时，钜公名贤，为之左次，公之得此，岂偶然哉。"他这段简要公正的话，真不愧为荆公千古知己。

站在学术的立场，他最心折最感契合的是王荆公的"道术必为孔孟，勋绩必为伊周"的理想主义。他认为唐虞三代以来，"道""仁政""天下为公"的理想政治，久已衰微，而代以重私利现实的政治。他叹息道："人私其身，士私其学。老氏以善成其私，长雄于百家，至汉而其术益行。……自夫子之皇皇，沮溺接舆之徒，固已窃议其后，孟子言必称尧舜，听者为之藐然。不绝如线，未足以喻斯道之微也。陵夷数千百载，而卓然复见斯义，顾不伟哉。"所以他对于荆公之以伊周为职志，以尧舜期许神宗，以及荆公之主张变易祖宗成法，皆不仅不说他狂妄，不说他以大言欺人，反而特别予以嘉许，称为卓伟。他似乎隐约以荆公为孔门中之狂者，在政治上足以复兴理想政治，抵制重现实政治的老氏。他对于荆公的批评或惋惜之处，只有一点，即认他学问思想上有所蔽，缺乏穷理格物的功夫。换句话说，他认为荆公法尧舜变法度的根本主张、理想或志趣是对的，问题只在于法尧舜的实际措施是否得当，新建立的法度本身是否合理而无弊病。所以他说："惜哉，公之学不足以遂斯志，而卒以负斯志，不足以究斯义，而卒以蔽斯义也。"（斯义指尧舜之道，斯志指法尧舜之志。）又说："典礼爵刑，莫非天理，洪范九畴，帝实锡之。古所谓宪章法度典则者，皆此理也。公之所谓法度者，岂其然乎？"他认为荆公之行新法，恐有穷理未精，不免以己之意见为是，而未必尽契于天理。所谓未必尽契于天理，亦即未必尽合于人心之所同然的意思。

以上所引皆出于《祠堂记》，他《语录》中有一段批评荆公的话，似比较更明透："或问介甫比商鞅何如？先生云，商鞅是脚踏实地，他亦不问王霸，只要事成，却是先定规模。介甫慕尧舜三代之名，不曾踏得实处，故王不成，霸不就。本原皆因不要格物，模索形似，便以为尧舜三代，如是而已。所以学者先要穷理。"（见《象山全集》三十五）足见在象山眼里，荆公是一有高远理想的政治家，因为缺乏格物穷理功夫，所以理想未能实现（王不成），又因为不是商鞅式只图功成名就的实际政治家，所以霸也不就。又足见从象山对于荆公的批评里，他要指出两点教训：第一，法尧舜的理想政治是应该提倡的，不可因荆公之失败，而根本反对儒家法尧舜行仁政的王道理想，而陷于重私利的实际政治；第二，单是理想是不够的，必须格物穷理，辅之以学问，庶理想方可真正实现出来。从这里我们对于象山的学说，也可有一点新的了解。象山虽注重本心，注重理想，然而他仍与朱子一样地注重理、天理、学问、格物穷理。不过象山根本认为理不在心外，且比较在行事方面在实际生活方面（而较少在书本章句方面）去求学问，去格物穷理罢了。

说到这里，我又想到朱子评论荆公的一段话了。朱子说："新法之行，诸公实共谋之。虽明道先生不以为不是，盖那时是合变时节。"又云："新法自荆公行之，有害，若明道行之，自不至恁地狼狈。"照这样说来，足见这里面，除了主张、理想外，还有一个"人"的问题。盖处理政治问题，知"人"，应付"人"，"人事处理得好"，实极关重要。荆公新法之失败，简言之，亦可谓"人事失调整"而已。但一个政治家人事处理得不好，大约不外两因：（一）性情方面先天的有缺陷，如刚愎任性等；（二）学问方面后天的缺乏格物穷理功夫。但性情方面的弱点，大部分亦可由学问和涵养矫正之。故象山惋惜荆公之欠缺格物明理功夫，不仅甚中肯綮，且亦寓有深意。

其实，荆公自己对于他行新法的动机之纯，理想之正，办法之利，均颇有自信。于《上五事劄子》中，他说："免役之法成，则农时不夺而民力均矣；保甲之法成，则寇乱息而威势强矣；市易之法成，则货贿通流而国用饶矣。"且于实行诸法成败的关键，他亦洞若观火。他再三着重地说："窃恐希功幸赏之人，速求成效于年岁之间，则吾法隳矣。臣故曰三法者（指免役、保甲、市易三法），得其人缓而谋之，则为大利；非其人急而成之，则为大害。"哪晓得他所约集合作以行新法的人，尽是些"希功幸赏迅求成效"的人，换言之，他厉行新法，实系"非其人急而成之"，其必不免于失败，恐怕也早在他的洞察之中。即就荆公本人而论，他也是一性急的人。他平日最缺乏雍容的度量和从容不迫的风度。以性急的人去担负须缓图的事业，似已包含有失败的内在矛盾。

以上约略讨论象山对于荆公的人品和政治上的理想与事实的欣赏和批评。以后有机会将再来讨论荆公的学术思想之接近象山、启发象山的地方。

授课人：贺麟

第三章 王安石的哲学思想

中国儒家的人所尊崇的政治家，大约不外两型：一为伊周型，一为萧曹型。前一类的政治家，同时即是圣贤，道德文章兼备，言行均可为世法则，治平之业，好像只是他们学问道德文章的副产。三代以下这一类型的政治家甚为没落，唯有那“伯仲之间见伊吕”，被宋儒称为“有儒者气象”的诸葛孔明，比较接近此一类型。后一类型的政治家，大都有才能，建事功，平叛乱，维治安。他们似乎是政治本位，事功本位的政治家，以政治上建立功业为唯一目的。他们虽可称为贤臣贤相，然而究不能说是道德、学问、文章兼备的圣贤。汉唐的盛治，都是这一类型的政治家的表现。汉的萧、曹、霍光，唐之房、杜、姚、宋，都是这一类型的代表。伊周类型的政治家当然要行王道，实现大同之治。萧曹类型的政治家，当然免不了掺杂些霸道和申韩之术，只能达到小康之治。如果用现代话来说，前者代表政治上的理想主义，后者代表政治上的现实主义，传统儒家的政治思想一贯地憧憬大同的理想。

宋朝以尊重儒者、不杀文臣定为祖宗家法，初期胡瑗、孙复之讲学亦开造成伊周型的政治家的先河。而后来理学家程朱的历史观，亦一致地贬斥汉唐，推尊三代理想政治。宋朝的政治家如范仲淹、韩琦、司马光等都是以道德、学问、文章著称，接近伊周型的政治家。即欧阳修、苏轼虽偏以文章见长，其最后理想亦在于为三者兼备的政治家。在历代培养文治的传统下，在杰出之士皆以达到道德、学问、文章兼备为政治家的理想的风气下，王安石不过是最杰出、最完美的代表而已。安石的诗文皆卓然自成为大家。他的人格，陆象山称其“洁白之操，寒于冰霜”。他的生平志事，陆象山称其“道术必为孔孟，勋绩必为伊周”。所以他实在具备了种种条件，使他成为三代以下，伊周型的政治家中最伟大的虽说是一个失败的代表。据说，当他初见神宗时，神宗问他：“唐太宗如何？”他答道：“陛下当法尧舜，何以太宗为哉？”又说：“陛下诚能为尧舜，则必有皋夔稷契，彼魏徵诸葛亮者何足道哉？”许多人都认为安石这番话未免大言欺人，狂妄无忌惮。殊不知这确是表现他多年来所怀抱的根本主张。神宗原来憧憬着汉唐的现实政治，他要把神宗转变为趋向三代伊周式的理想政治。神宗当时接受了他的根本主张，称他为“责难于君”，并嘉勉他“悉意辅辟，同济此道”。于是他才秉难进易退之节，得君行道。

以上是就理想政治与现实政治在历史上的消长来看，以指出王安石在政治史上的地位。再就哲学与政治的关系，以明示王安石的哲学思想在哲学史上的地位。

大凡一个政治家必有其哲学见解，必有其所服膺的哲学家。如王安石的哲学倾向，最接近孟子的心性之学，而他所最推尊的哲学家除孔子外，为孟子及扬雄。他所最反对的哲学家为荀子。这也有其政治思想的背景的。因孟子是理想主义者，他的政治思想，在儒家中是提倡大同的。而荀子则是政治上倾向小康的现实主义者。同时一个哲学家，亦必有其政治主张，有其所拥护的政治家。如孔子之尊周公，老庄之尊黄帝，墨子之尊大禹。在宋儒朱陆两派中，显然程朱比较拥护司马光，而象山则拥护温公的政敌王安石。象山是哲学家中第一个替王安石说公道话的人。王安石的新法被司马光推翻，他的政治理想迄未得真正实现。而陆象山的心学被程朱派压倒直至明之王阳明方始发扬光大。而政治家中也只有张居正才比较服膺陆王之学。总之，讲陆王之学的人多比较尊崇王安石、张居正式的有大气魄的政治家。同时王安石、张居正一流的政治家亦多比较喜欢陆王一路的思想。这也许是出于偶然，但亦多少可表明政治家与哲学家亦有其性情的投契，政治主张与哲学思想亦有其密切的关联。同时我也约略暗示了王安石的哲学思想，以得自孟子、扬雄为最多，而与陆王的思想最为接近。

要讲安石的哲学思想，我们不能不概括地先讲一下程朱陆王的区别。程朱陆王都同是要讲身心性命格物穷理之学，所不同者只是程朱主张先格物穷理，而后明心见性，先今日格一物，明日格一物，而后豁然贯通，吾心之全体大用无不明。陆王主张先发明本心，先立乎大者，先体认良知，然后致吾心之良知于事事物物。所以程朱比较注重客观的物理，陆王比较注重主观的心性。一由用回到体，一由体发展到用。而陆王的心学正代表了西洋欲了解宇宙须了解自我，欲建立宇宙先建立自我的唯心哲学。

王安石生平最服膺孟子，最反对荀子，而孟子是主张尽心尽性，发挥良知良能，具有先立乎其大，万物皆备于我，方今天下舍我其谁的胸襟与气魄的人。除孟子外，他最推崇扬雄，认“扬雄者，自孟轲以来未有能及之者”。然而他推崇扬雄的理由，乃因为“扬雄亦用心于内，不求于外，不修廉隅，以徼名当世”。如果你问安石，救国救民从何处救起，他一定说先从救自己做起。治国平天下，亦先从治自己做起。他是讲为己之学的人。对于杨墨的评价，他虽说指斥两人各偏于一面，然而他比较赞成杨朱。他认“杨子为己，为己，学者之本；墨子为人，为人，学者之末”，是以学者必先为己。为己有余，则自可不期为人而自能为人。如果“始学之时，道未足以为己，而志已在于为人”，便是“谬用其心”。这样志虽在于为人，其实绝不能为人。他很觉奇怪，为什么“杨子知为己之为务，而不能达于大禹之道”。换言之，安石认为为己是本，本立自能发出为人的效用。他是要以杨子之为己为出发点，而达到墨子之兼爱的归宿点，庶几合乎本末兼赅，体用合一的儒家正道。

我们可以称安石哲学思想的出发点为“建立自我”。建立自我是他所作的立本、立大、务内的功夫。他的个性倔强，卓越不拔，有创造力，有革命精神，都可说是出自他建立自我的功夫。我这里用“建立自我”四字以表示他的根本出发点，因为建立二字，比较有哲学意味，建立自我为建立宇宙之本，提出建立自我，知的方面以自我意识为认识外物的根本，行的方面即利人济物、修齐治平的事业，不过是自己性分内事，是自我的实现罢了。兹试逐步陈述他建立自我的努力。

第一，建立自我，消极方面必须使自我不为物欲名利所拖累、所束缚。所以必须用一番摆脱物欲名利的功夫，使自我可以抬起头来，不致沉溺于物欲名利而不能自拔。在《答曾子固书》中王安石曾经说道：“方今乱俗不在于佛，乃在于学士大夫，沉没利欲，以言相尚，不知自治而已。”“沉没利欲”，即失掉自己，“以言相尚”，即务名而不务实，骛外而不务内。宋人议论（即以言相尚）未毕而金人渡江的后患，可以说他已有了先见。他这里所谓“自治”意义甚深。必定要像扬雄那样用心于内，才算得自治。自治就是我这里所谓自我建立。他于《进戒疏》中说："不淫耳目于声色玩好之物，然后能精于用志。能精于用志，然后能明于见理。"这已经把他生平的学问修养，全盘托出了。这也就是他"洁白之操，寒于冰霜"的所自来了。必定要摒绝嗜欲，然后才能保持自我的纯真的天机，才能用志不纷，集中精力，以格物穷理。我们须得明白，建立自我，乃是拯拔自我，保持自我，以求体察真理。并不是刚愎任性，放任主观意见。

第二，建立自我就是使自我以道或以理为依归，而不随俗浮沉，与世俯仰。不以众人的意见为意见，而为真理守节操。《送孙正之序》中有一段，最足以表现他"举世非之力行而不惑"（韩愈语）及"不但一时之毁誉不关于虑，即万世之是非亦所弗计"（张居正语）的精神："时然而然，众人也。己然而然，君子也。己然而然非私己也，圣人之道在焉耳。夫君子有穷苦颠跌不肯诎己以从时者，不以时胜道也。故其得志于君则变时而之道，若反手然，彼其术素修而志素定也。"己然而然，不时然而然，表示他重自我的主观精神。然而他所谓己或自我乃是有普遍性永久性的道、理想和主义的寄托，不诎己以从时，并不是乖僻傲慢，而乃是不随世俗趋时代而牺牲自己所代表的道、主义或理想。不仅不以时胜道，有了机会还将进而以自己平素所服膺的道、主义、理想，去改变时代、转移世俗。所以后来他力排众议，不量敌之众寡，以校正"人习于苟且非一日，士大夫多以不恤国事，同俗自媚于众为善"（《答司马谏议书》）的风气，而毅然实行新法，实基于这种素养和素志的发挥，并非偶然。

第三，有了自我建立，则读书的时候，心中自有主宰，自能致良知以读书，不仅六经皆我注脚，而且诸子百家亦皆我注脚。所以他不为狭义的正统观念所束缚，胆敢无书不读，然而能自己受用随意驱遣，而不陷于支离。他与曾子固书说得最好："某自百家诸子之书，至于《难经》《素问》《百草》诸小说，无所不读。农夫女工，无所不问。然后于经为能知其大体而无疑。……扬雄虽为不好非圣人之书，然于墨晏邹庄申韩，亦何所不读。彼致其知而后读，以有所去取，故异学不能乱也，唯其不能乱，故能有所去取者，所以明吾道而已。”其博极群书有似朱子，其去取百家之书以明吾道，致吾知，较象山六经皆我注脚的精神似尤为阔大。

能建立自我，不单是读书可以主动，不受书本束缚，即视听言动，亦有自我作主宰，不随外物转移。他讲知识（视听）和行为（言动）中的自我主宰性或先天成分，尤为精颖。他说：“非礼勿听，非谓掩耳而避之，天下之物，不足以乱吾之聪也。非礼勿视，非谓闭目不见，天下之物，不足以乱吾之明也。非礼勿言，非谓止口而无言也，天下之物不足以易吾之辞也。非礼勿动，非谓止其躬而不动，天下之物不足以干吾之气也。天下之物，岂特形骸自为哉？其所由来盖微矣。不听之时，有先听焉。不视之时，有先明焉。不言之时，有先言焉。不动之时，有先动焉。”（见《礼乐论》）非礼勿视、听、言、动，若不善加解释，而加以权威化，简直会束缚得人不敢动弹。无怪会引起人认“礼教吃人”“以理杀人”的反抗。今安石对于消极的有使人逃避外物趋势的非礼勿视、听、言、动的教训，加以积极的解释，而鼓舞人征服外物，改变外物，以自己为范型去陶铸外物。已经包含有阳明释格物为正物，去物之不正以就己心之正的精神了。因为照他这样解释起来，非礼勿视，并非消极地不看外物，而是看尽天下之物，不能乱吾心之明。非礼勿听，不是消极地不听外物，而是听尽天下之声，不能乱吾心之聪。非礼勿言，不是消极地不说话，而是我自己所说的话，非外物所能推翻驳倒。非礼勿动，不是消极地无有行动，而是自己的行为坚定，非外物所可转移。换言之，他认为非礼勿视、听、言、动，不是束缚自己，而是依理以视、听、言、动，因而实现自己。不是消极地逃避外物，而是积极地借外物以考验吾耳之聪，目之明，言之有理，动之坚定，因为他根本认为外物之所以为外物，并非“形骸自为”，并非独立不依，由于外形如此便如此，而有其隐微的来源，这来源就是先天的自我，或未发的心性。他所谓不视、不听、不言、不动之时的先明、先聪、先言、先动，即指自动的有主宰的理性之我而言，亦即近似象山所谓本心，阳明所谓良知。他所解释的非礼勿视、听、言、动，实即应积极地依本心凭良知而视、听、言、动，或借视、听、言、动，以格物（正物），以复本心，以自致良知之意。有了先天自我的立法性和灵明性，则视、听、言、动自有准则（即有礼），而视、听、言、动所接触之外物自有条理，自受规范，因外物并非形骸自为，而乃为自我所建立，受自我之陶铸而成者。所以他接着说：“是故非耳以为聪，而不知所以为聪者，不足以尽天下之听，非目以为明，而不知所以为明者，不足以尽天下之视。聪明者，耳目之所能为，而所以聪明者非耳目之所能为也。”这段话甚深，推究起来，实包含有康德知识论的精意。耳目只是能听、能见的感官，而所以使耳目能听、能见者，不是感官，而是自我的理性。没有理性的理解，没有心中的灵明，耳不能有真听，目不能有真视。这显然是超出了单凭耳目的感觉主义，进入注重理性的理性主义，而以理性为感觉的根本。如果用王阳明的话来解释，便应说：聪明者耳目之所能为，而所以聪明者乃良知之所能为。不致良知，则耳失其所以为聪，而无真听，目失其所以为明，而无真视。能致良知，则耳目得其所以聪明之理，而视听言动皆尽其用，合于理（礼），知致而物格（正）矣。

同样的意思，在《书洪范传后》一文中，他复有简要的述说：“古之学者，虽问以口，而其传以心。虽听以耳，而其受以意。”口耳不过是传达心意的媒介。如不能心领神会，以心传心，以意受意，单凭口耳，便会沉没于外物，而失掉自己。这固足以表现他在知识方面注重传心的心学，亦即足以表示他处处注重自我的建立，那无自我、无个性，不能借口以传心，借耳而受意的人，根本算不得知识的主体，也就无法得到真知识。

以上讲安石提出主动的自我或致自己的良知为读书求知、视听言动的根本，以其涉及知识论，为国人所甚少注意，且以其意思特精颖，有开陆王的先河的地方，故说得较多。至于他富于心学意味的见解，此外，尤不胜枚举。兹再举其较显著的话以资印证："仁义礼信，天下之达道，而王霸之所同也，夫王之与霸，其所以用者则同，而其所以名者则异。何也？盖其心异而已矣，其心异，则其事异，其事异则其功异，其功异则其名不得不异也。王者之道，其心非有求于天下也。所以为仁义礼信者，以为吾所当为而已矣。以仁义礼信修其身，而移之政，则天下莫不化之也……霸者之道则不然，其心未尝仁也。而患天下恶其不仁，于是示之以仁。其心未尝义也，而患天下恶其不义，于是示之以义。其于礼信，亦若是而已矣。是故霸者之心为利，而假王者之道以示其所欲。故曰，其心异也。"依他的看法，王霸之辨，在于王者之心为义，动机纯洁，以仁义礼信为目的。而霸者之心为利，动机不纯洁，以仁义礼信为手段，为欺人的幌子。且心异则结果之事功亦随之异，是心为本，而事功为用。凡此种种注重动机的思想，都一贯是心学的看法。于《虔州学记》中有一段话，更能深切著明地道出心学的义蕴："周道微，不幸有秦，君臣莫知以为学，而乐于自用，其所建立悖矣，而恶夫非之者，乃烧诗书、杀学士，扫除天下之庠序，然后非之者愈多，而终于不胜，何哉？先王之道德，出于性命之理，而性命之理出于人心。诗书能循而达之，非能夺其所有，而予之以其所无也。经虽亡，出于人心者犹在，则亦安能使人舍己之昭昭而从我于聋昏哉。”这段话分析起来，包含有几层意思：第一，包含有象山人同此心、心同此理的意思。第二，诗书，广义言之，道德文化，只是顺人心中的性命之理而表达发挥之，并非外铸，更非斫伤夺掉其固有之本心本性。因此亦包含有性善之旨。第三，即使传统文化，诗书典籍一时遭受毁坏，而人心中自有其义理，自有其良知，因此道德文化亦不会沦亡。第四，人心中固有之义理或良知，活泼昭明，非专制权威所能压迫，非烧诗书，杀儒士，废学校，所能蔽塞消灭（承上文论秦之压迫言论统制思想言）。这简直与象山“斯人千古不磨心”，同一口吻。同时也就不啻提出内心的良知以做反对专制权威的最后武器了。

第四，由建立自我，以自我之内心所是随机应变为准则，而反对权威，反对泥古，注重随时，权变革新，以作自由解放及变法维新的根本。他说：“古之人以是为礼，而吾今必由之，是未必合于古之礼也。古之人以是为义，而吾今必由之，是未必合于古之义也。夫天下之事其为变岂一乎哉？固有迹同而实异者矣。今之人諰諰求合于其迹，而不知权时之变。是则所同者古人之迹，而所异者其实也。事同于古人之迹而异于其实，则其为天下之害莫大矣。此圣人之所以贵乎权时之变者也。”（见《非礼之礼》一文）他这里所谓古人之实应作古人之心或古人之真意解。把握住圣贤制礼法之心意，之实质，而随时权变，不拘泥于形迹之异同。这种说法岂不予改革维新、自由创造大开方便之门吗？故他所谓法尧舜伊周，并不是守旧复古，可以断言。同样的意思，下面一段话，发挥得尤为透彻精要：“圣贤之言行有所同，而有所不必同，不可以一端求也。同者道也，不同者迹也。知所同而不知所不同，非君子也。夫君子岂固欲为此不同哉？盖时不同则言行不得无不同。唯其不同，是以同也。

如时不同而固欲为之同，则是所同者迹也，所不同者道也。迹同于圣人而道不同，则其为小人也孰御哉？”上段以迹与实对举，此段以迹与道对举。足参证道指实言，实指道言（认道、理、名、共相为真实，乃柏拉图式的实在论亦即唯心论的共同看法）。“唯其迹与圣人不同，是以同也”一语，指出不同的言行事迹正所以实现同一的道，不唯洞见一与多的真正关系，而且对泥古拘迹者揭示其弊害，加以有力的排斥，并提供变法革新以一种坚实的理论基础。这是他由建立自我，求心同不求迹同的心学而发挥出自由革新的精神的地方，也是中国思想史上少见的卓识，而为陆王思想中所特有的色彩。

上面我们已约略叙述了王安石开陆王先河的心学，以下将进而讨论他承继孔孟，调解孟扬，反对荀子的性论。他以性情合一论为出发点，以性善恶混之说为过渡思想，而归结到性善论。

在《性情》一文中，他首先提出性情合一之旨道：“性情一也。世有论者曰，性善情恶，是徒识性情之名而不知性情之实也。喜怒哀乐好恶欲，未发于外而存于心，性也。喜怒哀乐发于外而见于行，情也。性者情之本，情者性之用。故吾曰，性情一也。”这足见他显然以体用内外合一的原则，来说明性情之一而不可分的关系。他提出性情合一说，有两个作用：一欲借以反对性善情恶说，认吾人不可离情而言性，含有重视情感，反对那枯寂冷酷，抹杀情感的禁欲主义。所以他说：“如其废情，则性虽善，何以自明哉？诚如今论者之说，则是若木石者尚矣。”（同上）一由性情之合一，而认由情之善知性亦善，由情之恶知性亦恶，而赞助扬雄的性善恶混之说。所以他说：“盖君子养性之善，故情亦善；小人养性之恶，故情亦恶。故君子之所以为君子，小人之所以为小人，莫非情也。”又说：“然则性有恶乎？曰，孟子曰养其大体为大人，养其小体为小人。扬子曰，人之性，善恶混。是知性可以为恶也。”（同上，见《性情》）

这是明显地由性情合一说而过渡到性善恶混的思想，且他认为孟子亦有类似善恶混的说法，思借以调解孟、扬的性论。然而这里显见他牵强曲解孟子。盖孟子所谓养大体或可以释作养性或养善性，而孟子所谓养小体，显然只是指养私欲肉欲而言，而非所谓性。孟子绝不会认情欲为性，亦从没有认受蒙蔽刺激而起的恶的情欲为性的说法。孟子只是认恶的情欲为起于外界之引诱刺激，本心之被蒙蔽，为违反本性，而非人之内在的本性。

在《原性》一篇中，一方面有不少的精意，一方面似亦免不了矛盾。第一，他似乎有认情有善恶，而性无善恶之可言的意思：

> 孟子言人之性善，荀子言人之性恶。夫太极生五行，然后利害生焉。而太极不可以善恶言也。性生乎情（按依上下文义，性生乎情乃性产生情之意，非性自情生之意），有情然后善恶形焉，而性不可以善恶言也。此吾所以异于二子。

照这段话的意思，他与孟、荀不同的地方，乃二人各偏执善恶，而他认性为太极（上文有“性者五常之太极也”的话），是超出善恶（善恶是后天用以判别情之中节与否的名言），而不可以善恶言的。他这里以有善恶的已发言情，以超善恶的未发言性，意亦甚精。但这与他由性情合一而推出的性与情皆有善有恶之说似又矛盾。接着第二段说：

> 孟子以恻隐之心，人皆有之，因以谓人之性无不仁。就所谓性者如其说，必也怨毒忿戾之心，人皆无之，然后可以言人之性无不善。而人果皆无之乎？孟子以恻隐之心言性者，以其在内也。夫恻隐之心与怨毒忿戾之心，其有感于外而后出乎中者，有

不同乎？荀子曰："其为善者伪也。"就所谓性者如其说，必也恻隐之心人皆无之，然后可以言善者伪也。而人果皆无之乎？荀子曰："陶人化土而为埴，埴岂土之性也哉？"夫陶人不以木为埴者，唯土有埴之性焉。乌在其为伪也？

这段话驳荀子善者伪也之说甚精。其意盖谓善乃基于本性，乃本性之自然实现，而非由于矫揉造作的伪。但他同时复反驳孟子，认人皆有怨毒忿戾之心，而怨毒忿戾之心，其伏于中被感而发于外，与恻隐之心，亦并无不同，足见人心之中，亦有恶性。其反驳孟子性无有不善之说，而替扬子性善恶混之说辩护，似亦颇持中而合于常识。不过这说显然与他自己上段认性为太极无有善恶之说不合。且他似有误解孟子处。孟子言"恻隐之心，仁之端也"，意谓同情心，恻隐之心（情），为仁的一种表现或端绪，并非混合性情，以恻隐之心言性。孟子虽亦有"恻隐之心，仁也"的明文，其意不过谓仁性即显现于恻隐之心之内，即情见性，不可离恻隐之心（情）而言仁性。虽亦含有安石"性情一也"之旨，但却自有体用之分别。孟子以恻隐之心言仁，非仅以恻隐之心为心理上的内心情绪，乃以恻隐之心之足以表示人之本性，代表真我，发展人格。而怨毒忿戾之心，虽仍系心理上的情绪，但足以戕贼本性，有损人格，不能代表真我，乃本性（仁）之蒙蔽，之丧失，因而只能说是有善有恶之情，不能说是纯善无恶之性。换言之，由情之善以证性之善可，因善的情足以表现本性、发挥本性故。由情之恶以证性之恶则不可，因恶情乃习染之污，本性之蔽，不足以代表本性故。犹如由室中之光明以证太阳之光明可。由室中之黑暗以证太阳之黑暗则不可。因室中之黑暗乃由太阳之被遮蔽，阳光之未能透入，非太阳本身黑暗。安石知性为太极（太极犹心性中之太阳），知情善故性善，而不知情恶而性不恶的道理，自陷于矛盾，盖为扬子性善恶混之说所误引了。

然而我已说过，安石性有善恶之说，只是他受扬雄的影响，欲调和孟、扬思想的初步的折中说法，而非他最后极至之见。所以他接着便有进一层的看法："且诸子（指孟、荀、扬、韩）之所言，皆吾所谓情也，习也，非性也。扬子之言为似矣，犹未出乎以习而言性也。"换言之，他认为他们偏执性善、性恶、性善恶混之性三品，皆是以情、以习、以已发于外者去言性，而未能以理、以太极、以未发之中而言性。如果以理、以太极、以未发之中而言性，则性将为超善恶的真纯之本，而无善恶之可言了。于是他便超出心理方面情习方面的性论，而升入从形而上学的观点以言性。使我们不能不钦佩他超迈独到的识见。但性既是理、太极或未发之中，虽不可用比较的相对的善去言性（因性是超出相对的善恶之上的），却亦自有其本身内在之善。所以在某种意义下，可以说性超善恶，在另一较高意义下，亦可说性是善的。因此他最后复归到孟子的性善论，而与扬子的性善恶混说，再做一新的调解。他这种认性为超出心理上的善恶，而归结到人的本心、本性仍是善的根本思想，与王阳明晚年天泉证道的四句话"无善无恶心之体，有善有恶意之动……"真是同条共贯，可以互相发明。

安石提出正性（代表真我的天命之性）与不正之性（指情习而言）的区别。正性纯善无恶，而不正之性，亦可名为俗谛之性，则有善有恶。请看他在《扬孟篇》中调和两家的言论：

> 孟子言性曰性善，扬子之言性曰善恶混。……孟扬之道，未尝不同，二子之说，非有异也。此孔子所谓言岂一端而已，各有所当者也。孟子之所谓性者，正性也。扬子之所谓性者，兼性之不正者言之也。……夫人之生莫不有羞恶之性。有人于此，羞善

行之不修，恶善名之不立，尽力乎善以充其羞恶之性，则其为贤也孰御哉？此得乎性之正者，而孟子之所谓性也。有人于此，羞利之不厚，恶利之不多，尽力乎利，以充其羞恶之性，则其为不肖也孰御哉？此得乎性之不正，而扬子之兼所谓性者也。……今夫羞利之不厚，恶利之不多，尽力乎利而至乎不肖。则扬子岂以谓人之性，而不以罪其人哉？亦必恶其失性之正也。

依他这样分别来说，孟、扬之说，实可并行不悖。他这种说法，已包含有程伊川分别义理之性与气质之性的说法了。正性就是伊川所谓义理之性，亦即孟子性善说所指的性。不正之性就是伊川所谓气质之性，“君子不谓之性也”的性，亦即扬子善恶混说所指之性。然而不正之性，乃正性的陷溺、丧失，所以在理论上，我们只应讲正性。因此他最后不能不归到孟子的性善说或正性本善之说了。

后来在《文集拾遗》中，我们发现他另有一篇《性论》，便纯粹发挥孟子性善之说，无丝毫违异。其醇正无疵，不亚于程朱。兹特详引于下：

古之善言性者，莫如仲尼，仲尼圣之粹者也。仲尼而下，莫如子思，子思学仲尼者也。其次莫如孟轲，孟轲学子思者也。……然而世之学者，见一圣二贤性善之说，终不能一而信之者何也？岂非惑于《论语》所谓“上智下愚”之说与？噫，以一圣二贤之心而求之，则性归于善而已矣。其所谓智愚不移者，才也，非性也。性者五常之谓也。才者愚智昏明之品也。欲明其才品，则孔子所谓“上智下愚不移”之说是也。欲明其性，则孔子所谓“性相近，习相远”，《中庸》所谓“率性之谓道”，孟轲所谓“人无有不善”之说是也。

夫有性有才之分何也？曰性者，生之质也。五常是也。虽上智与下愚，均有之矣。盖上智得之之全，而下愚得之之微也。夫人生之有五常也，犹水之趋乎下，而木之渐乎上也。谓上智者有之，而下愚者无之，惑矣。……夫性犹水也，江河之与畎浍，小大虽异，而其趋于下同也。性犹木也，楩楠樗栎，长短虽异，而其渐于上同也。智而至于极上，愚而至于极下，其昏明虽异，然其于恻隐羞恶是非辞逊之端，则同矣。故曰，仲尼、子思、孟轲之言，有才性之异，而荀卿乱之。扬雄、韩愈惑乎上智与下愚之说，混才与性而言之。

这里他灼然见到仲尼思孟的贯通处，以仁义礼智信之五常言性。认人性之善，如水之趋下，如木之渐上。醇正发明孟子本旨，排斥荀卿。且指出扬雄、韩愈只是混才与性而言之，不复去做调解孟、扬的无谓工作，真是洞达性体的至论。依我看来，他的性论，若不为前面未定的善恶混之说所误，将可与程朱的性论争光媲美。他复于《荀卿论》上一文中，力贬荀卿而尊孟子，认为荀卿之名，不宜与孟子相配比。他指斥荀卿性恶说为祸仁义道：

昔告子以为“性犹杞柳也，义犹桮棬也”。孟子曰：“率天下之人而祸仁义者，必子之言夫。”夫杞柳之为桮棬，是戕其性而后可以为也。盖孟子以谓人之为仁义，非戕其性而后可为，故以告子之言为祸仁义矣。荀卿以为人之性恶，则岂非所谓祸仁义哉？顾孟子之生不在荀卿之后焉耳。使孟子出其后，则辞而辟之矣。

由此可见安石纯全持性善说，而以孟子的功臣自居，俨以代孟子辟荀子为己任。此外他答孙长倩书说："语曰，涂之人皆可以为禹，盖人人有善性，而未必善自充也。"更纯正地本孟子之说以立言。所以我敢断定，安石是程朱以前对于人性论最有贡献，对孟子的性善说最有发挥的人。

有了性善论作根本立脚点，于是他便进而持充性说、复性说、顺性说、养性说，认为礼乐教化皆所以实现本性。前面我们说安石由建立自我而注重实现自我；由提挈本心而注重回复本心，自致良知。此处我们又可见得他如何由主张性善说而注重尽性了。尽性总括充性、顺性、复性、养性而言。

在《原过》一文中，他明白指出改过迁善为复性之道：

> 天有过乎？有之，陵历斗蚀是也。地有过乎？有之，崩弛竭塞是也。天地举有过，卒不累覆且载者何？善复常也。人介乎天地之间，则固不能无过，卒不害圣且贤者何？亦善复常也。……天播五行于万灵，人固备而有之。有而不思则失，思而不行则废。一日咎前之非，沛然思而行之，是失而复得，废而复举也。

"天播五行于万灵，人固备而有之"，故人性善。不思不行，则失其本性。"思"指反省己性之善或自觉己性之善言。"行"指力行以扩充实现己性之善言。能思能行，能改过迁善，则可以得到其放失之性而回复其本性之常。这纯全代表孟子"求放心""思则得之，不思则不得也"的思想。

除注重改过迁善以复本性之善外，他并进而指出礼乐有顺性、养性的功能：

> 先王体天下之性而为之礼，和天下之性而为之乐。礼者天下

> 之中经；乐者天下之中和。礼乐者先王所以养人之神，正人之气而归正性也。……衣食所以养人之形气，礼乐所以养人之性也。（见《礼乐论》）

这段话一方面说明礼有体性（体即体贴，体性亦顺性之意）、和性、养性，使人归返其正性的功能和价值，一方面也假定了人之性善，故只须顺之、和之、养之、归之。足见礼乐的设施并不是要桎梏人，使人化性起伪，而只是顺适长养其固有之善性罢了。因此他反对荀子的性恶论及化性起伪的礼论。他著有《礼论》一篇专驳斥荀子道：

> 呜呼！荀卿之不知礼也。其言曰，“圣人化性而起伪”，吾是以知其不知礼也。……礼始于天而成于人。知天而不知人则野，知人而不知天则伪。圣人恶其野而疾其伪，以是礼兴焉。今荀卿以谓圣人之化性为起伪，则是不知天之过也。……今人生而有严父爱母之心，圣人因其欲而为之制焉。故其制虽有以强人，而乃以顺其性之欲也。圣人苟不为之礼，则天下将有慢其父而疾其母者矣。此亦可谓失其性也。得性者以为伪，则失其性者乃可以为真乎？……夫狙猿之形非不若人也。欲绳之以尊卑，而节之以揖让，则彼有趋于深山大泽而走耳。虽畏之以威，而驯之以化，其可服耶？以谓天性无是，而可以化之使伪耶？则狙猿亦可使为礼矣。故曰，礼始于天而成于人，天则无是而人欲为之者，举天下之物，吾盖未之见也。

他这里所谓天，是指人之自然的天性或本性。他指出礼并非违逆人性的矫揉造作（伪），而乃顺性之欲，使人得其本性，并不是使人失掉他的本性。譬如狙猿不是理性动物，天性中便没有礼，无论如何用化性起伪的功夫，也无法使它知尊卑揖让的礼节。礼固然须有后天的教导、学习的努力方能完成，但其来源是先天的，人为的学习只是顺从天性、实现本性罢了。

荀子言礼，知人为而不知天性，可以说是知用而不知体。故他虽盛称礼之“法度节奏之美”，但亦不能为礼建立坚实深厚的理论基础。而老子的弱点，据王安石看来，便恰与荀子相反，是知天而不知人，亦可以说是知体而不知用。故只是注重天，而蔑弃礼乐刑政。遂至放弃人的造作努力，而天亦失其所以为天了。他著有《老子》一篇，最足以表示出他所以要在人事上、在礼乐刑政方面去努力设施的根本原因。兹抄录如下：

> 道有本有末，本者万物之所以生也，末者万物之所以成也。本者出之自然，故不假乎人之力，而万物以生也。末者涉乎形器，故待人力而后万物以成也。夫其不假人之力而万物以生，则是圣人可以无言也，无为也。至乎有待于人力而万物以成，则是圣人之所以不能无言也，无为也。故昔圣人之在上而以万物为己任者，必制四术焉。四术者礼乐刑政是也。所以成万物者也。故圣人唯务修其成万物者，不言其生万物者。盖生者尸之于自然，非人力之所得与矣。
>
> 老子者独不然，以为涉乎形器者皆不足言也，不足为也。故抵去礼乐刑政而唯道之称焉，是不察于理而务高之过矣。夫道之自然者又何预乎？唯其涉于形器，是以必待于人之言也，人之为也。其书曰：“三十辐，共一毂，当其无，有车之用。”夫毂辐之用，固在于车之无用。然工之琢削，未尝及于无者，盖无出于自然之力，可以无与也。今之治车者，知治其毂辐，而未尝及于无

也。然而车以成者，盖毂辐具则无必为用矣。如其知无为用，而不治毂辐，则为车之术固已疏矣。今知无之为车用，无之为天下用，然不知所以为用也。故无之所以为车用者以有毂辐也。无之所以为天下用者，以有礼乐刑政也。如其废毂辐于车，废礼乐刑政于天下，而坐求其无之为用也，则亦近于愚矣。

这篇文字可以说是安石代表儒家左派，提倡积极的有为政治，以反对老庄无为政治的理论宣言。他这里所谓“道”，所谓“无”，相当于人之自然的天性，是万物之本。礼乐刑政是人努力以尽此道此无之妙用的具体设施，也可以说是实现人的本性的工具或形器。不从事于有即不能得无之妙用。不从事于礼乐刑政的设施，即不能尽性道之妙用。原则上不放弃老子性、道、无的高明境界，然而方法上、人生态度上，一反老庄放任自然，无为而治的清静无为之教。所以他于《答司马谏议书》中很剀切地说：“如君实责我以在位久，未能助上大有为以膏泽斯民，则某知罪矣。如曰今日当一切不事事，守前所为而已，则非某之所敢知。”足见他不仅不轻视礼乐刑政，认之为粗迹，反而认为只有力行苦干，有所事事，对于礼乐刑政有所兴革设施，方足以收顺性尽道之妙用。固然他对于性道与形器的体用合一之有机关系，说得仍稍欠透彻得当。然而许多批评他的人如陈了翁谓：“安石之学独有得于刑名度数，而道德性命则有所不足。”朱子谓：“安石以佛老之言为妙道，而谓礼法事变为粗迹，此正其深蔽。”（见清顾栋高辑王安石遗事中所引。载在大东书局本《王安石全集》中）这不啻反以安石批评老子的话来批评安石，似对于安石致力于礼乐刑政以求尽性尽道的地方，缺乏认识，亦即对于安石直接孔孟的性善论之处，缺乏了解；反不如认安石为接近唯心论的说法较合事实。

后记：我早就隐约觉得王安石的思想接近陆象山，而为讲陆王哲学的人所不应忽视。后因美国前副总统华莱士来华，盛称道王安石，我乃一时高兴，取出《安石全集》来细读。这篇文章就是研读后的小小收获。这篇文字仍是未完成之作，写起后搁置了一年多，亦没有机缘完成。梁任公作《王荆公传》曾特别注重安石的知命之学。而我仅叙述他的心学及性论，对于安石的“命论”，未遑阐述，这是深感憾歉的一点。安石晚年超脱尘世学佛学禅，境界甚高。我对于他晚年的佛学思想毫未提及，亦殊觉遗憾。这里我愿意附带介绍安石的一首最富于哲理与识度的诗：“风吹瓦堕屋，正打破我头。瓦亦自破碎，岂但我血流。我终不嗔渠，此瓦不自由。众生造众恶，亦有一机抽。渠不知此机，故自认愆尤。此但可哀怜，劝令真正修。岂可自迷闷，与渠作冤仇。”这诗充分表现出斯宾诺莎式的决定论。同时也颇能代表他晚年静观宇宙人生，胸怀洒脱，超脱恩怨、友仇、成败、悲欢、荣辱的高远境界，和他学佛后宽恕一切、悲悯一切的菩萨心肠。

授课人：贺麟

第四章 王船山的历史哲学

王船山是王阳明以后第一人。他在中国哲学史上的地位，远较与他同时代的顾亭林、黄梨洲为高。他的思想的创颖简易或不如阳明，但体系的博大平实则过之。他的学说乃是集心学和理学之大成。道学问即所以尊德性，格物穷理即所以明心见性。表面上他是绍述横渠，学脉比较接近程朱，然而骨子里心学、理学的对立，已经被他解除了，程朱陆王间的矛盾，已经被他消融了。

船山的历史哲学可以说是他的纯粹哲学的应用与发挥，乃是对中国历史哲学的空前贡献。他的《读通鉴论》和《宋论》二书，大约是他晚年思想成熟时的著作。执一中心思想以评衡历史上的人物与事变，自评论历史以使人见道明理而入哲学之门。书中透出了他个人忠于民族文化和道统之苦心孤诣的志事，建立了他的历史哲学、政治哲学和文化哲学，指示了做人和修养的规范，可以说他书中每字每句都是在为有志做圣贤、做大政治家的人说法。

何谓历史哲学？太史公所谓“明天人之际，通古今之变，成一家之言”，可以说是对于历史哲学的性质与任务最好的诠释。简言之，历史哲学即是要在历史上去求教训，格历史之物，穷历史之理，穷究国运盛衰、时代治乱、英雄成败、文化消长、政教得失、风俗隆污之理。换言之，历史哲学即在历史中求“通鉴”，求有普遍性的教训、鉴戒或原则。古往今来第一流有气魄有识见的历史家，如司马迁、司马光之流，绝不仅供给我们以历史事实，而乃要指示一种历史哲学。一如伟大的科学家之不仅是科学家，而自有其哲学，有其宇宙观。

然而历史家的历史哲学只是潜伏的、隐微的、暗示的。只是寓哲学义理于叙述历史事变之中（一如诗人之寓哲学于诗歌中），究只是史而非哲学。哲学家的历史哲学是以哲学的原理为主，而以历史的事实作为例证和参考，因此它是哲学而非历史。历史哲学家将历史家所暗示的潜伏隐微的教训发挥出来，批评历史家写史时所抱的根本主张及其所假定的前提。譬如，太史公书中有许多地方，都是有作用的偏见，王船山直指出来而斥之为“谤史”。又如太史公与班固皆注重史书的文学性，喜为诙奇震耀之言，亦为王船山所指责。又如太史公在《伯夷列传》里，大发议论怀疑天道的公正，而船山整个历史哲学的中心思想，即在指明天道的公正不爽。太史公根据历史事实以证天道的不公正，王船山亦根据历史事实以证天道的公正。足见两人对于历史的看法、解释和哲学之不相同。至于司马温公的《资治通鉴》所隐微暗示的历史哲学，无疑是“有德者兴，失德者亡”的道德史观。而王船山的《读通鉴论》主要的也就是将温公的道德史观加以深刻化、系统化地发挥。他又因为自己身处于国族大变局中，而特别注重夷夏之辨的《春秋》大义，以唤醒人们的民族意识。不过，我们不仅要注重他借历史事变所发挥的道德教训和民族思想，而特别要揭示他的哲学思想、历史哲学的思想。

首先拟略述王船山研究历史哲学的方法。他的方法可以分作三点来说：第一，因为他是先有了哲学的原则，然后才应用这些哲学原则为基础来观察、解释、批评历史事实，所以他有时可以说是纯自一根本原则或中心思想出发，采取以事实注理则，以理则驭事实的方法，借历史事实以说明哲学原理，将历史事实作为哲学原理的例证或证成。他要用历史事实以例证或证成的根本原理，就是儒家的天道、仁和体用合一等观念。这在以后将再阐述。他这种方法可以说代表哲学家治历史哲学的一般方法。其好处在于使他的理论富于哲学识度，贯通而少矛盾。其弱点在空洞而不亲切。然而他又能辅之以现象学的方法及体验方法，使他的理论丰富有内容而亲切感人。

第二，所谓现象学的方法，就是即用以观体，因物以求理，由部分以窥全体，由特殊以求通则的方法。换言之，现象学的方法应用在理解历史方面，即是由看得见的古人的言与迹这些现象，去探求那看不见的心与道。“因言见心，因迹见道”是船山达到他的历史哲学的又一钥匙。他说：“知言者，因古人之言，见古人之心。尚论古人之世，分析古人精意之归。详说群言之异同，而会其统宗；深造微言之委曲，而审其旨趣。”（《宋论》卷六）因“言”去见“心”，由尚论古人之“世”，去求古人的“精意”，由比较“群言”的异同，去会通其“统宗”，由“微言”去深察其“旨趣”，都表示我所谓即用观体，由现象求本质的现象学的方法。《读通鉴论》卷十六，复有“千载以下，可按迹以知心。义不义决于心，而即征于外”的话，更足以见他“由外知内”“按迹见心”的方法。

第三，体验方法。王船山复用设身处地、同情了解的体验方法去得到他的历史理论。在《读通鉴论·叙论四》里，他说：“设身于古之时势，为己之所躬逢。研虑于古之谋为，为己之所身任。取古人宗社之安危，代为之忧患，而己之去危以即安者在矣。取古昔民情之利病，代为之斟酌，而今之兴利以除害者在矣。得可资，失亦可资也。同可资，异亦可资也。故治之所资，唯在一心，而史特其鉴也。”他这段话，知的方面教人虚心，设身处地，以体察古人的事迹；行的方面，求得其教训，以资自己立身处世的鉴戒。这正好表示了体验方法的两个方面。因为体验方法不是单纯地求抽象知识之法，而是知行合一之法。

我们前面业已提到，船山是先钻研经学，得出他的哲学原则，然后再将之应用于历史方面，以完成他的历史哲学。现在我们要进而简要地介绍他的基本哲学思想。

概括讲来，王船山的基本思想是一个不偏于一面的一元论或合一论。在各种对立的双方中，他要力求其偏中之全，对立中之统一。他的一元论，不是孤立的单一的一元论，而是一种谐和的调解对立、体用兼赅的全体论或合一论。而他的合一论也并不是漫无区别的混一论或同一论，而自有其体用主从之别。大体说来，他的思想是以理为体、物为用的理学，以心为体、物为用，知为主、行为从的心学。兹加以分别的论列：

（一）王船山的道器合一论。他承认“无其道则无其器”，但他特别注重“无其器则无其道”之说，以补救王学末流之弊。他指出：“器之虚寂，即道之虚寂。”他并且力言：“未有弓矢而无射道，未有车马而无御道。”（见《周易外传》卷五《系辞上传》）足见他力持道器合一而不可分离的说法，且已预斥近人离开器而侈言抽象的道，如“未有飞机之前，已有飞机之理”的说法。他的着重点是道器合一，不可离器而言道，以陷于空寂。亦不可离道而言器，致陷于无本。钱穆先生根据船山“天下唯器而已矣，道者器之道，器者不可谓之道之器”的说法便释船山此说为“唯器论”，那不啻说船山只知用而不知体。这似乎不足表示船山哲学上的根本立场。就船山的时代来看，大概他处于王学末流之世，离器言道陷于空寂的弊病比较大。为补偏救弊计，他比较注重不可离器而言道，或器外无道之说，诚所不免，但是他从来没有离开他的道器合一论。

（二）王船山的体用合一论。道即体，器即用，道器合一说即体用合一说。不过分开来说，或可较易了解。他说："天下之用皆其有者也。吾从其用而知其体之有。体用胥有，而相需以实。善言道者，由用以得体，不善言道者，妄立一体，而消用以从之。不可说空道虚，而强名之曰体。求之感而遂通者，日观化而渐得其原，如执孙子而问其祖考。"（《周易外传》卷二《大有》）他这里"体用胥有，而相需以实"一语，说体用合一之理甚精。意思是说，体有用而体真，用有体而用实。反之体用分离，则两者皆虚妄不实。至于此下各语，正昭示我前面所说的现象学方法的真义。"善言道者，由用以得体""从其用而知其体之有"，意即谓须用现象学方法，即现象以求得本体，不可外现象以妄立本体。"求之感而遂通者，日观化而渐得其原"，亦是即流行（感通，化）见本体（道原）之意。子孙喻用，祖考喻体。执子孙问祖考，亦即比喻我们所说的现象学方法的切实妙用。因为现象学方法的本质在于"即用求体"，而现象学方法，就是以体用合一的原则为前提。

（三）王船山的心物合一论。心属体，物属用，持体用合一说者自必持心物合一说。船山说："心无非物也，物无非心也。"（《尚书引义》卷一《尧典》）"一人之身，居要者心也。心之神明散寄于五脏，待感于五官。肝脾肺肾，魂魄志思之藏也。一脏失理而心之灵已损矣。无目而心不辨色，无耳而心不知声，无手足而心无能指使。一官失用而心之灵已废矣。其能孤一心以绌群用而可效其灵乎。"（《尚书引义》卷六《毕命》）他这里前两句虽稍欠透彻发挥，然而他持心物合一说，自无可疑。后面一段说身心合一之理，这使我们想起斯宾诺莎的身心平行论。在中国哲学里，讨论身心问题，有这种见解，实新颖可喜，足以引起人研究生理学及心理学的兴趣。可惜他未能详细发挥。

（四）王船山的知行合一论。船山生于王学盛行之时，自不免受阳明知行合一说的影响。且知属心，行属身属物，他既持心物合一说及心身合一说，他自不能不一贯地持知行合一说或知能合一说。他论知不可废能道："夫能有迹，知无迹。故知可诡，能不可诡，异端者于此，以知为首，尊知而贱能，则知废。知无迹，能者知之迹也。废其能则知非其知，而知亦废。"（《周易外传》卷五）他这里以行能为知之迹象，则知是体、行是用，知是主、能是从，自不待言。但为救王学末流之失，他特别注重不可离用以求体，不可废能以求知。

他又论知行关系道："且夫知者固以行为功者也。行也者不以知为功者也。行焉可以得知之效也，知焉未可得行之效也。……行可兼知，而知不可兼行。……君子之学未尝离行以为知也。"（《尚书引义》卷三《说命》）据我们解释起来，原则上船山仍然赞成知行合一、知行不可分离之说，不过他要矫正尊知贱能、重知轻行的偏弊，他特重不可离行以为知，亦即注重即行以求知、不行不能知之说。这便多少带有美国皮尔士、杜威、詹姆士等人的实用主义的色彩，而与王阳明之说法相反。阳明持"知是行之始，行是知之成"的说法，而船山便持"行是知之始，知是行之成"的说法。阳明认真知、良知即包括行。而船山则认行可兼知，而知不可兼行。

（五）王船山的物我合一论。一般中国哲学学者一读到物我一体，都认作是一种神秘境界，唯船山对于物我合一之说，能根据经验加以切实发挥。他说："且夫物之不可绝也，以己有物。物之不容绝也，以物有己。己有物而绝物，则内戕于己。物有己而绝己，则外贼乎物。物我交受其戕贼，而害乃极于天下。况乎欲绝物者，固不能充其绝也，一眠一食而皆与物俱，一动一言而必依物起。不能充其绝，而欲绝之，物且前却而困己，己且龃龉而自困。”（《尚书引义》卷一《尧典》）他这种物中有己，己中有物的物我合一论实与他的心物合一论相贯通。盖准此说来，则心中有物，物中有心。格物即可明心，用物即可尽知。饰外即可养内。一方面保持合一论的根本观点，一方面采取平实的即用以求体，下学而上达的方法。

他这种合一论的根本思想又如何应用在历史哲学方面呢？历史哲学上有两个重要概念，一是天道，一是人事，前者为理，后者为事。船山的思想就认为历史上事理是合一的，天道与人事是不分离的。天道并不空虚渺远，人事亦不盲目无理。他的方法是由人事以见天道，由事以明理。

王船山的天或天道，第一，具有理则性。是灵明而有条理的，是历史上事物变迁发展的法则或节奏。第二，天道具有道德性。天道是公正的，大公无私，赏善罚恶。这一点与老子的天地不仁的看法相反，而代表正统儒家思想。第三，天道复具有自然性，不息，不遗，无为，不假人为，无矫揉造作。第四，天道具有内在性，即器外无道，事外无理。天道并不在宇宙人生之外，而是内在于器物事变中，主宰推动万事万物。第五，天道有其必然性，真实无妄，强而有力，不可抵抗，人绝不能与天道争胜。凡此特点，均儒家的天道观应有之义。我们这里拟另外特别提出船山的两点独特贡献，加以阐发。一是天道不外吾心，理不在心外的心学观点，亦即集理学、心学之大成的观点。一即船山对于天道的矛盾进展或辩证法观点，默契于黑格尔理性的机巧的历史观。

于《读通鉴论》卷七里，船山对于天与事物及天与心的关系，有精要的说明：“无以知天，于事物知之尔。知事物者，心也；心者，性之灵、天之则也。”这明白应用他即用求体的方法，即由事物以求知天。但由事物所认识的天，却不在心外，而心即是天的法则。他这里所谓于事物知天即含有朱子所谓即物而穷其理之意。“天者理也”是船山秉承宋儒一贯的看法。于下面一段话中，更可见出：“天不可知，知之以理。拂于理则违于天，必革之而后安。……以理律天，而不知在天者之即为理。以天制人，而不知人之所同然者即为天。”（《读通鉴论》卷十四）“拂于理则违于天”“在天者之即为理”，是代表“天即是理”的理学的说法。根据陆王“此心同此理同”的说法，则“人之所同然者即为天”，即不啻说人之心同理同者即为天，这又符合陆王心学的趋向。由民意即天意，天视自我民视的古训，更可以见得“人之所同然者即为天”的义蕴。“君子之所贵于智者，自知也，知人也，知天也。至于知天而难矣。然而非知天则不足以知人，非知人则不足以自知。天聪明，自我民聪明；天明威，自我民明威。即民之聪明明威，而见天之违顺。”（《读通鉴论》卷十四）这段话有三点值得特别注意：第一，“非知天则不足以知人”，是根据非知全则不足以知分、欲知人不可以不知人之本源的原则。历史哲学如欲知人事，则不能不进而探知天道。第二，“即民之聪明明威，而见天之违顺”，即是由用知体的现象学方法。天不可知，于事物之理知之，于人之同然之理，人之民意、民心、民情，人之聪明、明威或理性以知之。第三，天理、天道、天心，不外于我民之“聪明明威”。天不在外，天人不二，这又代表心学的看法。

在《宋论》中，船山论天与道时，心学意味尤其浓厚：“论期于理而已耳，理期于天而已耳。故程子之言曰，圣人本天，异端本心。虽然是说也，以折浮屠唯心之论，非极致之言也。天有成象，春其春，秋其秋，人其人，物其物，秩然名定而无所推移，此其所昭示而可言者也。若其密运而曲成知，大始而合至仁。天奚在乎？在乎人之心而已。故圣人见天于心，而后以其所见之天为神化之主。”（《宋论》卷六）又说：“道生于心。心之所安，道之所在。”（《宋论》卷八）程子尚析心与天为二，而船山却超出程子，合心与天为一，明白宣称，天即在人之心中，心之所安，即道之所在。非深有得于陆王心学者，决不敢出此语。由此我们可以看出，船山不离理而言天，由事物以求明理知天，处处不离理学规范。然而他又不离心而言理，不离心而言天，处处鞭辟近里，一以心学为宗主。所以我们敢断言他是集理学与心学之大成的人。他格物穷理以救心学的空寂。他归返本心，以救理学的支离。据说他的父亲，曾受学于江右王门之邹东廓。而江右王门代表王学中最平正一派，且亦最足以调解程朱与陆王之矛盾者。船山承家学，自亦得王学学脉。所以，船山似乎是最能由程朱发展到阳明，复由阳明回复到程朱。

以上我们指出船山虽然注重格物穷理的理学，虽然力图补救王学的偏蔽，然而他仍能返本于心学，不离心而言理、言天、言道。现在，我们要进而指出他在历史哲学上的独特贡献，这就是他的辩证的历史观，亦即他从天道之表现于历史而发现了其中的对立统一、相反相成的原则。譬如，当他说：“天下之至狠者无狠也，至诈者无诈也。”（《读通鉴论》卷二十）又如他所说：“其失也，正其所以得也。其可疑也，正以其无不可信也。”“奚以知其为大智哉，为人所欺者是已。”（皆同上，卷二十四）“得道多助，创业者不恃助。不恃也，乃可恃也。”（同上，卷九）诸如此类的话，都与老子“大智若愚”“上德不德”等话相似，含有对立统一的道理，是船山在历史过程中所发现的辩证观。这些道理，在船山那里，不是老庄的玄言，而是历史上、人事上体验有得的实理。他尤其注重伟大的人格，但不是其片面的智、片面的仁、片面的立言立功，而乃是智与不智、仁与不仁、功与无功、言与无言之对立方面的谐和统一。譬如，他形容郭汾阳的人格道："天下共见之，而终莫测之。……不言之言，无功之功。回纥称之曰大人，允矣其为大人矣。"（同上，卷二十三）足见他所了解的汾阳的伟大所在，不在于"莫测"，而在于天下共见中的莫测，不在于有言有功，而在于无言之言，无功之功。这足表示他深有见于矛盾中的谐和的妙谛。

此外，他还从矛盾统一中深悟到不偏于一面的宏量和持中的道理。他说："生之与死，成之与败，皆理势之相为转圜，而不可测者也。既以身任天下，则死之与败，非意外之凶危。生之与成，抑固然之筹划。生而知其或死，则死而知其固可以生。败而知其可成，则成而知其固可以败。生死死生，成败败成，流转于时势，而有量以受之。如丸善走，不能逾越于盘中。"（《读通鉴论》卷二十八）这足见他把握住辩证的观点，在能窥见事物之全，要能见到死生成败之互相过渡的整个历程（理势之相为转圜）。见其大，得其大，则量自宏。如果只知生而不知死，只知成而不知败，则只知偏不知全，知一不知二，则胸襟褊狭，器小易盈。这样，辩证法在他那里已不是呆板的法则，而是生活的智慧了。

在《读通鉴论》卷七里，他说："刚柔文质，道原并建，而大中即寓其间。因其刚而柔存焉，因其文而质立焉，有道者之所尚也。"这里由刚柔文质之并建，而悟大中持中，相成相济，不可偏废的道理，将玄远的老子式的辩证观平实化、儒家化。大概凡纵观历史的人，都趋于注重时间的过程。而历史的过程总不免表现出一正一反一合的节奏，或矛盾进展的过程。船山是我国最伟大的历史哲学家，同时也是最富于辩证法思想的人。

授课人：贺麟

第六部分

清代哲学

颜李及一部分道学家 /　康有为

谭嗣同 /　廖平

第一章 颜李及一部分道学家

在汉学、宋学之对峙尚未成立之前，北方即有所谓颜李之学。颜元，字浑然，号习斋，直隶博野县人。生于明崇祯八年（西历一六三五年），卒于清康熙四十三年（西历一七〇四年）。李塨字刚主，号恕谷，直隶蠡县人，习斋之弟子。生于清顺治十六年（西历一六五九年），卒于雍正十一年（西历一七三三年）。二人俱反对宋明道学，而主张其自己所以为真正孔孟圣贤之道。颜习斋自述其为学宗旨云：

> 自汉晋泛滥于章句，不知章句所以传圣贤之道，而非圣贤之道也；竞尚乎清谈，不知清谈所以阐圣贤之学，而非圣贤之学也。因之虚浮日盛，而尧舜三事六府之道，周公孔子六德六行六艺之学，所以实位天地，实育万物者，几不见于乾坤中矣。迨于佛老昌炽，或取天地万物而尽空之，一归于寂灭；或取天地万物而尽无之，一归于升脱。……赵氏运中纷纷跻孔子庙庭者，皆修

> 辑注解之士，犹然章句也；皆高坐讲论之人，犹然清谈也。甚至言孝弟忠信如何教，气禀本有恶，其与老氏以礼义为忠信之薄，佛氏以耳目口鼻为六贼者，相去几何也。故仆妄论宋儒，谓是集汉晋释老之大成者则可，谓是尧舜周孔之正派则不可。……某为此惧，著《存学》一编，申明尧舜周孔三事六府六德六行六艺之道，大旨明道不在诗书章句，学不在颖悟诵读，而期如孔门博文约礼，身实学之，身实习之，终身不懈者。著《存性》一编，大旨明理气俱是天道，性形俱是天命。人之性命气质，虽各有差等，而俱是此善，气质正性命之作用，而不可谓有恶。其所谓恶者，乃由引蔽习染四字为之祟也。期使人知为丝毫之恶，皆自玷其光莹之本体；极神圣之善，始自充其固有之形骸。(《上太仓陆桴亭先生书》,《存学编》，卷一,《畿辅丛书》本，页十一至十三)

《书·大禹谟》:“水火金木土谷，谓之六府，正德利用厚生，谓之三事。”《周礼·大司徒》:“以乡三物教万民而宾兴之。一曰六德：知，仁，圣，义，忠，和。二曰六行：孝，友，睦，姻，任，恤。三曰六艺：礼，乐，射，御，书，数。”颜李谓古圣贤教人，只教人实有此六德，实行此六行，实习此六艺，实研习兵农等六府之事，以利用厚民之生而已。《大学》所谓格物，即谓此也。格如手格猛兽之格，谓“亲手习其事”。物即“物有本末之物也，即明德亲民也，即意心身家国天下也。然而谓之物者，则以诚正修齐治平皆有其事，而学其事皆有其物，《周礼》礼乐等皆谓之物是也”(李塨《大学辩业》，卷二,《畿辅丛书》本，页八)。习斋以为宋儒乃“集汉晋释老之大成者”，而非“尧舜周孔之正派”。就历史说，此言本亦合于事实，但因此即以宋儒之所学为根本错误，则不可耳。

习斋之时，尚无汉学之名，习斋亦非汉学家，然习斋已以此理由反对宋明之道学矣。然当时之道学家中，亦有持与习斋相同之见解者，如习斋此所上书之陆桴亭是也。陆桴亭名世仪，字道威，太仓人，尝云：

> 天下无讲学之人，世道之衰；天下皆讲学之人，亦世道之衰也。三代之世，君君，臣臣，父父，子子，各务躬行，各敦实行，庠序之中，诵诗书，习礼乐而已，未尝以口舌相角胜也。（《思辨录》，卷一，《正谊堂全书》本，页十）

又云：

> 近人讲学，多以晋人清谈，甚害事。孔门无一语不教人就实处做。（同上）

桴亭所著《思辨录》，对于兵农礼乐政制，俱有研究，与习斋同。而习斋亦讲正心诚意，与桴亭亦同。故习斋之学，虽反道学，然实系一部分道学之继续发展也。

理、气

习斋之学，大部分为关于教育及修养之辩论。其较有哲学兴趣者，为其《存性编》中对于理、气、性、形之辩论。《存性编》中"为妄见图凡七，以申明孟子本意"。（《存性编》卷二页二）其总图如下：

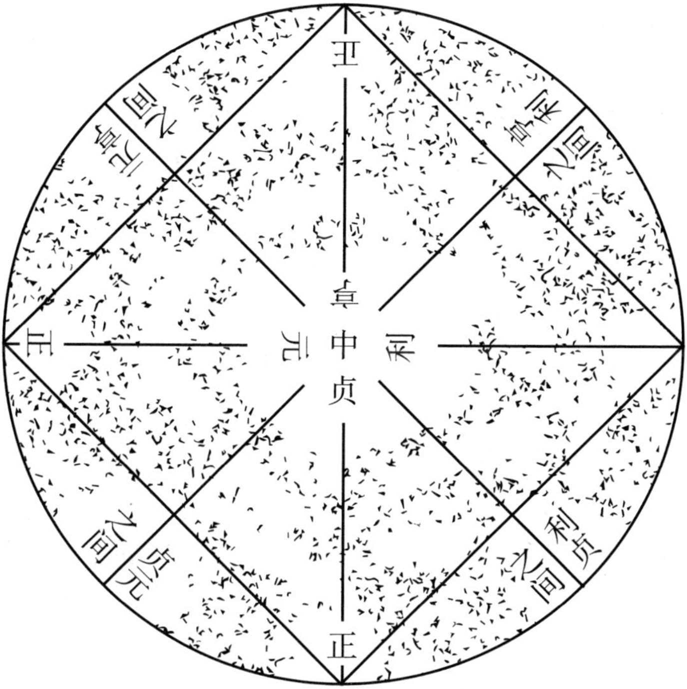

习斋释此图云：

大圈，天道统体也。上帝主宰其中，不可以图也。左，阳也；右，阴也。合之则阴阳无间也。阴阳流行而为四德，元亨利贞也。（自注：“四德先儒即分春夏秋冬，《论语》所谓四时行也。”）横竖正画，四德正气正理之达也。四角斜画，四德间气间理之达也。交斜之画，象交通也。满面小点，象万物之化生也。莫不交通，莫不化生也。无非是气是理也。知理气融为一片，则知阴阳二气，天道之良能也。元亨利贞四德，阴阳二气之良能也。化生万物，元亨利贞四德之良能也。知天道之二气，二气之四德，四德之生万物，莫非良能，则可以观此图矣。（《存性

编》卷二页三）

所谓上帝，下文未再提及。习斋之宇宙论中，实不必有此。习斋以阴阳二气为“天道之良能”。“阴阳流行而为四德。”此段仅言及四德之交通。实则“二气四德，顺逆交通，错综薰蒸，变易感触，聚散卷舒”（同上页六）。此“十六者四德之变也。德唯四而其变十六。十六之变，不可胜穷焉。为运不息也”（同上页六）。二气四德如此永久变动周流，互相影响，而万物于以化生。然所谓“十六之变，不可胜穷”者，乃就其极言之。实则十六变为三十二类，即“中边直屈，方圆衡僻，齐锐离合，远近违遇，大小厚薄，清浊强弱，高下长短，疾迟全缺”（同上页七）。“此三十二类者，又十六变之变也。三十二类之变，又不可胜穷焉。然而不可胜穷者，不外于三十二类也。三十二类，不外于十六变也。十六变不外四德也。四德不外于二气，二气不外于天道也。”（同上，页九）

万物之生，皆禀此二气四德。唯其所禀有上述三十二类之不同，故物之聪明愚蠢，强弱寿夭，皆视其所禀而异。（同上）然物虽有此不同，而其所禀，则皆“不外于天道”之二气四德也。习斋云：

> 万物之性，此理之赋也。万物之气质，此气之凝也。正者，此理此气也。间者，亦此理此气也。交杂者，莫非此理此气也。高明者，此理此气也。卑暗者，亦此理此气也。清厚者，此理此气也。浊薄者，亦此理此气也。……至于人则尤为万物之粹，所谓得天地之中以生者也。二气四德者，未凝结之人也。人者，已凝结之二气四德也。存之为仁义理智，谓之性者，以在内之元亨利贞名之也。发之为恻隐羞恶，辞让是非，谓之情者，以及物之元亨利贞言之也。才者，性之为情者也，是元亨利贞之力也。

（同上，页三至四）

习斋之主要意思，在于以气为宇宙之根本。虽亦言理，而以理气为“融为一片”。以此别于理学家。

然此以理气融为一片之说，一部分道学家亦已言之。如刘蕺山云：

> 盈天地间，一气也。气即理也。天得之以为天，地得之以为地，人物得之以为人物，一也。(《刘子全书》卷十一页三)

又云：

> 或曰：虚生气。夫虚即气也，何生之有？吾溯之未始有气之先，亦无往而非气也。当其屈也，自无而之有，有而未始有。及其伸也，自有而之无，无而未始无也。非有非无之间，而即有即无，是为太虚，又表而尊之曰太极。(同上)

此以气之屈为无，气屈则伸，故即自无而之有。以气之伸为有，气伸则屈，故即自有而之无。此即用横渠之说矣。

刘蕺山名宗周，字念台，浙江山阴人，明亡，于清世祖顺治二年（西历一六四五年）不食死(《年谱》,《刘子全书》卷四十，页四十九)，其弟子黄梨洲（名宗羲，字太冲，浙江余姚人，卒于清圣祖康熙三十四年，即西历一六九五年。全祖望《梨洲先生神道碑》,《鲒埼亭集》卷十一,《四部丛刊》本，页十一)，对于理气之见解，亦与此同。梨洲云：

夫大化之流行，只有一气，充周无间。时而为和谓之春，和生而温谓之夏，温降而凉谓之秋，凉升而寒谓之冬。寒降而复为和，循环无端，所谓生生之为易也。圣人即从升降之不失其序者，名之谓理。（《与友人论学书》，《南雷文案》卷三，《四部丛刊》本，页六）

此以气为较根本者，亦与蕺山同。盖理学与心学之差别之一，即理学需要二世界，心学只需要一世界。或可谓理学为二元论的，心学为一元论的。阳明出而心学盛，即一元论的哲学盛。然阳明对于理气，未多讨论。若亦持一元论的见解，而又欲为理学家之理气问题，作一相当的解决，则理气"融为一片"之说，正其选也。

与梨洲同时，有王船山（名夫之，字而农，号薑斋，湖南衡阳人，生于明神宗万历四十七年，即西历一六一九年，卒于清圣祖康熙三十二年，即西历一六九三年）。船山学无师承，而对于理气之见解，亦与蕺山有相同处。船山云：

天地间只理与气；气载理而以秩序乎气。（《读四书大全》卷三，《船山遗书》本，页三十二）

理为气之秩序，气为较根本的。船山云：

盖言心，言性，言天，言理，俱必在气上说。若无气处，则俱无也。张子云："由气化有道之名。"而朱子释之曰："一阴一阳之谓道，气之化也。"……程子言：天，理也，既以理言天，则是亦以天为理矣。以天为理，而天固非离乎气而得名者也。则理即气之理，而后天为理之义始成。（同上，卷十页五十八）

天与阴阳等之关系，船山云：

> 拆着便叫作阴阳五行，有二殊又有五位；合着便叫作天。犹合手足耳目心思即是人，不成耳目手足心思之外，更有用手足耳目者。则岂阴阳五行之外，别有用阴阳五行者乎？（同上，卷二页十）

所谓天即阴阳五行之总名；天之理，即气之理也。关于形上、形下，道、器之分，船山亦详论之。船山云：

> 天下唯器而已矣。道者，器之道；器者，不可谓之道之器也。无其道则无其器，人类能言之。虽然，苟有其器矣，岂患无道哉？……无其器则无其道，人鲜能言之，而固其诚然者也。洪荒无揖让之道，唐虞无吊伐之道，汉唐无今日之道，则今日无他年之道者多矣。未有弓矢而无射道，未有车马而无御道，……道之可有而且无者多矣。故无其器则无其道，诚然之言也，而人特未之察耳。……上下皆名也，非有涯量之可别者也。形而上者，非无形之谓。既有形矣，有形而后有形而上。无形之上，亘古今，通万变，穷天穷地，穷人穷物，皆所未有者也。（《周易外传》卷五，《船山遗书》本，页四十五）

此所说关于道器之见解，与朱子之见解，正相反对。自其关于理气之见解推之，船山固可如此说也。然船山固自命为道学家，其以气为一切根本之说，取之横渠。故船山自铭其墓云："抱刘越石之孤忠，而命无从致。希张横渠之正学，而力不能企。幸全归于兹邱，固衔恤而永世。"（《船山先生传》，《船山遗书》内）船山学无师承，而其见解则与蕺山、梨洲、习斋等有相合。则可见当时对于理气之问题，俱倾向于此一方面之解决也。

性、形

以此形上学为根本，习斋乃据以指出朱子设气质之性与义理之性之分之非。“万物之性，此理之赋也。万物之气质，此气之凝也。”若专就此二语言之，则习斋之说，与朱子无异。唯下文云：“清厚者，此理此气也”云云，盖以理气“融为一片”，故可如此说。若在朱子，则只气可以清厚言，而理不可以清厚言。盖理为永存不变者，不能有或清或厚之分也。习斋以理气“融为一片”，故以为义理之性，即气质之性，不可以气质为恶之起源。上所引一段下文云：

> 谓情有恶，是谓已发之元亨利贞，非未发之元亨利贞也。谓才有恶，是谓蓄者元亨利贞，能作者，非元亨利贞也。谓气质有恶，是元亨利贞之理，谓之天道，元亨利贞之气，不谓之天道也。噫，天下有无理之气乎？有无气之理乎？有二气四德外之理气乎？（同上，页四）

盖宇宙只有一源，吾人只有一性。习斋又举例明之云：

> 盖气即理之气，理即气之理，乌得谓理纯一善，而气质偏有恶哉？譬之目矣。眶疱睛，气质也。其中光明，能见物者，性也。将谓光明之理专视正色，眶疱睛乃视邪色乎？余谓光明之理固是天命，眶疱睛皆是天命。更不必分何者是天命之性，何者是

> 气质之性。只宜言天命人以目之性。光明能视，即目之性善。其视之也，则情之善。其视之详略远近，则才之强弱。皆不可以恶言。……唯因有邪色引动，障蔽其明，然后有淫视而恶始名焉。然其为之引动者，性之咎乎？气质之咎乎？若归咎于气质，是必无此目而后可全目之性矣。（《存性编》卷一页一）

目之眶疱睛，形也。其中光明能见物者，性也。有此形则有此性，有此性则有此形，所谓“性形俱是天命”也。习斋《存性编》之主要意思，即为驳朱子以气质之性为恶之起源之说，其理如上引。

习斋以恶之起源，归于“引蔽习染”。习斋云：

> 其恶者，引蔽习染也。唯如孔子求仁，孟子存心养性，则明吾性之善，而耳目口鼻皆奉令而尽职。……当视即视，当听即听，不当即否。使气质皆如其天则之正，一切邪色淫声，自不得引蔽。又何习于恶，染于恶之足患乎？……六行乃吾性设施。六艺乃吾性材具。九容乃吾性发现。九德乃吾性成就。制礼作乐，燮理阴阳，裁成天地，乃吾性舒张。万物咸若，地平天成，太和宇宙，乃吾性结果。故谓变化气质，为养性之效则可，如德润身，睟面盎背，施于四体之类是也。谓变化气质之恶以复性则不可，以其问罪于兵，而责染于丝也。（同上，卷一页二）

习斋之意，本欲在人性论方面，打破理学家所说天命之性与气质之性，或性与气质之分。然细按其说，则此二者之分，依然存在。如云：“当视即视，当听即听，不当即否。使气质皆如其天则之正，一切邪色淫声，自不得引蔽。”所谓“天则之正”，正理学家所谓理，所谓性。唯此“天则之正”，非即气质，故“气质皆如其天则之正”

之言，乃可成立。唯此“天则之正”，非即气质，故“当视即视，当听即听，不当即否”之言，乃有意义。气质能为邪色淫声所引，而“天则之正”则定不能。此理学家所以以气质解释恶之起源也。至“六行乃吾性设施”以下一段，与朱子心具众理之说，又几乎无以别。不过习斋以为此即吾人固有形骸之功用。所谓“极神圣之善，始自充其固有之形骸”也。

习斋此主张，刘蕺山等本亦主张之。蕺山云：

> 理即气之理，断然不在气先，不在气外。知此则知道心即人心之本心，义理之性即气质之本性。(《刘子全书》卷十一页五)

又云：

> 心只有人心，而道心者，人之所以为心也。性只有气质之性，而义理之性者，气质之所以为性也。(同上，卷十三页三十一)

又云：

> 昔人解人心道心，道心为主，而人心每听命焉。如此说，是一身有二心矣。离却人心，别无道心。如知寒思衣，知饥思食，此心之动体也。当衣而衣，当食而食，此心之静体也。然当衣当食，审于义理，即与思衣思食，一时并到。不是说思衣思食了，又要起个当衣而衣，当食而食的念头。(同上，页三十七)

上文对于习斋之批评，对于蕺山仍可应用。盖“人心之本心”，及“人之所以为心”，非即人心；而“气质之本性”，及“气质之所以为性”，非即气质也。故虽以为只有一心，而必又于其中分为动体静体。梨洲对于此问题，亦有类似的见解。梨洲云：

> 其在人而为恻隐、羞恶、恭敬、是非之心，同此一气之流行也。圣人亦即从此秩而不变者，名之为性。故理是有形之性（自注：“见之于事。”），性是无形之理。先儒“性即理也”之言，真千圣之血脉也，而要皆一气为之。（《与友人论学书》，《南雷文案》卷三页六）

此虽亦许“性即理”之言，为千圣之血脉，而又谓“要皆一气为之”，则仍以气为主体也。

船山对此问题，亦有其见解。船山云：

> 程子创说个气质之性，殊觉峻嶒。……初学不悟，遂疑人有两性在。今不得已而为显之。所谓气质之性者，犹言气质中之性也。质是人之形质，范围著有生理在内。形质之内，则气充之。而盈天地间，人身以内，人身以外，无非气者，故亦无非理者。理行乎气之中，而为气主持分剂者也。故质以函气，而气以函理。质以函气，故一人有一人之生；气以函理，一人有一人之性也。故当其未函时，则且是天地之理气，盖未有人者是也。（自注：“未有人非混沌之谓。只如赵甲以甲子生，当癸亥岁未有赵甲，则赵甲一分理气，便属之天。”）乃其既有质以居气，而气必有理。自人言之，则一人之生，一人之性，而其为天之流行者，初不以人故阻隔，而非复天之有。是气质中之性，依一本然之性也。（《读四书大全》卷七，《船山遗书》本，页十六）

此以气质之性为气质中之性，实即气质中之理。然气质中之理，即朱子所谓义理之性也。船山此段下文云：

> 夫气之在天，或有失其和者。当人之始生，而与为建立。（自注：“所以为质者，亦气为之。”）于是而因气之失，以成质之不正。（同上，页十六）

朱子所谓气质之性，正就此方面言也。

综合上所引述观之，则在习斋诸人之系统中，理学家所说之理，仍自有其地位，不过诸人之意，以为理不在气外，性不在气质外。此点李恕谷更明之。恕谷云：

> 在天在人通行者，名之曰道。理字则圣经甚少。《中庸》“文理”，与《孟子》“条理”，同言道秩然有条，犹玉有脉理，地有分理也。《易》曰：“穷理尽性，以至于命。”理见于事，性具于心，命出于天，亦条理之义也。（《论语传注问》，四存学会铅印本，页三）

又曰：

> 夫事有条理曰理，即在事中。今曰理在事上，是理别为一物矣。天事曰天理，人事曰人理，物事曰物理。《诗》曰：“有物有则。”离事物何所为理乎？（同上，页二十六）

此所谓理，与理学家所说之理无大异。其异者即恕谷以为理学家以为“理在事上”，而其自己则以为“理在事中”。此点亦为以后戴东原所提出以驳斥理学家者。就此方面思想之发展言，颜、李、东原，实为蕺山、梨洲、船山等之继续也。

清末之立教改制运动

清人所讲之义理之学，其大与道学不同者，当始自清代之今文经学家。西汉今文经学家之经学，自为古文经学家之经学所压倒后，历唐宋明各代，均未能再引起人之注意。清代之学者，本以整理古书，为其主要工作。唐宋明各代所注意之古书，至清之中叶，已为一般学者所整理。此后学者，遂有一部转注意于西汉盛行而唐宋明学者所未注意之书。于是以《春秋公羊传》为中心之今文经学家之经学，在清代中叶以后，遂又逐渐复兴。此派经学家，若讲及义理之学，其所讨论之问题，与道学家所讨论者亦不同。

此派经学之复兴与当时又一方面之潮流，亦正相适应。此派经学家所以能有新问题者，亦受此新潮流之影响。盖自清之中叶以降，中国渐感觉西洋人之压迫。西洋人势力之前驱，以耶教传教师为代表，其后继以军事政治经济各方面之压力。此各面之压力，在当时中国人之心中，引起各种问题。其中较根本者，即（一）西洋人有教，何以中国无之？岂中国为无教之国乎？（二）中国广土众民，而在各方面皆受西洋之压迫，岂非因中国本身，有须改善之处欤？当时有思想之人，为答此问题，即在思想方面，有新运动。此运动之主要目的，即为自立宗教，自改善政治，以图“自强”。简言之，即为立教与改制。然其时经学之旧瓶，仍未打破。人之一切意见，仍须于经学中表出之。而西汉盛行之今文经学家之经学，最合此需要。盖在今文经学家之经学中，孔子之地位，由师而进为王，由王而进为神。在纬书中，孔子之地位，固已为宗教之教主矣。故讲今文经学，则孔子自成为教主；而孔子之教，自成为宗教。今文经学家，又有孔子改制，立三世之政治制度，为万世制法之义。讲今文经学，则可将其时人理想中之政治，托于孔子之说，以为改革其时现行政治上社会上各种制度之标准。康有为曰：

> 天既哀大地生人之多艰，黑帝乃降精而为救民患，为神明，为圣王，为当世作师，为万民作保，为大地教主。生于乱世，乃据乱而立三世之法，而垂精太平。乃因其所生之国，而立三世之义，而注意于大地远近大小若一之大一统。(《孔子改制考序》，《不忍》第一册)

当时需要一如此之孔子。而如此之孔子，唯今文经学中有之。中国哲学史中之经学时代，以今文经学家之经学始，亦以今文经学家之经学终。盖人处于新环境时，最易有荒诞奇幻之思想，而今文家之经学中，有阴阳家学说之分子，其荒诞奇幻，最适宜于处新环境之人之用。周末至秦汉，由列国而统一，为一新环境。近世各国交通，昔之所视为统一者，今不过为列国之一国，亦一新环境也。

授课人：冯友兰

第二章 康有为

孔子立教改制

清末立教改制之运动，康有为可为其中一重要主持者。康有为，字广厦，号长素，广东南海县人。生于清咸丰八年（西历一八五八年），于戊戌年佐清德宗变法，不成。卒于民国十六年（西历一九二七年）。（张伯桢《南海康先生传》，《沧海丛书》本）

康有为之经学一方面攻击古文经学家之经典，以为皆刘歆所伪；一方面主张孔子改制之说，以为今文经学家之经典，皆孔子所作。康有为作《新学伪经考》，以为刘歆为王莽之臣，其所伪之经，实为新朝一代之学。康有为云：

> 歆既饰经佐篡，身为新臣，则经为新学。名义之正，复何辞焉？后世汉宋互争，门户水火。自此视之，凡后世所指目为汉学者，皆贾马许郑之学，乃新学非汉学也。即宋人所尊述之经，乃

多伪经，非孔子之经也。(《新学伪经考》卷一,《万木草堂丛书》本，页二）

如此则自东汉以降，历晋唐宋明之经学，所讲皆非孔子之经。唯西汉今文学家之经学，所讲乃孔子之经，所传乃孔子之微言大义。康有为以为孔子以前，“茫昧无稽”。春秋战国之际，诸子并起创教，而孔子所创之教，尤为特出，故遂为以后所宗奉。康有为云：

凡物积粗而后精生焉，积贱而后贵生焉，积愚而后智生焉。积土石而草木生；积虫介而禽兽生；人为万物之灵，其生尤后者也。洪水者，大地所共也。人类之生，皆在洪水之后，故大地民众，皆苌萌于夏禹之时。积人积智二千年，而事理咸备，于是才智之尤秀杰者，蜂出挺立，不可遏靡。各因其受天之质，生人之遇，树论说，聚徒众，改制立度，思易天下。唯其质毗于阴阳，故其说亦多偏蔽，各明一义，如耳目口鼻，不能相通。然皆坚苦独行之力，精深奥玮之论，毅然自行其志，思立教以范围天下者也。……积诸子之盛，其尤神圣者，众人归之，集大一统，遂范万世。《论衡》称孔子为诸子之卓，岂不然哉？天下咸归依孔子，大道遂合。故自汉以后无诸子。(《孔子改制考》卷二,《万木草堂丛书》本，页一至二）

孔子所立之教，其中重要之义，康有为以为为三统三世之说。康有为云：

浩乎孔子之道，荡荡则天，其运无乎不在。……始误于荀学之拘陋，中乱于刘歆之伪谬，末割于朱子之偏安。于是素王之大道，暗而不明，郁而不发。……予……所以考求孔子之道者，既博而且敬矣。始循宋人之途辙，炯炯乎自以为得之矣；既悟孔子不如是之拘且隘也。继遵汉人之门径，纷纷乎自以为践之矣；既悟其不如是之碎且乱也。苟止于是乎，孔子其圣而不神矣。……既乃去古学之伪，而求之今文学。凡齐鲁韩之《诗》，欧阳大小夏侯之《书》，孟焦京之《易》，大小戴之《礼》，公羊谷梁之《春秋》，而得《易》之阴阳之变，《春秋》三世之义。曰：孔子之道大，虽不可尽见，而庶几窥其藩。惜其弥深太漫，不得数言而赅大道之要也。乃尽舍传说，而求之经文。读至《礼运》，乃浩然而叹曰：孔子三世之变，大道之真在是矣。……是书也，孔氏之微言真传，万国之无上宝典，而天下群生之起死神方哉。(《礼运注序》，《不忍》第五册)

康有为以为“孔子之道，有三世，有三统，有五德之运。仁义智信，各应时而行运。仁运者，大同之道。礼运者，小康之道”(《礼运注》，《不忍》第六册)。康有为以为《礼运》所谓“大道”，即“人理至公，太平世大同之道也”；《礼运》所谓“三代之英”，即“升平世小康之道也”(同上)。以为《公羊春秋》所谓三世之义，即此所说。康有为又以为《论语》中亦言三世之义。云：

人道进化，皆有定位。自族制而为部落，而成国家。由国家而成大统。由独人而渐立酋长，由酋长而渐正君臣，由君臣而渐为立宪，由立宪而渐为共和。由独人而渐为夫妇，由夫妇而渐定父子，由父子而兼锡尔类，由锡类而渐为大同，于是复为独人。盖自据乱进为升平，升平进为太平，进化有渐，因革有由，验之万国，莫不同风。观婴儿可以知壮夫及老人，观萌芽可以知合抱至参天，观夏殷周三统之损益，亦可推百世之变革矣。孔子之为《春秋》，张为三世。据乱世则内其国而外诸夏。升平世则内诸夏外夷狄。太平世则远近大小若一。盖推进化之理而为之。孔子生当据乱之世。今者大地既通，欧美大变，盖进至升平之世矣。异日大地大小远近如一，国土既尽，种类不分，风化齐同，则如一而太平矣。孔子已预知之。(《论语注》卷二,《万木草堂丛书》本，页十)

《论语》云："子曰：'殷因于夏礼，所损益可知也。周因于殷礼，所损益可知也。其或继周者，虽百世可知也。'"康有为以为此亦明三统三世之义，如上所引。

《中庸》云："王天下有三重焉，其寡过矣乎?"康有为以为，"重，复也。""三重者，三世之统也。"(《中庸注》,《演孔丛书》铅印本，页三十六）又云：

孔子之制，皆为实事。如建子为正月，白统尚白，则朝服首服皆白，今欧美各国从之。建丑则俄罗斯回教行之。明堂之制，三十六牖，七十二户，屋制高严员侈，或椭员衡方，或上员下方，则欧美宫室从之。衣长后衽，则欧洲各国礼服从之。日分或日半，或鸡鸣，或平明，泰西以日午为日分，亦三重之类推也。……人情蔽于所习，安于一统一世之制，见他制即惊疑之，此所以多过也。若知孔子三重之义，庶几不至悲忧眩视乎?(同上，页三十七至三十八)

康有为发挥三统三世之说，盖欲以之包罗当时人之新知识，当时之新事实，所谓以旧瓶装新酒也。康有为亦欲以此为其政治上变法维新之根据。康有为云：

> 孔子之法，务在因时。当草昧乱世，教化未至，而行太平之制，必生大害。当升平世而仍守据乱，亦生大害也。譬之今当升平之时，应发自主自立之义，公议立宪之事。若不改法，则大乱生。（同上，页三十六）

至升平之时，必行升平世之制。康有为对于当时之政治主张，自以为即系孔子升平世之制。

《大同书》

孔子虽有三世之说，而对太平世大同之义，则言之甚略。康有为云：

> 孔子发明据乱小康之制多，而太平大同之制少。盖委曲随时，出于拨乱也。孔子之时，世尚幼稚。如养婴儿者，不能遽待以成人，而骤离于襁褓。据乱之制，孔子之不得已也。然太平之法，大同之道，固预为灿陈，但生非其时，有志未逮耳。进化之理，有一定之轨道，不能超度。既至其时，自当变通。故三世之法，三统之道，各异。苦衷可见，但在救时。孔子知三千年后，必有圣人复作，发挥大同之新教者。然必不能外升平太平之轨，则亦不疑夫拨乱小康之误也。（《中庸注》页三十九）

《论语》言："其或继周者，虽百世可知也。""三十年为一世，百世则三千也。”（同上，页三十九）故言：“孔子知三千年后，必有圣人复作，发挥大同之新教者。”康有为盖以此圣人自居，作《大同书》，以“发挥大同之新教”。

康有为之《大同书》第一章，首论“人有不忍之心”。康有为云：

> 夫浩浩元气，造起天地。天者，一物之魂质也。人者，亦一物之魂质也。虽形有大小，而其分浩气于太元，挹涓滴于大海，无以异也。孔子曰：“地载神气；神气风霆；风霆流形；庶物露生。”神者，有知之电也。光电能无所不传，神气能无所不感。神鬼神帝，生天生地。全神分神，唯元唯人。微乎妙哉，其神之有触哉！无物无电，无物无神。夫神者，知气也，魂知也，精爽也，灵明也，明德也；数者，异名而同实。有觉知则有吸摄，磁石犹然，何况于人？不忍者，吸摄之力也。故仁智同藏，而智为先；仁智同用，而仁为贵矣。（《大同书》甲部，长兴书局铅印本，页六）

此实即程明道王阳明“仁者以天地万物为一体”之说，而以当时人所闻西洋物理学中之新说附之。生吞活剥，自不能免，要亦当时应有之事也。人皆有不忍之心，此心即大同之教之所以可能也。

人有觉知，故有苦乐。康有为云：

> 夫生物之有知者，脑筋含灵。其与物非物之触遇也，即有宜有不宜，有适有不适。其于脑筋适且宜者，则神魂为之乐。其于脑筋不适不宜者，则神魂为之苦。况于人乎，脑筋尤灵神魂尤清明，其物非物之感入于身者尤繁夥。精微急捷，而适不适尤著

明焉。适宜者受之，不适宜者拒之。故夫人道只有宜不宜。不宜者，苦也；宜之又宜者，乐也。故夫人道者，依人以为道。依人之道，苦乐而已。为人谋者，去苦以求乐而已，无他道矣。（同上，页九）

又云：

故普天下有生之徒，皆以求乐免苦而已，无他道矣。其有迂其涂，假其道，曲折以赴，行苦而不厌者，亦以求乐而已。虽人之性有不同乎，而可断断言之曰，人道无求苦去乐者也。立法创教，令人有乐而无苦，善之善者也。能令人乐多苦少，善而未尽善者也。令人苦多乐少，不善者也。（《大同书》，页十一）

持此标准以为衡，则"大同太平之道"为至善之法与教。康有为云：

遍观世法，舍大同之道，而欲救生人之苦，求其大乐，殆无由也。大同之道，至平也，至公也，至仁也，治之至也。虽有善道，无以加此矣。（同上，页十三）

所以"神明圣王"之孔子，"立三统三世之法，据乱之后，易以升平太平；小康之后，进以大同"（同上，页十三）也。

康有为以为"人道之苦，无量数不可思议"。"粗举其易见之大者"，则有：

人生之苦七：一投胎，二夭折，三废疾，四蛮野，五边地，六奴婢，七妇女。天灾之苦八：一水旱饥荒，二疫疠，三火焚，四水灾，五火山，六屋坏，七船沉，八蝗虫。人道之苦五：一鳏寡，二孤独，三疾病无医，四贫穷，五卑贱。人治之苦七：一刑狱，二苛税，三兵役，四阶级，五压制，六有国，七有家。人情之苦六：一愚蠢，二雠怨，三劳苦，四爱恋，五牵累，六愿欲。人所尊羡之苦五：一富人，二贵者，三老寿，四帝王，五神圣仙佛。（同上，页十三至十七）

欲免此诸苦，当知此诸苦之源。康有为云：

凡此云云，皆人道之苦，而羽毛鳞介之苦状，不及论也。然一览生哀，总诸苦之根源，皆因九界而已。九界者何？一曰国界，分疆土部落也；二曰级界，分贵贱清浊也；三曰种界，分黄白棕黑也；四曰形界，分男女也；五曰家界，分父子夫妇之亲也；六曰业界，分农工商之产也；七曰乱界，有不平，不通，不同，不公之法也；八曰类界，有人与鸟兽虫鱼之别也；九曰苦界，以苦生苦，传种无穷无尽，不可思议。（同上，页八十二至八十三）

若知“诸苦之根源，皆因九界”，则去此九界，即可去苦。康有为云：

何以救苦，知病即药。破除其界，解其缠缚。超然飞度，摩天戾渊。虽浩然自在，悠然至乐。太平大同，长生永觉。吾救苦之道，即在破除九界而已。第一曰去国界，合大地也；第二曰去级界，平人民族也；第三曰去种界，同人类也；第四曰去形界，保独立也；第五曰去家界，为天民也；第六曰去产界，公生业

> 也；第七曰去乱界，治太平也；第八曰去类界，爱众生也；第九曰去苦界，至极乐也。(《大同书》，页八十三至八十四）

极乐界为太平世矣；然太平世特人治之极规耳，人之上尚有天。康有为《中庸注》云：

> 子思盖言六经垂教，三重立法，皆区区从权立法之末事，非孔子神明之意。尚有诸天，元元无尽，无方，无色，无香，无音，无尘。别有天造之世，不可思议，不可言说者。此神圣所游，而欲与群生同化于天天，此乃孔子之至道也。天造不可言思之世，此必子思所闻之微言，而微发之于篇终，以接混茫。(页四十六）

《中庸》末句引《诗》云："上天之载，无声无臭，至矣。"康有为以为此即说"天造之世"。盖人治极规之上之另一更高境界也。

授课人：冯友兰

第三章 谭嗣同

参与康有为立教变法之运动，而其思想亦足自立者，有谭嗣同。谭嗣同，字复生，湖南浏阳人。参与当时立教变法之运动。戊戌政变被害，年三十三。谭嗣同在经学方面，虽不及康有为之煊赫有建树；而在思想方面，则所著《仁学》发挥大同之义，较康有为为精密。谭嗣同云：

> 凡为仁学者，于佛书当通《华严》及心宗相宗之书，于西书当通《新约》及算学格致社会学之书，于中国书当通《易》《春秋公羊传》《论语》《礼记》《孟子》《庄子》《墨子》《史记》，及陶渊明、周茂叔、张横渠、陆子静、王阳明、王船山、黄梨洲之书。(《仁学》，铅印本，页二)

谭嗣同之思想，盖杂取诸方面而糅合之。其中虽不免有不能融贯之处，然要不失为其时思想界之一最高代表也。

仁与“以太”

谭嗣同之讲仁，亦即发挥程明道王阳明“仁者以天地万物为一体”之说，而以所闻西洋科学，即当时所谓格致之学中之新说附入之。谭嗣同云：

> 遍法界，虚空界，众生界，有至大，至精微，无所不胶粘，不贯洽，不筦络，而充满之一物焉。目不得而色，耳不得而声，口鼻不得而臭味，无以名之，名之曰以太。其显于用也，孔谓之仁，谓之元，谓之性。墨谓之兼爱。佛谓之性海，谓之慈悲。耶谓之灵魂，谓之爱人如己，视敌如友。格致家谓之爱力，吸力。咸是物也。法界由是生，虚空由是立，众生由是出。（《仁学》页三）

以太即物理学中所谓 ether 之音译。谭嗣同以之为“原质之原”（详下），又为一个体的物之所以能聚为一个体，一团体的物之所以能聚为一团体之原因，亦即此物之所以能通于彼物之原因。谭嗣同云：

> 以太之用之至灵而可征者，于人身为脑。……于虚空则为电，而电不止寄于虚空，盖无物不弥纶贯彻。脑其一端，电之有形质者也。脑为有形质之电，是电必为无形质之脑。人知脑气筋通五官百骸为一身，即当知电气通天地万物人我为一身也。（同上）

孔所谓仁，亦即以太之用。谭嗣同云：

> 仁不仁之辨，于其通与塞。通塞之本，唯其仁不仁。通者如

> 电线四达，无远弗届，异域如一身也。故《易》首言元，即继言亨。元，仁也；亨，通也。苟仁自无不通，亦唯通而仁之量乃可完。由是自利利他，而永以贞固。(《仁学》页四)

此言即程明道所说“医书言手足痿痹为不仁，此言最善名状”一段之意。《易》言：“乾元亨利贞。”谭嗣同亦以以太之用释之。

有无与生灭

谭嗣同又以为一切物皆为化学中之原质所聚合而成，故一切物皆无自性。谭嗣同云：

> 彼动植之异性，为自性尔乎？抑质点之位置与分剂有不同耳。质点不出乎七十三种之原质。某原质与某原质化合，则成一某物之性。析而与他原质化合，或增某原质，减某原质，则又成一某物之性。即同数原质化合，而多寡主佐之少殊，又别成一某物之性。纷纭蕃变，不可纪极。……然而原质则初无增损于故也。(《仁学》页十)

原质之原为以太。谭嗣同云：

> 然原质犹有七十三之异；至于原质之原，则一以太而已矣。一故不生不灭。不生故不得言有，不灭故不得言无。(同上)

依此言之，则以太又为万物之质因（如亚里士多德所说质因），而非只如上所说矣。以太不生不灭，谭嗣同云：

> 不生不灭有征乎？曰，弥望皆是也。如向所言化学诸理，穷其学之所至，不过析数原质而使之分，与并数原质而使之合。用其已然而固然者，时其好恶剂其盈虚而以号曰某物某物，如是而已。岂能竟消磨一原质，与别创造一原质哉？（同上）

以太不生不灭，原质不增不损，故宇宙间但有变易，而无存亡。谭嗣同云：

> 有无者，聚散也，非生灭也。……王船山之说《易》，谓一卦有十二爻，半隐半见。故大易不言有无，隐见而已。（《仁学》页十一）

张横渠《正蒙·参两篇》“气聚则离明得施而有形”一段，正此意。谭嗣同盖本张横渠之说，而以当时所闻化学中之新说说明之。

以太虽不生不灭，而有“微生灭”。个体的物，无时不在变易之中，亦即无时不在生灭之中。此个体之生灭，即以太之“微生灭”也。谭嗣同云：

> 求之过去，生灭无始。求之未来，生灭无终。求之现在，生灭息息。……庄曰：“藏舟于壑，自谓已固，有大力者夜半负之而走。”吾谓将并壑而负之走也。又曰：“鸿鹄已翔于万仞，而罗者犹视乎薮泽。”吾谓并薮泽亦一已翔者也。……孔在川上曰：“逝者如斯夫，不舍昼夜。”昼夜即川之理；川即昼夜之形。……非一非二，非断非常。旋生旋灭，即灭即生。生与灭相授之际，

> 微之又微，至于无可微。密之又密，至于无可密。夫是以融化为一，而成乎不生不灭。成乎不生不灭，而所以成之微生灭，固不容掩焉矣。(《仁学》页十四至十五）

万物无时不在变易生灭之中，亦即万物无时不在日新之中。谭嗣同曰：

> 反乎逝而观，则名之曰日新。孔曰："革去故，鼎取新。"又曰："日新之为盛德。"夫善至于日新而止矣；夫恶亦至于不日新而止矣。……德之宜新也，世容知之。独何以届今之世，犹有守旧之鄙生，龂龂然曰不当变法，何哉？(《仁学》页十八）

此谭嗣同所与当时变法运动之哲学的根据也。

授课人：冯友兰

第四章 廖平

讲今文家经学较康有为稍早，而康有为亦受其影响者，有廖平。“廖平，字季平，初号四益，晚年更号五译，又更号六译，四川井研人，生于清文宗咸丰二年（西历一八五二年），卒于民国二十一年（西历一九三二年）。年八十一岁。”（据行述）

经学一变

廖平之学共经六变，故晚年自更号六译。第一变为“今古”，时在癸未（光绪九年，西历一八八三年）。（《四益馆经学四变记》，成都存古书局本，页一）此时学说，以为“今古两家所根据，又多同出于孔子，于是倡为法古改制，初年晚年之说”（同上页二）。在所著《今古学考》（书成于丙戌，光绪十二年，西历一八八六年）中，条列今古文经之异同，以为今古学之分，先秦已有，而皆出于孔子。

廖平云：

> 《论语》："周监于二代，郁郁乎文哉，吾从周。"此孔子初年之言，古学之祖也。"行夏之时，乘殷之辂，服周之冕，乐则韶武。"此孔子晚年所言，今学所祖也。又言夏殷因革继周者，百世可知。按《王制》即所谓继周之王也。(《今古学考》卷下，成都存古书局本，页五）

盖孔子初年，"尊王命，畏大人"，尚无革命之意，只有从周之心。"至于晚年，哀道不行"，于是以所欲为者"书之《王制》，寓之《春秋》"。《礼记》中《王制》一篇，即孔子所作；所谓《王制》者，即继周之王之制也。《周礼》所说为周制，即孔子初年所欲从者；《王制》为继周之王之制，乃孔子晚年决心革命之后之所作者。当时主张改制者，不仅孔子。"春秋时有志之士，皆欲改周文，正如今之言治，莫不欲改弦更张也。"（同上，页二十四）康有为诸子改制之说，盖本于此。

因孔子有初年晚年之主张，孔子殁后，宗孔子初年之说者，为古学；宗孔子晚年之说者，为今学。廖平云：

> 鲁为今学正宗；燕赵为古学正宗。……鲁乃孔子乡国，弟子多，孔子晚年说，学者以为定论。……燕赵弟子，未修《春秋》以前，辞而先反。唯闻孔子从周之言，已后改制等说，未经面领。因与前说相反，遂疑鲁弟子伪为此言，依托孔子。故笃守前说，与鲁学相难。(《今古学考》卷下，页九）

以后今学古学，相争不已。实则今古学不同者只在制度方面。廖平云：

> 《论语》因革损益，唯在制度。至于伦常义理，百世可知。故今古之分，全在制度，不在义理，以义理今古同也。（同上，页八）

即就制度方面言，亦“其实今学改者少不改者多。今所不改，自当从古。凡解经，苟今学所不足，以古学补之可也”（同上，页九）。故今古二派，“如水火阴阳”，“相妨”而亦“相济”（同上，页一）也。

经学二变

廖平之学第二变为“尊今抑古”，时在戊子（光绪十四年，西历一八八八年）。此时学说，廖平云：

> 于是考究古文家渊源，则皆出许郑以后之伪撰。所有古文家师说，则全出刘歆以后据《周礼左氏》之推衍。又考西汉以前，言经学者，皆主孔子，并无周公。六艺皆为新经，并非旧史。于是以尊经者作为《知圣篇》，辟古者作为《辟刘篇》。（自注：“外间所祖述之《改制考》即祖述《知圣篇》，《伪经考》即祖述《辟刘篇》，而多失其宗旨。”）（《经学四变记》页三）

此时以今文经为孔子所作。“帝王见诸事实，孔子徒托空言。六艺即其典章制度，与今六部则例相同。”（《知圣篇》卷上，成都存古书局本，页二）古文经说，皆刘歆及以后人所伪造。刘歆真“为圣门卓操”(《古学考》页二十)。廖平此时学说与康有为之《孔子改制考》及《新学伪经考》所主张者同，故以为康之《改制考》为祖述《知圣篇》,《伪经考》为祖述《辟刘篇》。

廖平此时以为春秋时主张改制者，实只孔子一人。廖平云：

> 或以诸子皆欲传教，人思改制，以法孔子，此大误也。今考子书，皆《春秋》后四科流派，托之古人。按以言立教，开于孔子。《春秋》以前，但有艺术卜筮之书。凡子家皆出于孔子以后，由四科而分九流，皆托名古人，实非古书。(《知圣篇》卷上页二十七至二十八)

唯其如此，故孔子为唯一之大圣也。

经学三变

廖平之学第三变为讲“小大”之学。时在戊戌(光绪二十四年，西历一八九八年)。此时之学用邵康节说，分政治为皇、帝、王、伯四种。以为《王制》《春秋》乃孔子王伯之制，乃所以治中国者。然孔子非“一隅之圣”，故王伯之制外，尚有皇帝之制。孔子皇帝之制，以《周礼》为根基,《尚书》为行事，亦如《王制》之于《春秋》。此乃孔子所以“经营地球”者。“《中庸》所谓洋溢中国，施及蛮貊，凡有血气，莫不尊亲,《礼运》所言大同之说”(《经学四变记》页四)，皆谓此也。

所以知《春秋》《王制》为孔子治中国之制,《尚书》《周礼》为孔子治世界之制者，以《春秋》《王制》及《尚书》《周礼》中所说疆域不同也。《皇帝疆域图》(廖平弟子黄镕本师说编辑）云：

> 《王制》说《春秋》三千里为小标本。《周礼》说《尚书》加十倍方三万里为大标本。而六合以内，人事尽之矣。《邹衍传》所称大九州得九九八十一方三千里。儒者九州止得八十一分之一。所谓儒者九州，即指《春秋》《王制》而言。(《皇帝疆域图》，第一，成都存古书局本，页一）

邹衍之大九州即《周礼》《尚书》所说之九州，即现在吾人所知地球之全部也。《皇帝疆域图》云：

> 世界开化，由野而文，疆宇由小而大。春秋之时，九州仅方三千里。上推虞夏，草昧尤甚。孔圣删书，托古定制，乃据当日之州名，隐寓皇帝之版图，以俟后施行。藏须弥于芥子，推而放诸四海而准，岂但为鲁邦治列国而已乎？(同上，第八，页二十二）
>
> 故孔子之学，实为全世界之政治及社会立一整个的办法。世界进化，必依之而行。依孔学之表面观之，则似皇帝之治，乃古代所已有，后乃退化而降为王伯之治。其实孔子之意，乃“立退化之倒影，告往知来，使人隅反”也。(《大成节讲义》，《六译馆杂著》，成都存古书局本，页二十四）

廖平立为一圣经世运进退表（同上，页二十七），其表如下：

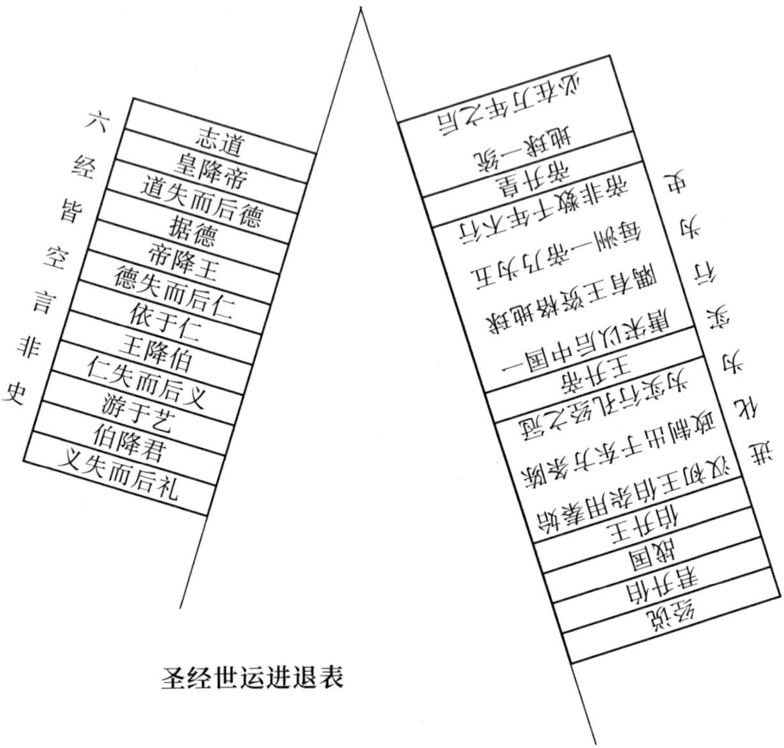

圣经世运进退表

经为空言。实行经制，始于战国魏文、齐威、燕昭。战国以前，中国君民程度，与今泰西略同。

东人言，西方行。秦皇汉武，皆属创造，非古所有。由经说变为史事，在战国后。

西人所主进化说，如五大洲交通，乃新创之局。非尧舜周公以前，海禁已通，幽厉之后，乃闭关三千里。此退化之理，孔经据以立说。然由退可以知进。

如专主退化，尧舜至春秋迭降四等。秦汉至今二千年，又当降四等。由此推之，数千万年后，不复为人矣。

退化至于君后，中国又反草昧，为战国以前程度。

经为理论；史为实事。《春秋》《王制》之理论，自秦汉以后，已逐渐变为实事。西洋人未受孔经之教训，故今西洋人之程度，与春秋时人略同。此后正宜行《周礼》《尚书》之理论，使全世界归于大同。

所谓今古学之分，实孔子治中国之制与治世界之制之分。廖平云：

> 故改今古之名曰小大。……以《王制》治内，独立一尊。……而海外全球，所谓三皇五帝之三坟五典者，则全以属之《周礼》。……与《王制》一小一大，一内一外，相反相成，各得其所。……孔子乃得为全球之神圣，六艺乃得为宇宙之公言。（《经学四变记》页五）

孔子之经学，乃为全球制法。孔子及经学之地位，于是似可为最高矣。

经学四变

然廖平以为犹不止此，廖平续云：

> 虽然，此不过六艺之人学，专言六合以内。但为《春秋》《尚书》与《礼》，仅得其半；而天学之《诗》《易》《乐》，尚不在此数也。（同上）

故自壬寅（光绪二十八年，西历一九〇二年）以后，廖平之学四变而讲“天人”。廖平云：

> 初以《春秋》《尚书》《诗》《易》，分配道德仁义之皇帝王伯。……迟之又久，乃知四经之体例，以天人分。人学为六合以内，天学为六合以外。《春秋》言伯而包王，《尚书》言帝而包皇。《周礼》三皇五帝之说，专言《尚书》；《王制》王伯之说，专言《春秋》。言皇帝王伯，制度在《周礼》《王制》，经在《尚书》《春秋》。一小一大，此人学之二经也。……人学六合以内，所谓绝地天通，格于上下，人而非天，故人神隔绝。至于《诗》《易》，以上征下浮为大例；《中庸》所谓“鸢飞于天，鱼跃于渊，为上下察”之止境。周游六漠，魂梦飞身，以今日时势言之，诚为力所不至。然以今日之人民，视草昧之初，不过数千万年，道德风俗，灵魂体魄，已非昔比。若再加数千年精进改良，各科学继以昌明，所谓长寿服气，不衣不食，其进步固可按程而计也。（《经学四变记》页七）

廖平以为“自天人之学明，儒先所称，诡怪不经之书，皆得其解”（《经学四变记》页七）。如《灵枢》《素问》《楚辞》《山海经》《穆天子传》中，荒唐不经之言，皆说别一世界，皆天学也。又如司马相如《大人赋》，“读之有凌云之志”，所说亦“不在本世界”也。佛经亦属天学，廖平云：

> 将来世界进化，归于众生皆佛，人人辟谷飞身，无思无虑，近人论之详矣。特未知佛即出于道，为化胡之先驱。所言即为将来实有之事，为天学之结果，一人为之则为怪，举世能之则为

恒。(《经学四变记》页十)

佛出于道，道出于孔，孔经所包，更益广矣。

经学五变

廖平之《经学五变记》，其弟子黄镕注云：“戊午（民国七年，西历一九一八年）改去今古名目，归之小大，专就六经分天人大小。”视前之专就《春秋》《尚书》《诗》《易》分天人大小者又不同。六经中分人学三经，天学三经。人学三经中有礼经，廖平云：

> 六艺中，先有小礼（黄注：“如《曲礼》《少仪》《内则》《容经》《弟子职》。”），小乐（黄注：“十三舞勺，成童舞象。”）。此为礼经，乃修身齐家事，为治平根本。修身为本，本此礼也。(《经学五变记笺述》卷上，成都存古书局本，页一)

小礼小乐，乃修身齐家之学；乃人学三经中之第一种。其第二种为《春秋》，乃“治国学，王伯学，为仁为义。《王制》为之传”。此乃“人学之小标本，儒墨名法家主之”。其第三种为《尚书》，乃“平天下学，皇帝学，为道为德。《周礼》为之传”。此乃“人学之大标本，道家阴阳家主之”。(同上，卷上页四至十一)

天学三经中有乐及大礼。廖平云：

> 王伯之乐，中国略有仿佛；皇帝之乐，中国无此世局。其人未生，空存其说以待之。(同上，卷下页十三)

所谓大礼，廖平亦无详说，或者亦“空存其说以待之”也；此乃天学三经中之第一种。其第二种为《诗》，乃“神游学”。“如仙家之婴儿炼魂，神去形留，不能白日飞升，脱此躯壳。（黄注：“《易经》则能形游。”）《诗》故专言梦境（黄注：“托之梦游，以明真理。”），鱼鸟上下（黄注：“庄子梦为鸟而戾天，梦为鱼而潜渊。”）。《内经·灵枢/素问》《山海经》《列子》《庄子》《楚辞》、古赋、游仙诗，各书以为之传。”（同上，卷下页十五）康有为、谭嗣同皆以为大同之治之上，尚有“天造之世”。此皆廖平所谓之天学，唯廖言之特详耳。

注：天学三经中之第三种当为《易》，但下文未言。所见刊本，当有脱误。廖平经学五变之后，又有六变。其《经学六变记》，未见刊本，不知与《五变记》所说，又有何不同。

授课人：冯友兰

［全书完］

西南联大哲学课

出版监制 _ 吴高林　　装帧设计 _ 人马艺术设计 · 储平
产品经理 _ 于志远　　执行印制 _ 赵　明　赵　聪
特约编辑 _ 王　静　　营销编辑 _ 肖　瑶

图书在版编目（CIP）数据

西南联大哲学课 / 冯友兰, 贺麟, 汤用彤著. -- 北京 : 北京联合出版公司, 2023.4

ISBN 978-7-5596-6687-1

Ⅰ. ①西… Ⅱ. ①冯… ②贺… ③汤… Ⅲ. ①哲学－中国－通俗读物 Ⅳ. ①B2-49

中国国家版本馆CIP数据核字（2023）第031444号

西南联大哲学课

作　　者：冯友兰　贺　麟　汤用彤　　产品经理：于志远
出 品 人：赵红仕　　责任编辑：刘　恒
特约编辑：王　静　　出版监制：吴高林
内文排版：山　吹　　装帧设计：人马艺术设计 · 储平

北京联合出版公司出版
（北京市西城区德外大街83号楼9层　100088）
北京联合天畅文化传播公司发行
捷鹰印刷（天津）有限公司印刷　新华书店经销
字数 290千字　880毫米 × 1230毫米　1/32　12印张
2023年4月第1版　2023年4月第1次印刷
ISBN 978-7-5596-6687-1
定价：68.00元